名师名校新形态
通识教育系列教材

大学生
心理健康教育

慕课版｜双色版｜第4版

方晓义 夏翠翠◎主编
宗敏 涂翠平◎副主编

人民邮电出版社
北京

图书在版编目（CIP）数据

大学生心理健康教育：慕课版：双色版／方晓义，
夏翠翠主编. -- 4 版. -- 北京：人民邮电出版社，
2025. --（名师名校新形态通识教育系列教材）.
ISBN 978-7-115-67314-5

Ⅰ．G444

中国国家版本馆 CIP 数据核字第 2025E2U392 号

内 容 提 要

本书是为帮助大学生更好地理解心理健康，更好地了解自己而编写的。大学生可从本书中学习心理自助与互助的方法，从而打造自身的"软实力"——心理素质，扩展生命的广度，提高生命质量。本书共 12 章，主要内容包括大学生心理健康导论、大学生健全自我意识塑造、大学生人格发展与心理健康、大学生学习心理、生涯规划与大学生活设计、大学生的人际关系、大学生健康恋爱及性心理的培养、大学生情绪管理、大学生压力管理与挫折应对、大学生生命教育与心理危机应对、大学生常见精神障碍及应对、心理咨询等。

本书可作为大学生心理健康教育与辅导的通识教材，也可作为高校相关教职人员了解大学生心理的参考书，还可作为青年人健康成长的指导手册及提高自身心理素质的自学用书。

◆ 主　　编　方晓义　夏翠翠

副主编　宗　敏　涂翠平

责任编辑　张　蒙

责任印制　马振武

◆ 人民邮电出版社出版发行　　北京市丰台区成寿寺路 11 号

邮编　100164　电子邮件　315@ptpress.com.cn

网址　https://www.ptpress.com.cn

北京市艺辉印刷有限公司印刷

◆ 开本：787×1092　1/16

印张：14.5　　　　　　　　2025 年 8 月第 4 版

字数：380 千字　　　　　　2025 年 9 月北京第 4 次印刷

定价：52.00 元（附小册子）

读者服务热线：(010)81055256　印装质量热线：(010)81055316
反盗版热线：(010)81055315

在中国特色社会主义新时代，我国社会主要矛盾已经转化为人民日益增长的美好生活需要和不平衡不充分的发展之间的矛盾。美好生活需要不仅包括物质生活的需要，而且包括精神生活的需要。党的二十大报告提出，推进健康中国建设，把保障人民健康放在优先发展的战略位置，完善人民健康促进政策，重视心理健康和精神卫生。为认真贯彻党的二十大精神，贯彻落实《中国教育现代化2035》和《国务院关于实施健康中国行动的意见》，全面加强和改进新时代学生心理健康工作，提升学生心理健康素养，教育部等十七部门于2023年4月发布了《全面加强和改进新时代学生心理健康工作专项行动计划（2023—2025年）》，明确指出："以习近平新时代中国特色社会主义思想为指导，全面贯彻党的教育方针，坚持为党育人、为国育才，落实立德树人根本任务，坚持健康第一的教育理念，切实把心理健康工作摆在更加突出位置，统筹政策与制度、学科与人才、技术与环境，贯通大中小学各学段，贯穿学校、家庭、社会各方面，培育学生热爱生活、珍视生命、自尊自信、理性平和、乐观向上的心理品质和不懈奋斗、荣辱不惊、百折不挠的意志品质，促进学生思想道德素质、科学文化素质和身心健康素质协调发展，培养担当民族复兴大任的时代新人。"

健康的心理是一个人全面发展必须具备的条件和基础。大学生心理健康不仅关乎个人成长与家庭幸福，更与国家发展、社会进步息息相关。加强心理健康教育是实现教育现代化、建设教育强国，培养担当民族复兴大任的时代新人的必然要求。

在复杂多变的社会形势下，大学生对自身心理健康更加关注，也有更多成长的需求。我们编写本书的初衷是希望能为大学生打开一扇了解自己、维护和促进自身心理健康的大门。

本书的第1版、第2版、第3版有幸被全国百余所高校使用，广大师生对本书的充分肯定，让我们备感欣慰。同时，选用本书的任课教师也向我们反馈了改进意见，我们在此深表感谢。为了进一步提升教材品质，更好地服务于广大师生，本书第4版围绕维护和促进大学生心理健康，在第3版的基础上进行了全方位、精细化的改版，重点体现在5个方面：①更新理论知识和研究数据，紧跟时代发展、前沿理论和研究；②丰富相关内容，强化德智体美劳五育并举，促进心理健康；③增加心理自测的内容，帮助学生更加了解自己；④深化和扩展自我心理调适和压力应对的内容，帮助学生应对多变时代的心理压力；⑤专门配备了学生使用的活动手册，帮助学生进行自助训练，辅助教师进行课堂教学，推动知识向行动的转化，促进学生知、情、行的一致。改版后，本书具有以下特点。

1. 内容新颖，紧跟时代发展

本书紧扣时代的发展，结合大学生心理发展特点，从大学生心理发展任务出发，对大学生常见的困惑及其应对策略进行了阐释与分析。本书除了紧跟前沿的理论和研究成果，还根据当今社会的发展，增加了AI与心理健康、互联网对心理健康的影响、婚姻等热点内容。

2. 知识立体、形式多样，全面提升大学生心理素养

本书每章开头设置了"引导案例"模块，在大部分章中设置了"案例""扩展阅读""课堂活动""自助训练""心理自测"等模块，且在每章章末设置了"本章思考题"模块，同时各章融入了课程思政微课，通过"传统文化""行动指南""核心价值观""视野广角镜"等小栏目从我国传统文化、文件纲要、社会主义核心价值观及个体与国家的关联等方面对大学生进行课程思政教育。本书配有视频课程，大学生可以扫描二维码跟随微课视频学习相关知识，也可登录人邮学院（www.rymooc.com）学习完整慕课。本书还提供大量音频资料作为补充内容，包括扩展阅读等，大学生可以扫描二维码收听相关音频，以辅助学习。

立体的知识加上多样化的形式，使本书不仅是一本大学生学习心理健康知识的教材，更是一本帮助大学生了解与调节自己、进行心理体验与行为训练的教材。

3. 案例丰富，贴近大学生生活

本书的案例以两名大学生的大学生活为主线，通过介绍他们与其同学、亲人之间的故事，反映大学生常见的心理问题、困惑和思考，案例设计贴近大学生的实际生活，可以帮助大学生快速进入学习情境。

4. 配套资源多样化，辅助教学

本书配备了专门的学生活动手册和教师用书，并提供了教学大纲、教案、PPT、活页等教学资料，辅助教师教学。本书还附赠考试练习题，包含选择题、判断题、简答题、分析题等，供大学生自我测试和教师教学使用。配套资源均可通过人邮教育社区（www.ryjiaoyu.com）下载使用。

本书由方晓义、夏翠翠任主编，宗敏、涂翠平任副主编。具体分工如下：第一章、第二章、第七章、第十章、第十一章、第十二章由北京师范大学的夏翠翠编写，第三章～第五章由外交学院的宗敏编写，第六章、第八章和第九章由北京邮电大学的涂翠平编写，全书由方晓义统稿和审定。

编者
2025年6月

目录

C O N T E N T S

第一章　个人的软实力——大学生心理健康导论

第二章　他人眼中我为谁——大学生健全自我意识塑造

第三章　解读人格密码——大学生人格发展与心理健康

第四章　学海方舟——大学生学习心理

第八章　发现情绪的力量——大学生情绪管理

第九章　逆境突围——大学生压力管理与挫折应对

第十章

生命的顽强与脆弱——大学生生命教育与心理危机应对

第十一章

走近异常心理——大学生常见精神障碍及应对

第十二章　● 心灵加油站——心理咨询

二维码数字资源目录

知识点微课

素质教育微课

音频讲解微课

体验栏目目录

自助训练

心理自测

第一章

个人的软实力

——大学生心理健康导论

　　随着物质条件的丰富，大学生从基本生理需求的满足向更高级心理需求的满足迈进，越来越多的大学生开始重视自己的心理健康，渴望了解与心理健康相关的知识，对自己的内心变化充满好奇。同时，大学生也认识到，不只身体要健康，心理也要健康，身体和心理的联系密不可分。本章学习目标如下：

- 掌握心理健康的概念、标准和心理活动的生理基础；
- 了解大学生心理发展的特点、主要问题，了解大学生的心理发展任务；
- 了解影响大学生心理健康的主要因素。

引导案例

主人公出场

张帅：男，19岁，大二，计算机专业，话剧社成员，爱好文艺，喜欢创作。

佳琪：女，18岁，大一，中文专业，正在应聘话剧社社员，爱好文艺，喜欢表演。

背景介绍：佳琪在上大学前是个超级学霸，一心都扑在了读书上。上大学后，她听师兄师姐们说，以后进入社会只凭学习好是不行的，在大学期间要踊跃参加各种各样的社团，锻炼自己的能力。思来想去，她选择了一个自己想尝试的社团——话剧社。佳琪应聘话剧社社员，张帅是"面试官"之一，两人在面试中是第一次相遇。

下面以这两位主人公及其同学为例，探讨与大学生心理健康相关的问题。

第一节　健康从"健心"开始
——大学生心理健康概述

本节视频

随着高校心理健康知识的宣传和普及，越来越多的大学生开始了解和关注自身心理健康。《中国国民心理健康发展报告（2023—2024）》显示，大学生总体的心理健康状况良好，其对生活的满意度较高，但抑郁、焦虑等问题不容忽视。现在我们一起走近大学生心理健康，了解什么是心理健康、心理健康的标准，以及心理活动的生理基础。

一　健康不仅仅指强健的体魄：心理健康的概念

1. 何为心理健康

健康不仅仅指强健的体魄。长期以来，人们一直秉持"无病即健康"的传统观念，在这种观念中，健康仅仅指身体健康。随着社会的发展和科学技术的不断进步，人类对自身健康与疾病的认识不断深入。1989年，世界卫生组织将健康表述为"一个人只有在身体、心理、社会适应和道德这四个方面都健康，才算是完全健康的人"。从世界卫生组织1989年对健康的表述来看，人的健康包括身体健康、心理健康、社会适应良好和道德健康四个部分，缺一不可，心理健康是健康的重要组成部分。革命的本钱不仅包括强健的体魄，而且包括健康的心理。没有疾病仅仅是健康的最低要求，健康的目标是追求一种更积极的状态及更高层次的适应和发展。

心理健康的新观点

何为心理健康？2001年，世界卫生组织对心理健康的定义："心理健康不仅仅是指没有患上心理疾病，更可视为一种幸福状态，在这种状态中，每个人认识到自己的潜力，可以应付正常的生活压力、有效地从事工作，并能够对社会做出贡献。"由原国家卫生和计划生育委员会、中宣部等22个部门共同印发的《关于加强心理健康服

心理健康的双因素模型

务的指导意见》（国卫疾控发〔2016〕77号）将心理健康定义为"心理健康是人在成长和发展过程中，认知合理、情绪稳定、行为适当、人际和谐、适应变化的一种完好状态。"

心理健康是健康的重要组成部分，这项"软实力"确实很重要。不少研究显示，心理健康不仅能延长寿命，改善身体健康，提高生命质量，还能有效地减少犯罪等行为的发生。对大学生而言，心理健康是建立良好人际关系、提升创造力、保证良好发展的基础。

2. 心理健康中的"灰色区"

岳晓东博士提出了心理健康的灰色区理论，认为人的心理健康并非黑白分明，而是在健康与不健康之间有很长的灰色地带。大部分人的心理健康水平处于灰色地带，只有极少数人有严重的精神问题，如图1-1所示。

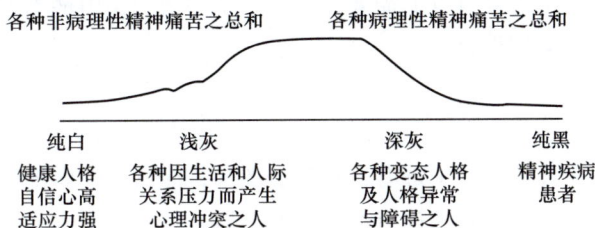

各种非病理性精神痛苦之总和　　　各种病理性精神痛苦之总和

纯白	浅灰	深灰	纯黑
健康人格	各种因生活和人际	各种变态人格	精神疾病
自信心高	关系压力而产生	及人格异常	患者
适应力强	心理冲突之人	与障碍之人	

图 1-1　心理健康中的 "灰色区"

处在不同地带的人所需要的心理服务是不同的，如表1-1所示。

表1-1　处在不同地带的人所需要的心理服务

	纯白	浅灰	深灰	纯黑
心理表现	健康人格、自信心高、适应力强	各种因生活和人际关系压力而产生心理冲突的人	各种变态人格及人格异常与障碍的人	精神疾病患者
所需服务	心理健康促进与预防	心理咨询	心理治疗	精神科治疗，心理治疗

3. 心理健康的双因素模型

传统的心理健康模型以心理疾病症状等消极指标作为诊断标准，具有绝对化的缺陷，其可靠性和有效性存在问题。随着积极心理学的兴起，研究者逐渐突破了仅以症状等消极指标作为诊断依据的传统，融入了主观幸福感等积极指标，形成了心理健康双因素模型。双因素模型主张心理健康应同时包括消极和积极两大指标，并根据两者将人的心理健康状态分为四类，即低症状和高主观幸福感的完全心理健康型、低症状和低主观幸福感的部分心理健康型、高症状和高主观幸福感的部分病态型、高症状和低主观幸福感的完全病态型，强调心理治疗与辅导的最终目标是要达成完全心理健康状态，从而使得诊断和治疗更加全面、准确。有研究发现，心理素质对积极心理健康的发展性功能比对消极心理健康的治疗性功能更突出，因此大学生心理健康教育的目标不是局限于消除症状、解决问题，也需要聚焦于提升幸福感、促进心理健康。

二　他人、环境与我：大学生心理健康的标准

我国学者马建青综合国内外专家学者的观点，根据大学生这一群体的年龄特征、心理特征

和社会角色特征，提出了我国当代大学生心理健康的基本标准，具体内容如下。

1. 智力正常

大学生智力正常且充分发挥的标准：有强烈的求知欲和浓厚的探索兴趣；乐于学习；智力结构中各要素在其认识活动和实践活动中都能积极协调地参与，并能正常发挥作用。

2. 情绪健康

情绪健康的主要标志：情绪稳定和心情愉快。具体内容包括：第一，愉快情绪多于不愉快情绪，表现为乐观开朗、充满热情、富有朝气，善于自得其乐，对生活充满希望；第二，情绪稳定性好，善于控制和调节自己的情绪，既能克制约束，又能适度宣泄，不过分压抑，情绪的表达既符合社会的要求，也符合自身的需要；第三，情绪反应是由适当的原因引起的，反应的强度和引起这种情绪的情境相符合。

3. 意志健全

意志健全的大学生在各种活动中都有自觉的目的性，能适时地做出决定并运用切实有效的方法解决遇到的各种问题，在困难和挫折面前，能采取合理的反应方式。

4. 人格完整

大学生人格完整的主要标志：第一，人格结构的各要素完整统一；第二，具有正确的自我意识，不产生自我同一性混乱；第三，以积极进取的人生观作为人格的核心，并以此为中心把自己的需要、愿望、目标和行为统一起来。

5. 自我评价适当

一个心理健康的大学生，对自己的认识应比较接近现实，有自知之明；对自己的优点感到欣慰，但又不至于自大；对自己的缺点既不回避和否认，也不自暴自弃，而是善于正确地"自我接受"。

6. 人际关系和谐

大学生人际关系和谐的表现：乐于与人交往，既有稳定而广泛的人际关系，又有知心朋友；在交往中保持独立而完整的人格，有自知之明，不卑不亢；能客观评价别人和自己，善于取人之长补己之短；宽以待人，乐于助人；积极的交往态度多于消极的交往态度；交往动机端正。

7. 适应能力强

心理健康的大学生，能和社会保持良好的接触，对社会现状有较清晰、正确的认识，思想和行动都跟得上时代发展的步伐，与社会的要求相符合。

8. 心理行为符合大学生的年龄特征

大学生应具有与年龄和角色相适应的心理行为特征。

在后面的章节中，我们将根据大学生心理健康的标准，具体探讨大学生的心理健康状况、常见的心理健康问题，以及提升心理素质和心理健康水平的具体方法。

视野
广角镜

心理健康素养

一个健康的人，不仅身体是健康的，心理也是健康的。心理健康事关个体的幸福、家庭的和睦、社会的和谐。2018年，国家卫生健康委员会疾控局发布了《心理健康素养十条（2018年版）》，读者可扫描旁边的二维码了解详细内容。

三 大脑：心理活动的生理基础

人的意识活动从哪里来？心理活动有物质基础吗？现代神经科学认为，人类所有的心理活动均由大脑调控，人们的记忆、喜怒哀乐、一言一行、所思所感等，都是大脑活动的产物。正常的大脑功能使人产生正常的心理活动，而异常的大脑功能与结构可能导致人产生异常的心理活动和行为表现。大脑与心理密不可分，大脑是心理活动的物质基础。这里介绍一下有关大脑的基础知识，本书其他章节的相应部分会介绍大脑与心理健康的关系。

1. 大脑的结构和功能

如果在横截面上观察脑半球，中心看起来更亮的部分称为白质；覆盖白质且较暗的部分称为灰质，也称皮质。大脑主要有哪些结构，这些结构又有哪些功能呢？下面一一进行介绍。

（1）**大脑皮质**。大脑皮质是大脑较发达的部分，是个人特质的决定性部分。大脑皮质主要包括额叶、枕叶、颞叶、顶叶4部分。

额叶主要负责高级认知，功能主要体现在决定性格、保持正常社会行为和行为的抑制等方面。

枕叶是主要的视觉皮层，负责一切有关视觉的感知。

颞叶是主要的听觉皮层，负责处理来自触觉、听觉、嗅觉等的大量感觉信息。

顶叶主要负责空间导航及整合来自触觉、听觉、嗅觉和味觉等的大量感觉信息。

（2）**边缘系统**。边缘系统让人能够"嗅"到恐惧，是环绕脑半球内部的区域。边缘系统主要包括杏仁核、海马体、下丘脑。

杏仁核负责情绪反应，如感知危险、产生战或逃的反应。

海马体的主要功能是形成新的记忆。

下丘脑的主要功能是调节体温、控制食物和水的摄入量、接收来自全身的激素信号。

此外，丘脑是大脑的中继站，处于皮层和脑干中间的位置，它的功能是在皮层和脑干之间传递信息。

（3）**小脑**。小脑是保持平衡与协调的关键，其主要功能是监控和调节运动行为，负责动作的协调。

（4）**脑干**。脑干是通往外部世界的桥梁。脑干接收所有来自身体的感觉信息输入，以及来自大脑皮层的运动信息输出。

（5）**自主神经系统**。自主神经系统是身体的"自动驾驶仪"，其主要负责那些不需要自主输入或有意识思考就能发挥作用的功能，如呼吸、心率、血压和消化。自主神经系统包括交感神经和副交感神经。

① 交感神经。在发现危险时，交感神经让身体为"战斗"或"逃跑"做好准备，肾上腺素是其主要的神经递质。

② 副交感神经。副交感神经负责能量资源的维持和储存，促进血液流向消化系统，促进人体从食物中吸收能量，降低心率和呼吸速率。

2. 大脑功能的基础：神经元

大脑的各部分之间是靠什么来传递信号的呢？答案是神经元。神经元是中枢神经系统的基本信息处理结构，让人们能够接收来自外界的信息，同时根据大脑的"指令"来对外界做出反馈。神经元或神经细胞指的是单个的细胞，神经指的是由神经元构成的神经束。

神经之间如何交流呢？人体是靠电信号来维持身体运转的。人体的主要成分是水、脂肪、蛋白质等，神经和肌肉遍布全身，是电信号传递的主要路径。神经元几乎可以把所有的信号都转换为电信号。较常见的转换是从化学信号到电信号，但是神经元也能将光、声音、温度、压力等信号转变为电信号。但这种交流并非像电路一样直接将电信号从一个地方传递到下一个地方，而是当电信号传递到神经元的远端时，神经元将其转化为一种化学物质，并扩散到它和相邻细胞之间的空隙中。这种化学物质称为神经递质。如果神经网络的一部分被破坏了，其他部分将接管受损区域的功能。

扩展阅读

镜像神经元

如果说DNA决定了我们是否为人，那么镜像神经元就决定了我们能否塑造文明。镜像神经元是心理学界的重要发现，然而小小的镜像神经元真的能够解开人类进化史上的重大谜团吗？镜像神经元理论提供了一种精练而简单的新方式来解释语言的进化、人类共情的发展及自闭症的神经基础，乃至精神分裂、药物滥用、性取向、传染性哈欠等，其作用可谓无所不包。

如果读者想进一步了解详情，请扫描旁边的二维码收听老师的讲解。

扫一扫

镜像神经元

3. 大脑的功能与结构和心理健康的关系

大脑的功能与结构和心理健康之间存在密切、双向的相互作用。大脑作为人体的"指挥中心"，其结构、神经化学物质和神经网络的功能状态直接影响情绪、认知及行为；反之，心理状态（如压力、创伤或积极情绪）也会重塑大脑的生理结构。比如，前额叶皮层功能减弱可能导致注意力缺陷或冲动行为，杏仁核的过度活跃与焦虑、创伤后应激障碍相关，海马体的萎缩常见于长期抑郁或慢性压力患者。儿童期逆境（如虐待）可能永久改变大脑发育轨迹，增加成年后罹患精神疾病的风险；正念冥想能增强前额叶与杏仁核的连接，改善情绪调节能力。

延申阅读

大脑神经的可塑性

大学生大脑发育的特点

第二节 大学生活从"心"开始
——大学生的心理发展

本节视频

一 矛盾和统一：大学生的心理发展特点

大学生的年龄在17～24岁，处于青春期向成年早期的过渡阶段，心理发展也具有这两个发展阶段的一些特征。在大学阶段，大学生不断自我成长、逐步走向成熟，这是大学生心理发展的总体特点。我们可以从以下几个方面来了解大学生的心理发展特点。

1. 两面性

心理的两面性是青春期的一般特征，大学生心理尚未完全成熟，既有不成熟的一面，也有成熟的一面。比如，当代大学生有鲜明的个性、敢想敢干、敢于表达、勇于尝试新的事物、兴趣广泛，但社会经验不足，对危险的事情缺乏判断力，有时会按自己的思路一直干到底，不撞南墙不回头。随着自我意识的发展、自我同一性的确立，大学生的心理在逐步走向成熟，并且表现出积极的一面。比如，他们情感丰富、精力充沛，敢想敢干、勇往直前，善于思考、敢于创新等。

2. 矛盾性

大学生的心理不仅有两面性，而且发展不平衡，容易引起矛盾。例如：理想的我与现实的我的矛盾；独立与依赖的矛盾；交往需要与封闭孤独的矛盾；自尊自信与怯懦自卑的矛盾；强烈求知欲与识别力低的矛盾；情感与理智间的矛盾；积极勇敢与消极退缩的矛盾；强烈的性欲望与正确处理异性关系的矛盾等。这些矛盾的存在虽然会使大学生感到焦虑苦恼、痛苦不安，但也促使他们设法解决矛盾、促进自我发展，使心理发展更加趋于成熟。

3. 统一性

大学阶段是大学生逐步走向成熟和独立的阶段，无论内心有两种怎样不同的心理、它们之间有怎样激烈的矛盾冲突，大学生在某一时间、同一地点的外在表现总是尽量统一的。绝大多数大学生所做的都是消除矛盾冲突，使自己趋近社会评价高、体现个体成熟的一面。比如，努力改善现实自我，让现实自我趋近理想自我；修正不切实际的过高标准，使理想趋近现实。

二 成长的烦恼：大学生存在的主要心理问题

对全国各地大学生心理健康状况的调查结果显示，总体而言，大学生的心理健康状况良好，大多数大学生的心理健康状况是积极、正向和良好的。辛自强等人进行的一项关于1986—2010年间大学生心理健康变迁的横断历史研究显示，这25年来大学生的心理问题逐渐减少，即大学生心理健康的整体水平在逐步提高。《中国国民心理健康发展报告（2019—2020）》中一项针对4所高校新生心理健康状况变化趋势的研究显示，2009—2019年，这4所高校新生心理健康状况呈现波动变化趋势，有严重心理问题的新生比例有所上升，有中等程度心理问题的新生和有一般心理问题的新生比例略有波动。研究结果显示，有10%～30%的大学生受到心理问题困扰，这些心理问题主要包括以下几类。

1. 人格和自我成长问题

比如，有的大学生很自卑，遇到挫折或遭到别人拒绝时，容易产生心理危机。有的大学生对未来很迷茫，有一种存在危机感，比如找不到人活着的意义。

2. 学业问题

大学的学习特点和高中有明显的不同，如学习环境、学习内容等的不同。大学生还面临英语和计算机等级考试及各类职业资格考试的压力。许多学生进入大学后不适应大学的学习，学习目标不明确、迷茫、方法不适应或所学专业与自己的兴趣不符。部分学生成绩下滑严重，对于学习上的挫折不能很好地去面对。在这些情况下，大学生就容易产生心理问题。

3. 生涯与就业问题

所有面临毕业的大学生都得接受社会的选择。就业岗位要求和标准日益提高，相当数量的大学生缺乏足够而必要的就业心理准备，甚至未毕业时就出现了严重的就业心理压力。具体表现为无法紧张有序地进行大学后期的学习，整日忧心忡忡、情绪低落，出现严重的心理焦虑和躯体不适，心理承受能力更加脆弱。如不及时排解、调适，容易引发心理崩溃，导致消极、负面的后果。有的大学生缺少必要的生涯规划，在学校学习的过程中缺少目标，没有方向，感觉到迷茫，觉得生活没有意义，这也是心理问题产生的来源之一。

4. 人际关系问题

进入大学后，大学生面临全新的人际关系。中学时人际关系相对单纯，成绩好就会得到大家的青睐，但大学时期的人际交往更为复杂、更为广泛、更具社会性，要获得好的人际关系需要一定的技巧，再加上大学需要住校，宿舍人际关系的处理也给大学生带来了不小的挑战。在处理各种人际关系的过程中，有相当数量的大学生会产生各种问题。大学生一旦在这一过程中受挫，就可能表现为自我否定而陷入苦闷与焦虑之中，或因企图对抗而陷入困境，并由此产生心理问题。互联网也对人际交往产生了很大的影响，当代大学生更喜欢通过手机与人交流，而不愿意与人直接沟通。

5. 恋爱与性心理问题

大学生处于青春期的晚期和青年期的早期，生理上趋于成熟，心智上有了一定的发展，对爱情生活有所追求和向往。大学生谈恋爱是一种普遍现象，大约有2/3的大学生正在谈恋爱或者有过恋爱经验，大约有1/3的大学生有过失恋的经历。有很多大学生存在情感困惑，出现单相思、感情纠葛、失恋、性行为等问题。特别是失恋，如果大学生处理不好，则心理上会受到极大的伤害，造成心理失调，甚至精神崩溃，在短时期内易出现极端行为，如自杀或报复等。

6. 情绪问题

大学生情感丰富、情绪体验深刻、情绪不稳定，易被日常生活中的小事激发而产生情绪波动。同时，大学生的情绪管理和自控能力不足，感情比较脆弱，往往并不知道该如何应对自己的负面情绪，也缺少主动培养积极情绪的意识和方法。当大学生在学习和生活中遇到较大挫折时，容易表现出抑郁、焦虑、无助甚至绝望等情绪。

7. 压力与挫折问题

现在大学生学习和就业竞争越来越激烈，学习压力越来越大，在面临压力时，有的大学生不懂得如何求助和减压，反而用一些增加压力的方式来解决问题，使压力越来越大。在压力无法排解并且遇到挫折时，有的大学生比较脆弱，难以从挫折中复原。

8. 生命意义与危机问题

有的大学生很迷茫，存在危机感，找不到人生的价值和意义，反复思考人活着的意义是什么，有的甚至会产生轻生的想法。有的大学生在生活中遇到危机事件时，不知道如何应对，容易产生心理危机。

9. 精神障碍问题

有少数大学生面临精神疾病的困扰，比较常见的有抑郁障碍、焦虑障碍、游戏障碍和失眠障碍等。

10. 其他问题

其他问题包括环境适应、家庭关系、身体疾病带来的心理困扰等问题。

三 大学生活何去何从：大学生的心理发展任务

> **★案例**
>
> **主题班会——大学阶段的成长目标**
>
> 佳琪刚进入大学没多久，她一方面对大学的学习和生活充满新鲜感与好奇心；另一方面面临很多适应的问题。有一天，班主任组织全班同学开班会，班会的主题是讨论大学阶段的学习目标和成长目标是什么。
>
> 学习目标对佳琪来说很容易想——好好学习专业知识，扩展自己的人际交往范围，在社团里锻炼自己的综合能力。但是成长目标对佳琪来说就很陌生了，可以说她从来没有思考过这个问题。班会上大家发言很踊跃。
>
> "我要独立，和妈妈分别的时候再也不流泪。"
>
> "我要学习自己照顾自己。"
>
> "我要主动和人交往，建立良好的人际关系。"
>
> "我要谈一场恋爱。"
>
> "我要学习面对挫折的方法。"
>
> "我要探索自我，认识自我。"
>
> "我要自己挣钱，养活自己。"
>
> ……

上了大学，你的成长目标是什么？你是否也和佳琪一样，对于成长，并没有仔细地思考过？在大学里要如何成长？大学生有哪些心理发展任务？发展心理学家哈维格斯特对青年期的心理发展任务进行了系统的论述，他认为青年期主要有以下心理发展任务。

1. 青年期同龄人团体的建立

（1）学习与同龄男女之间新的交往方式。
（2）学习作为男性或女性的社会任务及角色。

2. 独立性的发展

（1）认识自己的身体构造，有效地使用自己的身体。
（2）从精神上独立于父母或其他人。
（3）具有在经济上自立的自信。
（4）选择职业并为其做准备。
（5）做好结婚及家庭生活的准备。
（6）发展作为社会一员所必须具备的知识、技能和观念。

3. 人生观的发展

（1）发展并完成具有社会性责任的行动。
（2）学习作为行动指南的价值观和伦理体系。

作为大学生，除以上发展任务外，学习也是非常重要的发展任务。

延申阅读

我的健康我负责：做
自己心理健康的主人

第三节　遗传还是环境
——影响大学生心理健康的主要因素

本节视频

根据"生物-心理-社会"模型，心理健康的影响因素包括生物因素、心理因素和社会因素。影响大学生心理健康的生物因素主要包括躯体疾病、体貌特征、物质摄入、遗传因素、神经系统发育的健全性等。影响大学生心理健康的心理因素主要包括个人信念、情绪调节能力、个人行为风格、意志力、个性特征等。影响大学生心理健康的社会因素主要包括家庭因素、学校因素、社会文化及环境因素，其中影响最大的是家庭因素。

一　身心一体：影响大学生心理健康的生物因素

综合沈德立、江光荣等人的总结，影响大学生心理健康的生物因素主要有以下几个。

1. 躯体疾病

遗传、创伤、传染、大脑的器质性病变等导致的躯体疾病，如肝炎、肺结核、白癜风等，是一类强有力的生理性应激源，对大学生的自我认识与悦纳、性格、人际交往、恋爱或亲密关系等影响很大，甚至会造成长期的负面影响。大脑的器质性病变，如脑肿瘤、脑萎缩、脑外伤、脑血管疾病等，会直接导致个体出现各种心理/精神异常，甚至出现意识障碍、情感障碍和人格异常等。

2. 体貌特征

身高、体重、容貌、身材、皮肤、发质、牙齿等体貌特征，影响大学生的学习与生活，尤其体现在自我认识、人际交往和亲密关系方面，可能会造成适应与发展的困扰，如人际回避、过度减肥等，严重的甚至会引起精神障碍，如进食障碍。

3. 物质摄入

无水乙醇、尼古丁、咖啡因及其他精神活性物质的摄入或过度摄入，不仅影响大学生的身体健康，还可能损害正常的心理机能，如注意力问题、情绪失调、行为偏差等，严重的还会引起物质成瘾或物质依赖。

4. 遗传因素

在精神疾病中，尤其是在精神分裂症、双相情感障碍等疾病的发病因素中，遗传因素占有比较重要的地位。

5. 神经系统发育的健全性

神经系统发育不健全，如大脑皮层和皮层下神经组织之间的相互协调作用存在某种障碍、大脑皮层的兴奋和抑制过程的协调作用存在某种障碍等，均可导致个体心理出现某种偏差。

6. 基因因素

脆弱性–压力模型（vulnerability-stress model）被认为是许多心理精神疾病的病因及临床发展过程的主要理论框架，该模型认为，不同个体在各种压力应激源暴露下对疾病的易感性不同。下丘脑–垂体–肾上腺轴（hypothalamic-pituitary-adrenal axis，HPA轴）活动异常是该模型的主要生理学机制之一，即在应激压力诱导下，下丘脑室旁核的神经元活化释放出促肾上腺皮质激素释放激素和加压素，垂体前叶在促肾上腺皮质激素释放激素的刺激下，释放出促肾上腺皮质激素，该激素激活肾上腺皮质分泌皮质醇，皮质醇通过与盐皮质激素受体和糖皮质激素受体相互作用形成负反馈调节回路，该回路的改变会导致HPA轴失调或适应不良的应激反应，从而引起与心理应激相关的疾病。编码促肾上腺皮质激素释放激素结合蛋白、盐皮质激素受体、一氧化碳合酶1、脑源性神经营养因子、催产素受体的基因是与下丘脑或HPA轴功能相关的基因。这些基因可能与情绪认知、压力应激、精神心理疾患相关。

二 个人易感性：影响大学生心理健康的心理因素

综合沈德立、江光荣等人的总结，影响大学生心理健康的心理因素主要有以下几个。

1. 个人信念

世界观、价值观、人生观等信念系统决定大学生怎样面对和投入大学阶段的学习与生活。大学生一方面正处于信念系统的确立阶段；另一方面又面临多元价值体系的选择。一些不良的个人观念（如读书无用论、拜金主义、享乐主义等）容易造成大学生适应与发展困扰，一些不合理的信念（如绝对化、灾难化、概括化等）容易造成大学生心理上的困扰，甚至是精神障碍。

2. 情绪调节能力

情绪调节能力对心理健康的影响比较大，大学生正处于情绪强烈且比较动荡的时期，他们的情绪常摇摆不定，跌宕起伏，具有冲动性，情绪体验深刻。大学生在遇到挫折时，情绪反应激烈，情绪调节能力不强，容易导致心理困扰。

3. 个人行为风格

每个人都有自己特定的或偏好的行为模式，人的每一种行为都具有适应的功能，在一定的情境下是适用的，如果人的行为不具备弹性和适应性，则会给人带来心理困扰。其中，对心理健康影响较大的是对于压力的应对方式。比如，很多大学生在上大学之前的学习是一种被动学习，跟着老师的安排和节奏学即可，而上了大学后这种学习风格需要改变，大学生需要主动地学习，学习更像吃"自助餐"。如果大学生能积极应对完成这种行为转变，那么其就能很好地适应大学的学习；如果不能，则可能导致适应困难和学业压力大等问题。

4. 意志力

意志力是指人自觉地确定目的，并根据目的调节支配自身的行动，克服困难，去实现预定目标的心理过程。大学生的生活自理能力、自主学习能力、注意控制能力、时间管理能力、自我控制能力等都会受到意志力的影响，而这些能力都影响大学生的学习和生活。

5. 个性特征

一些消极或负面的个性特征，如神经质、内向性、完美主义、自我中心、偏执等，可能会给大学生造成适应与发展的困扰，严重的可能会引发精神障碍，如抑郁症、焦虑症等。

三　家庭、学校、社会文化及环境：影响大学生心理健康的社会因素

1. 传承与超越：家庭对大学生心理健康的影响

案例

我和妈妈好像

　　刚刚步入大学生活的佳琪，每次考试的成绩都名列前茅，在同学看来她可以轻松地应对各种考试，但其实她每次考试前都非常焦虑，甚至会胸闷、失眠……每次快要考试的时候，这种焦虑的感觉就会如影随形，随着考试的结束，她的焦虑也慢慢消失，这样的情况从她上中学时就开始了。

最近又要考试了，焦虑的佳琪躺在床上辗转反侧，不由得想起假期里妈妈"手忙脚乱"的画面：妈妈的工作是财务，有次做报表，任务繁重，她非常焦虑和紧张，以致忘记了"批量保存"的功能。直到佳琪过去安抚她，并帮她保存好了文档……似乎，从佳琪记事起，妈妈就非常容易焦虑。

佳琪不仅想到了妈妈遇事的反应，还想到每次自己焦虑时，妈妈比自己还要焦虑，比如高三期间，自己很焦虑，妈妈则更焦虑，每天在家里大气不敢出，以前她回家后都会看电视，但在整个高三期间，家里的电视机几乎没有开过，她和爸爸讲话都是小心翼翼的。佳琪说晚上睡不好觉，妈妈也跟着睡不好。

佳琪的焦虑和妈妈有什么关系吗？这种焦虑的"遗传"又是怎么发生的呢？

家庭是人生的奠基石，父母是孩子的第一任老师，家庭对大学生的影响是长久而深远的。说到家庭对大学生心理健康的影响，不得不提到家庭治疗。家庭治疗中的核心基础理论是系统论。系统论认为：系统的整体大于部分之和，家庭不是个人的简单相加，而是一个关系网，某一家庭成员的变化会引起其他成员的变化，人们要理解某个人的心理和行为，就应该考察其整个家庭系统，问题的发生与维持是整个家庭系统共同作用的结果。大量研究发现，亲子依恋关系、父母的教养方式、家庭气氛、家庭的结构、家庭经济收入等客观因素都会影响大学生的心理健康。

比如一个孩子说谎，很多时候人们会把这看成品质问题，那么孩子说谎和家庭系统有什么关系呢？请大家思考一下，孩子在什么情况下会说谎？通常情况下，如果孩子说真话会带来严重的后果，那么他可能会选择说谎。如果父母可以接纳孩子的行为，并积极引导孩子，孩子可能就会说真话。系统论会从整个系统来考察人的行为，认为人的行为与整个系统的运行是密切相关的。

比如在上面的案例中，当佳琪焦虑的时候，她的妈妈也会焦虑，妈妈的焦虑对佳琪会产生什么影响呢？妈妈的焦虑不仅不会减轻佳琪的焦虑，反而会增加佳琪的焦虑，于是母女两人变得越来越焦虑。两人实际上是在相互影响对方，久而久之佳琪就形成了一旦面临重要的事情就会产生焦虑的习惯。

（1）心理行为问题的代际传递

我们常说"父母是孩子最好的老师"，也就是说，孩子会更容易向父母学习，无论学习到的东西是好是坏，这也是心理学上所说的家庭的"代际传递"。比如：一个女性，她认为自己的妈妈很懦弱，也很善良，在家庭中不敢争取自己的权利，总是被爸爸欺负，她特别不希望自己成为妈妈那样的人，希望自己是坚强的、敢于争取自己利益的人，可是到了她结婚的时候，她发现自己竟然也呈现出懦弱。回到你自己身上，你有没有哪些特点是和父母一样的呢？这些代际传递，有的是我们意识到的，有的是我们没有意识到的。

研究发现，代际传递现象存在于信任、攻击行为、离异、教育成就、父母体罚、依恋模式、家庭暴力、家庭贫困、社会分层等很多方面，甚至具体到青少年的吸烟行为也存在代际传递现象。

大家可能会问，代际传递是怎样发生的呢？代际传递的过程有很多种，也很复杂。有些代际传递可能来自孩子的观察学习，如父母之间发生冲突甚至大打出手时，孩子看到这种行为就会学习这种解决问题的方式。有些代际传递可能来自孩子对父母的认同，父母作为孩子最直接的监护人，也是他们安全感的来源，出于对父母的爱，孩子会不自觉地认同父母的某些特点。家庭中的代际传递也是很多不良人际互动模式和心理问题的形成途径之一。就像案例中佳琪和妈妈一样，佳琪潜移默化地学习到了妈妈对工作的焦虑。

代际传递的又是什么呢？首先，代际传递的内容涉及方方面面，从生活习惯到人格组成等，最明显的是我们与他人的相处模式。父母与孩子之间的相处模式有很多种，比如父母有可能是家庭中的权威，高度控制孩子的方方面面；父母也有可能是孩子的"奴隶"，把作为"小祖宗"的孩子"伺候"得无微不至；父母和孩子之间也可能是非常民主的，面对问题会共同协商解决……亲子之间这些不同的互动模式会"传递"到孩子同其他人的相处模式中，尤其是亲密关系中。

（2）亲子依恋关系

依恋是婴幼儿和主要抚养者（通常是母亲）之间普遍存在的特殊的情感联结。在3岁前，家庭通常是婴幼儿的主要活动场所，在这一阶段，决定孩子人格发展和心理健康的最重要的因素就是母婴互动的质量。依恋是影响心理健康的最关键的早期因素，它对一个人安全感的建立、自尊的形成、情绪的感知调节、人际交往和亲密关系等都有很大的影响，这种影响会存在于人的一生中。

形成安全依恋的婴幼儿内心安全感充足，情绪状态稳定，能够在一种平稳的心境中探索外在世界；对自己的需求能够觉察并表达，也容易满足。总体来说，他们的心理功能良好，心理健康。

不安全依恋的婴幼儿缺乏安全感，内心时常惶恐不安，探索外界的行为容易被打扰，有的会退缩，有的会冒进；他们容易产生负面情绪，要么过分压抑自己，要么过度表达让自己和他人感到痛苦与厌烦，他们不能准确地觉察和表达自己的需求与感受，也难以被外界满足。他们的心理功能不良，容易心理不健康。

（3）父母的教养方式

父母的教养方式直接影响孩子的行为和心理健康。父母的教养方式有权威-民主型、独断-专制型、宽容-溺爱型和放任-忽视型4种。权威-民主型的父母可能会培养出高自尊与自律的孩子；独断-专制型的父母可能会培养出表面顺从但内在叛逆的孩子；宽容-溺爱型的父母可能会培养出自我中心、低挫折耐受力的孩子；放任-忽视型的父母可能会培养出存在依恋困难的孩子。民主、理性、平等而非命令的教育方法，最有利于孩子的心理健康。

（4）家庭氛围

家庭氛围对孩子的影响是一种"无形""无声"的影响。家庭成员长期处于某种特定的家庭氛围中，孩子的心理和行为都会受到这种特定氛围的影响。比如父母关系不好、家庭冲突不断，会形成冲突、紧张的家庭氛围，这样的家庭氛围会影响孩子的心理健康。大量研究发现，父母关系不好与青少年的抑郁、焦虑、自伤、攻击行为等有密切的联系。

在你阅读家庭对大学生的影响这部分内容时，你可以反思自己的家庭，看看你的家庭对你产生了什么样的影响。

2. 学习与生活：学校对大学生心理健康的影响

大学是人生的重要时期，是大学生在生理和心理上走向成熟与定型的重要阶段。学校教育在给大学生提供知识的同时，教师也通过自己的言谈举止，让学生学习到做人的道理。学校、班集体、宿舍是大学生生活的小社会，对大学生也有很大的影响。

（1）学校的客观因素

就读学校性质、所学专业、就读的年级、学业难度及任务量、住宿条件、学校的学习氛围等因素，都可能给一些大学生造成适应与发展困扰。如好学校往往学业竞争比较激烈，学生的学业压力较大。在同一所学校不同专业的学业任务和难度也可能不同，比如数学、物理等专业，学习任务较重、难度较大，因学习产生心理问题的大学生相对其他专业可能会更多。

（2）学校中的人际关系

对大学生来说，关系是一个重要的话题。大学生与室友的关系、师生关系、恋爱关系等会影响大学生的心理健康，因各种关系问题而寻求心理咨询帮助的大学生人数在大部分学校中都排在前列。

（3）学业和就业的压力

学习是大学阶段的重要任务，考试失利、学业压力大、无法顺利毕业等与学习相关的重大事件，往往是造成大学生心理问题的重要应激源，严重的可能会引发精神障碍。

3. 伴随着网络成长起来的一代人：社会文化及环境对大学生心理健康的影响

每个人既独特又平凡，独特是因为天下没有一模一样的人，平凡是因为每个人都处于大的社会环境中，因此，每个人难免会受到庞大社会环境体系的影响。每个人从出生就在慢慢实现社会化。社会化是人在特定的社会环境中，发展出价值观，使其行为和态度能够适应社会并积极作用于社会的过程。在每个人发展出独特价值观的进程中，社会环境起着很大的作用，每个人的身上都有时代的印记。社会的发展、社会观念的变化对大学生的影响也非常大，它影响大学生的世界观、价值观、人生观、婚姻观、家庭观、性爱观等。

（1）社会环境：物质生活优越

随着我国经济水平的提升，人们的物质生活水平与过去相比更加优越。目前，大部分大学生为独生子女，他们从小到大都独享父母的爱。这种环境对大学生的成长是一把双刃剑，一方面可以让大学生体验到更多的爱和关注，父母也越来越采取民主的教养方式，让大学生有充分的空间进行自我探索；另一方面父母对大学生过多的关注有时也会变成压力，大学生需要承担更多父母的期待和学业压力。

（2）科技环境：移动互联网和内容大爆发，AI的兴起

社会环境对大学生的影响涉及方方面面，在当今时代，对大学生影响最大的当数网络的普及和AI的兴起，科技大爆发对大学生心理健康的影响是双重的。

互联网的普及极大地改变了大学生的生活方式、学习方式和社交方式，同时也对大学生的心理健康产生了复杂的影响。大学生可以便捷地获取信息和社会支持，但也可能面临社交焦虑和网络成瘾等问题。

人工智能技术的快速发展，尤其是生成式AI（如DeepSeek、ChatGPT）、智能推荐算法和自动化工具，正在深刻地改变大学生的生活和学习方式，同时也对大学生的心理健康产生了新的影响。AI工具提高了学习效率并提供了智能化心理服务，但也可能引发就业焦虑、信息茧房和人际交往虚拟化等问题。AI可能对未来大学生的学习和生活产生较大的影响，如何运用AI，如何转变学习的思维和模式以适应AI时代，迎接AI带来的机遇和挑战，可能是当代大学生们即将面对的问题。

时代的作用当然远不只这些，社会环境中的经济、政治、文化等多方面都会在无形中塑造每个人。

扩展阅读

半个多世纪以来中国人的心理与行为变化

　　半个多世纪以来，史无前例的快速社会变迁对中国文化和中国人的心理与行为产生了广泛而深远的影响。蔡华俭等人总结了现有的研究，探讨了中国人在多个方面的心理和行为变化，包括文化价值、人格特征、自我建构、人际信任、幸福感、情绪、动机、关系、心理健康及其他社会态度和行为等。如果读者想进一步了解详情，可扫描旁边的二维码收听老师的讲解。

扫一扫

半个多世纪以来中国人的心理与行为变化

本章思考题

偏执与卓越并存：心理健康的边界在哪里？

　　林阳是一名成绩拔尖的大学生，他对自己非常满意，认为只要学业优秀就足够了。然而，室友和同学们却觉得他固执己见、难以沟通——小组讨论时，他坚持己见，不愿妥协；朋友提出不同意见时，他会直接反驳，认为对方"不够聪明"。尽管他自我感觉良好，但人际关系越来越紧张。请从心理健康的定义和标准来分析，林阳的情况是否属于真正的心理健康？如果一个人自我认知积极、能力出众，但性格偏执、社交困难，是否会影响其长期的心理健康？

本章重点知识梳理

本章推荐资源

第二章

他人眼中我为谁

——大学生健全自我意识塑造

　　有人说，人是最复杂的生物，世界上最难的事情就是了解自我，自我似乎是一个谜团："我"是谁？是凭自己的主观感受来判断，还是有客观的标准？是自己说了算，还是别人说了算？"我"是一成不变的吗？还是会不断成长和突破？我究竟该如何认识和看待自己？如果你也有以上困惑，本章将带你一起走进认识自己的"谜团"，帮助你了解自己，喜欢自己，努力成为想要的自己。本章学习目标如下：

- 了解自我意识的概念、结构，以及大学生自我意识发展的特点；
- 了解大学生健全自我意识的3个方面，学会整合自己；
- 了解大学生自我意识的偏差及其调适。

引导案例

猎豹与鹿

认识自己并不难，每一种生物都有认识自己的本能。

猎豹是世界上奔跑速度极快的动物之一，它通常会偷偷接近与猎物相距10～30米，再猎捕猎物。猎豹猎捕时的奔跑速度最快可达到120千米/小时，且仅一脚着地。但猎豹由于自身生理构造，最长跑3分钟就必须减速，否则它会因身体过热而死亡。奔跑3分钟后，猎豹要花更长的时间来休息。猎豹在1分钟内成功猎捕到猎物的概率只有1/6。

动画：猎豹与鹿

有一次，一只猎豹遇到鹿群，它飞快地奔向鹿群，鹿群则快速分散。猎豹选中一只鹿为目标，朝着它冲刺，而这只被追逐的鹿也以惊人的速度狂奔。鹿没有跑直线，而是不断地改变奔跑的方向，迫使猎豹消耗其体力从而减慢速度。奔跑一段时间后猎豹便没有体力再跑了，这只鹿便逃脱了。

第一节　我是谁
——自我意识概述

本节视频

在野生动物世界里，动物能认识自己，也能认识别人。每个人有所长，也都有所短。个体只有充分认识自己，才能更好地发展自己。

一　"我"的万花筒：自我意识及其内涵

课堂活动

我是……

假如让你写下10个"我是……"你会写下什么？现在尝试写一下，随便写什么都行。表2-1所示是小美在进行心理咨询的过程中，"知心姐姐"让小美写下的10个"我是……"。

表2-1　小美写下的10个"我是……"

序号	小美的自我意识
1	我今年19岁
2	我是爸爸、妈妈的乖女儿
3	我是善良的
4	我是外表坚强、内心脆弱的人
5	我是一个瘦弱的女孩

续表

序号	小美的自我意识
6	我是一个相貌平平的人
7	我有很多朋友
8	我不被别人讨厌
9	我容易紧张和担心
10	我有时不能控制自己

1. 自我意识的定义

意识的定义为人对于内部和外部刺激的知觉。意识是人们心理活动的一种高级水平。

自我意识既是心理活动的主体，又是心理活动的客体，是涉及认知、情感、意志过程的多层次、多维度的心理现象。我国学者聂衍刚等人认为，自我意识是个体对自己及自己与周围环境的关系诸方面的认识、体验和调节的多层次心理功能系统，它包括自我认知、自我体验和自我调控3个部分。

自我意识是意识的核心部分，是人在社会化过程中逐步形成和发展起来的，对自我及自己与周围环境关系的多方面、多层次的认识、体验和评价，是个人关于自我全部的思想、情感和态度的总和。自我意识具有目的性、社会性、能动性等特点。自我意识对个性的形成、发展起调节、监督的作用。

与自我意识相关的概念主要有自我概念、自我同一性、自我认识、自我认同、自我评价等。自我意识是一个主观的过程，每个人心理的"自我"比现实的"自我"对个人产生的影响要大，就像图2-1所示的一组图片。培养健康的自我意识有助于个体的心理健康。

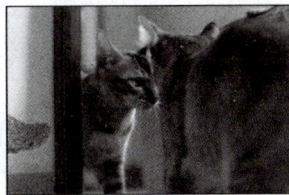

图 2-1 心理自我与客观自我

2. 乔哈里资讯窗

针对自我意识，心理学家乔瑟夫·卢福特和哈里·殷汉提出了乔哈里资讯窗理论，其中"窗"是指人的自我意识，包括4个部分："开放我""盲目我""隐藏我"和"未知我"（见表2-2）。

表2-2 乔哈里资讯窗

别人	自己	
	自己知道	自己不知道
别人知道	"开放我"（公开区）	"盲目我"（盲点）
别人不知道	"隐藏我"（隐藏区）	"未知我"（未知区）

（1）"开放我"

"开放我"也称"公众我"，属于公开活动的领域。这是自己知道且别人也知道的部分，如性别、外貌、身高、婚否、职业、工作生活所在地、能力、兴趣爱好、特长、成就等。"开放我"是自我最基本的信息，也是了解自我、评价自我的基本依据。

（2）"盲目我"

"盲目我"属于个体自我认识的盲点。这是自己不知道而别人知道的部分，即"当局者迷，旁观者清""不识庐山真面目,只缘身在此山中"。如一个人的无意识动作、无意识表情和语言等,自己觉察不到,但别人能观察到。

(3)"隐藏我"

"隐藏我"是自我的隐藏区,属于逃避或隐藏领域。这是自己知道而别人不知道的部分,与"盲目我"正好相反。"隐藏我"就是我们常说的隐私、个人秘密,留在心底,不愿意或不能让别人知道的事实或心理。几乎每个人都有"隐藏我",大家也认为这个部分是不能公诸于世的,不能让别人知道。

(4)"未知我"

"未知我"也称"潜在我",属于未知区。这是自己和别人都不知道的部分,有待挖掘和发现。"未知我"通常是指一些潜在的能力或特性,也包含弗洛伊德提出的潜意识层面,仿佛隐藏在海水下的冰山,力量巨大却又容易被忽视。个体只有对"未知我"进行探索和开发,才能全面而深入地认识自我、激励自我、发展自我、超越自我。

在认识自我的过程中,个体需要注重对"盲目我"的觉察和认识,以及对"未知我"的探索。

二　自我的认知、体验、调控:自我意识的结构

自我意识包括自我认知、自我体验和自我调控3个方面。

1. 自我认知

自我认知是主观自我对客观自我的认识和评价,包括自我感觉、自我观察、自我印象、自我评价等。自我认知解决"我是一个什么样的人""我如何看待我自己"的问题。自我认知是自我体验和自我调控的基础,一个人对自己有怎样的了解和认知,会影响其自我体验和自我调控。比如一个人认为自己是一个精力充沛、喜欢冒险的人,那么他有可能产生自豪感、有价值的自我体验,在自我调控的部分他可能会愿意克服困难,进行冒险,达到自己的目标。

自我认知的内容

2. 自我体验

自我体验是指主观自我对客观自我产生的情绪体验,是在自我认知基础上产生的。自我体验的内容包括自我价值感、自尊、自爱、肯定、接纳、成功体验和失败体验、自豪感与羞愧感、内疚、自卑、否定等。自我体验最重要的部分是自我价值感,核心内容是"我对我自己感觉怎么样"。自我认知决定自我体验,而自我体验又强化自我认知,并决定自我调控的方向和行动力度。比如一个人很自卑,总觉得没有自我价值感,那么他在认识自己时可能会产生各种偏差,例如,总是看到自己不如别人的地方,总感觉别人都比自己好,对自己的优点视而不见,这同时也会影响其自我调控,阻碍其向着目标前进。本章第三节会详细讲解几种常见的偏差。

3. 自我调控

自我调控是伴随自我认知、自我体验而产生的各种思想倾向和行为倾向,自我调控常常表现在对个人思想和行为的发动、支配、维持及定向,因而又称自我调节。自我调控能力较强的人,在做事的过程中更加自制、自律、独立和坚定,往往有详细的计划,不太容易受内在和外界的影响;相反,自我调控能力较弱的人更容易受到内部情绪的阻碍和外在因素的诱惑,往往会缺乏主

见，遇到困难容易产生退缩和畏难情绪。自我调控是自我意识结构中的最高层级，其核心是"我将如何实现理想的人生""我将如何改变自己"。自我调控也会对自我认知和自我体验产生调节作用，比如当一个人能积极地调控自己，朝着自己理想的目标努力和前进时，其会产生自豪等积极的情绪体验，同时也会产生"我真的好棒""我是有毅力的"等积极的自我认知。

大学生健全自我意识的标准是要有正确的自我认知、良好的自我体验和有效的自我调控。

三　破茧成蝶：大学生自我意识发展的特点

> **案例**
>
> ### 校园中的"忙"与"盲"
>
> 佳琪是典型的学霸，也是典型的不愿比别人差的倔强女孩。她大部分时间都在埋头苦学，本以为期末考试可以拿个好成绩，却没想到还没跻身全班前10名。佳琪接受不了这个结果，向张帅哭诉："我在高中的时候成绩一直很好，也有很多好朋友，怎么到了大学后一切都变了？我觉得自己一点也不优秀，周围的同学个个都比我强，不仅学习好，而且能歌善舞，各方面都很优秀。大家忙社团的忙社团，忙学习的忙学习，而我感觉没有方向，非常迷茫，只能是别人做什么我就跟风做什么，到头来忙忙碌碌却没有收获。"
>
> 张帅劝佳琪道："你太着急了。你的大学生涯才刚刚开始，评价标准早就不只是分数了。高中那套'拼命刷题就能赢'的方式行不通了。你得先停下来问问自己'我到底喜欢什么'，而不是被别人的节奏带着跑。慢慢来，你一定会找到属于你的赛道的。"

佳琪刚进入大学不久，便遇到了很多大学生都会面临的有关"自我"的问题，佳琪对自己产生了怀疑：我究竟是一个什么样的人？我的方向是什么？面对这些问题，张帅比佳琪淡定很多，因为他已经过了这个迷茫的阶段。我们一起来看看大学生自我意识的发展有哪些特点。

1. 自我认识的矛盾性

青年期是个人自我意识迅速发展并趋向成熟的关键时期，大学生正处于这一时期的早期。大学生在这个阶段会经历一个特别典型的矛盾和整合过程。由于从高中到大学，学习、人际关系和生活环境都发生了巨大变化，大学生的自我意识也发生了巨大的变化，会显示出强烈的矛盾性特点，主要体现为"理想我"和"现实我"的矛盾。

2. 自我体验的情绪化

自我体验的情绪化是人对客观事物是否符合自己的需求而产生的心理体验。处于青春期晚期的大学生，在情绪上常常表现出短暂、起伏、易变等特点，这些特点也表现在大学生自我意识的各个方面，大学生的自我评价常常发生矛盾，对自我的态度常常是波动的。大学生在情绪好时对自我认同度高，对自我评价也高，对自己充满信心；当情绪低落尤其是遇到挫折时，自我认同度骤然下降，自我判断失准，认为自己什么都不会。大学生对自我的肯定与否定时常随着情绪的变化而变化。

另外，大学生的情绪还容易走极端，考虑问题时易受到各种社会思潮与其他外部环境的影响，容易偏激、冲动。面对"理想我"与"现实我"时易产生自我肯定、自我否定等矛盾，常常表现出心理的不平衡，情绪体验较强烈，易振奋，也易波动。

3. 自我调控的不稳定和中心化

大学生有一定的自我调控能力，能够很好地调节自己的情绪和行为，能够制订计划并在一定程度上实施自己的计划。但有时这种调控有不稳定的特点，如有的大学生在一定阶段能够调节自己，按计划行动，在遇到挫折时，可能会产生退缩、回避、拖延等行为。

大学生强烈地关注自我，他们从自己的角度和自我的标准去认识、评价事物与他人，并采取行动，因而很容易出现自我中心倾向。大学生由于自我意识的发展、能力的提高、活动范围的扩大、思维水平的提高及知识经验的不断积累，对社会、对人生形成了自己的一套观念体系。但是，大学生的社会经验不足，对社会现象的认识往往有失偏颇，对事物的评价往往只拘泥于个人的某一个观点、立场，而不善于从他人的立场、不同的角度来分析问题，不善于理解别人，特别是父母、教师等长辈，再加上他们情绪体验的深刻性和极端性，因而就表现出了强烈的自我中心倾向。

4. 自我意识发展的阶段性

大学阶段，大学生的自我意识快速发展，大学生已开始逐渐探索自我，建立自我同一性。在这个过程中并非所有人都一帆风顺，很多人都经历过与佳琪同样的过程——怀疑自己，找不到方向，感到迷茫。大学生一旦从这种怀疑和迷茫中重新找到自己，便会经历从"旧我"破碎到"新我"重建的过程，就像张帅一样。王树青等人的研究发现，大学生处于各同一性状态的人数比例分别是同一性延缓状态占67.5%，同一性扩散状态占13.3%，同一性早闭状态占10.1%，同一性获得状态占9.1%。

自我同一性的不同类型

第二节 做最好的自己
——大学生的自我探索与完善

本节视频

每个人都对自己有一定程度的了解和认识，健全的自我意识包括正确认识自我、积极悦纳自我和有效控制自我，这三者相辅相成。接下来，我们从这3个方面出发，探讨大学生应如何进行自我整合，塑造健全的自我意识。

一 "我"的多面体：全面认识自我

★ 案例

卧谈会

地点：301男生宿舍。

卧谈会发起人：张帅。

张帅最近遇到了自己心仪的女孩佳琪，一直在对佳琪示好，他想向佳琪表白，但是又担心被拒绝。因此，他想请宿舍里的舍友帮他分析佳琪是否喜欢他。大家七嘴八舌热烈地讨论了起来。

李斯："你长得这么帅，学习又好，哪个女孩子都会喜欢的，佳琪肯定喜欢你，不用担心了。"（分析：物理世界）

华子："那可不一定，每个人对外表的评价标准不一样。关键你得看看佳琪对你的反应怎么样。你约她吃过饭吗？送过她礼物吗？如果她答应你的邀请，接受你的礼物，则说明她对你是有好感的。"（分析：反射性评价）

张帅："和她吃过几次饭，圣诞节还送过她一个小礼物，她收下了。不过我还是不能确定。"

小庆："对啊，要是你能约到她，至少说明她不讨厌你。另外，你也可以比较一下她对你和对别的男生有什么不同，她会和别的男生吃饭吗？会接受别的男生送的礼物吗？"（分析：社会比较）

张帅："这我就不清楚了。"

小庆："那你可以留心观察一下。"

小林："你别问我们的意见了，她喜不喜欢你，你自己心里最清楚了，回忆一下你和她相处的过程，你的感觉怎么样，你感觉佳琪的反应怎么样，你肯定知道她是不是喜欢你。"（分析：内省）

张帅："我回想了一下，她和我在一起挺开心的，有说有笑，我想她对我还是有好感的吧，我只是担心如果表白会不会太冒失了。"

……

1. 认识自我的途径

张帅想知道佳琪对自己的看法，想了解自己是不是被佳琪所喜欢，你是不是和张帅一样，也有对自我了解的疑问？人怎么了解自己？怎么认识自己？怎么知道自己是否具有某种能力？通过什么标准评价自己？以下内容会回答这些问题。

乔纳森总结了人们了解自己的3种信息来源：物理世界、社会世界和内部心理世界。

（1）物理世界

物理世界为人们了解自己提供了方法和途径，如身高、体重，这些都可以通过外在的物理世界来了解。但是，人们通过物理世界了解自己有两个局限：一是很多特点在物理世界中并不存在，尤其是心理品质，如一个人是否坚强，是不能通过物理世界来认识的，坚强无法通过物理世界观察和测量出来；二是即使自己的某一个特点可以测量出来，但所了解到的信息不一定是自己想要的，如一个人的体重可以测量出来，但这个人可能仍然不知道自己的体重在人群中所处的位置。

（2）社会世界

人们想知道自己在社会中是什么样子，必须通过社会世界来了解。下面介绍两个在社会世界中认识自我的方式。

一是社会比较。每个人几乎都会进行社会比较，即将自己的某些特点与别人进行比较，并由此对自己的这个特点进行判断。比如，一个人英语考试考了90分，他无法只通过90分知道自己考得好还是不好，他还需要和别人做比较，才能做出判断。一个人想要知道自己真正是什么样，就少不了与别人进行比较。谁是合适的比较对象？在大部分情况下，人们与自己相似的人进行比较时获得的信息是最可靠的，比如一个人想知道自己学习是否努力，他只有与相同专业、相同年龄、相同智力水平的同学进行比较后，才能准确地得出自己是否努力的结论。例如，张帅需要和佳琪的其他追求者相比，而不是和佳琪的同学或父母、师长相比。

扩展阅读

比出更好的自己：如何利用社会比较促进深度自我认识

社会比较包括平行比较、上行比较和下行比较，科学比较能帮助我们更清晰地看到自己的优势、短板、成长空间，从而形成更稳定的自我概念。如何做才能利用这3种社会比较促进自我认识呢？

二是反射性评价（他人反馈）。反射性评价（他人反馈）是人们认识自我的一个方式，即个人通过观察他人对自己的反应来认识自己。比如，一个学生会干部组织一个活动，得到了老师的表扬，很多同学也积极踊跃地参加，他就可以从这些反应中了解到自己成功举办了这个活动，自己具有一定的组织能力。张帅可以通过约佳琪吃饭、送佳琪礼物，看看佳琪是否应邀、是否接受自己的礼物，由此来判断佳琪对自己是否有好感。

（3）内部心理世界

在内部心理世界，人们主要是通过内省进行自我认识的。内省是个人认识自我的一个常见方式，它是指个人向内部心理世界寻求答案，直接考虑个人的态度、情感和动机。比如，一个人想知道自己是否喜欢吃香蕉，他可以通过内省来发现，他如果非常想吃香蕉（动机），吃香蕉时内心觉得很满足、很开心（情感），那么他可以得出他喜欢吃香蕉的结论。就像最后小林给张帅的建议，张帅通过内省可以知道佳琪的想法。

可能你会有疑问：自我认识真的很复杂，到底哪个才是真实的"我"呢？作为大学生，需要全面认识自我，进行主观我和客观我、主体我和客体我的整合与统一。如果只从物理世界认识自己，那么对自己的认识就有可能产生偏差。大学生如果只是通过内省认识自己，那么很有可能只是沉浸在自己的内心世界，而忽略了别人对自己的看法。大学生要想全面认识自己，就需要从物理世界、社会世界和内部心理世界3个方面来认识自己。

扩展阅读

体验与分析——如何内省才能帮到你

内省是个人了解自己的可靠方式。但内省也会产生一些问题，适当内省可以促进个人的自我了解和觉察，但过分内省反而会降低自我认识的准确性。

人们在内省时，重点应放在体验和感受自己的内心想法与情感上，通过体验了解自己，而不是通过分析原因来了解自己。内省的重点在于"我的想法是什么""我感受到了什么"，而不是"我为什么这样想""我为什么会有这样的感受"。

如果读者想进一步了解内省，请扫描旁边的二维码听老师讲解详细内容。

扫一扫

体验与分析——如何内省才能帮到你

✎ **自助训练**

认识自我

一个人要想全面地认识自己，就要从多种途径了解自己，如果只从一种途径了解自己，那么就很可能产生自我认识的偏差。请参照表2-3，完成表2-4，尝试更好地了解自己。

表2-3　认识自我示例

希望了解的特点	物理世界	社会比较	反射性评价（他人反馈）	内省
自己（张帅）是否被佳琪喜欢	长得帅，学习好，也许是佳琪喜欢的类型	佳琪很少答应别的男生的邀请，我对她来说是特别的	佳琪接受了我的邀请，接受了我送的礼物，应该是对我有好感的	佳琪和我在一起很开心，有说有笑，她不讨厌我

表2-4　认识自我

希望了解的特点	物理世界	社会比较	反射性评价（他人反馈）	内省

2. 巧用乔哈里资讯窗认识自我

了解了乔哈里资讯窗有趣的4个"我"后，大学生应如何认识这4个不同的"我"呢？

（1）拓展"开放我"

"开放我"的大小取决于自我心灵开放的程度、个性张扬的力度、人际交往的广度、他人的关注度、开放信息的利害关系等。"开放我"是自我最基本的信息，也是了解自我、评价自我的基本依据。有的大学生"开放我"的部分非常多，有的则很少。适度拓展"开放我"有助于个体对自己的了解，也有助于别人对个体的了解。

✎ **自助训练**

我是谁

请在10分钟的时间内，不断地问自己"我是谁"，写下你所想到的个人特征，尽可能多地写。根据在有限时间内你所写的数量及内容，你可以了解你对自己的认识程度。此项练习有助于你增进对"开放我"的认识。

我是＿＿＿＿＿＿＿＿＿＿＿＿＿＿＿＿＿＿＿＿＿＿＿＿＿＿＿＿。

我是＿＿＿＿＿＿＿＿＿＿＿＿＿＿＿＿＿＿＿＿＿＿＿＿＿＿＿＿。

我是＿＿＿＿＿＿＿＿＿＿＿＿＿＿＿＿＿＿＿＿＿＿＿＿＿＿＿＿。

……

（2）觉察"盲目我"

"盲目我"是自己没有看到的部分，想了解"盲目我"，获取他人反馈是最佳途径。因此，你可以通过向挚友及家人询问，听取他们对你的评价来加以了解。例如，你可以问"你觉得我是个怎样的人""我是否让人感觉脾气暴躁""我是否学习不够努力"等问题，通过亲友的如实回答，你可以知道以前自己不了解的部分，缩小"盲目我"。例如，觉得自己不善言谈、不受欢迎的学生，当他知道他的朴实和诚恳受到他人喜欢时，他会感到欣喜和有信心。

（3）适度开放"隐藏我"

找个安静、不被打扰的地方，或者利用睡前时间，听着轻柔的乐曲，闭目冥想并与内心深处那个小小的我做一个交流。问问自己内心的脆弱和不为人知的痛苦，学着放下和接纳，同时厘清哪些是可以向挚友、家人开放的。当你倾诉出原本沉重的负担时，也许你会大大地松一口气并且从倾诉对象那里获得新的视角来看待自己。例如，青春期对性的好奇或渴望也许会让你有种罪疚感，当你向信任的人开放你的想法时，也许你会发现原来他人也有类似的烦恼，这时你就不会再认为自己是怪异或病态的，内心的痛苦也将得到很大程度的缓解。还有些"阳光"型抑郁的人，得了抑郁症后很害怕别人知道，尽力在别人面前装得很正常、很快乐的样子，结果反而因此背负了沉重的心理负担。

⚑ **课堂活动**

自我觉察训练（身体扫描）

指导语：这个活动可以帮助大家觉察自己和了解自己。我们一起来体验一下。请大家选择一个舒服的坐姿坐下，一起来享受这个过程，扫描旁边的二维码，开始训练。

训练结束后，你的感受如何？有的人可能会感到很放松，有的人可能更容易觉察到自己的想法和感受，有的人可能觉察不到自己的感受。你只需尽可能接纳自己自然出现的想法和感觉，不管是身体的还是心理的，不做任何的评判，只是去观察。坚持这个训练，你可以更进一步地了解自我。

扫一扫

音频

（4）探索"未知我"

探索"未知我"要求你对自己保持开放的心态，因为未知的你拥有无限的可能性。大学生正处于发展自我同一性的阶段，这个阶段的主要任务是探索，开放地探索自己。如果大学生过早地认定自己是一个什么样的人而停止探索，就很难有自我突破和超越，易对自己不自信，这时可能会出现"自我设限"的情况。

跳出"自我设限"

探索"未知我"的过程就像我国传统文化中婴儿抓周的过程。抓周时，婴儿面对琳琅满目的物品随机抓取，这个看似偶然的过程恰似大学生探索"未知我"的旅程。当婴儿抓起毛笔时，可能暗示其具有艺术天赋；选择算盘，可能反映其存在逻辑思维倾向。同样地，大学生在参与社团活动、选修课程或进行社会实践时，那些"意外"吸引你的事物，往往正是"未知我"的显现窗口。

这提醒我们：第一，要保持开放心态，像婴儿一样对周围事物保持好奇；第二，要重视那些自然吸引自己的领域，这可能是内在潜能的信号；第三，要理解选择的象征意义可能超越表面解释。就像抓周结果可以有多种解读，我们也要用发展的眼光看待自己的兴趣变化。通过这种"成人版抓周"式的探索，大学生可以逐步发现那些尚未被认知的自我，实现更完整的自我成长。

✎ 自助训练

探索"未知我"

你可以静心冥想"未来3年（或5年）的我"。内容包括将来从事什么职业、过怎样的生活、和什么样的人在一起。通过对未来的想象，你可能会发现自己未知的兴趣和能力，具体内容可以参看第五章。你还可以卸下包袱、大胆尝试。例如，不少学生认为自己在大学之前很缺乏人际交往能力、演说能力、组织协调能力，在大学里，他们就可以多参加社团活动、演讲比赛，或者参与学生干部竞选等，在尝试这些经历的过程中，这些学生会对自己有一番新的洞察和发现。

自我设限觉察训练

想一想：你认为自己有哪些不能做到的事情？

我不能_____。

我不能_____。

我不能_____。

视野广角镜

找到自我发展和完善的社会坐标

自我的发展和完善对个人有重要的意义，对社会和国家也有非常重要的意义。大学生要熟悉和了解社会、认识社会发展的需要，从国家发展的角度来重新认识自己，为理想的自我确立适当的社会坐标。要怎么做呢？请扫描旁边的二维码听听课程思政微课吧。

二　尺有所短，寸有所长：积极悦纳自我

★ 案例

从自卑到自信的蜕变

话剧社的小婷从小因相貌平平、身材微胖和性格内向而自卑，尤其进入大学后，看到周围同学光鲜亮丽，她更加觉得自己格格不入。她不敢参加集体活动，害怕被人嘲笑，甚至不敢穿裙子，总是用宽松的衣服遮掩自己。

为了突破自己，小婷加入了学校的话剧社。虽然她起初只是负责幕后工作，但在一次排练中，一位演员临时缺席，她被推上台顶替。尽管紧张得手心冒汗，但她凭借细腻的情感表达和独特的嗓音，成功打动了观众。

小婷发现自己对角色情感的把握非常敏锐，能够通过表演传递深刻的情感。她的声音也极具感染力，这让她的表演独具魅力。

在话剧社成员的鼓励下，小婷开始尝试更多的角色，逐渐找到了自信。她意识到，外貌并不是衡量自我价值的唯一标准，真正的魅力来自内心的力量和独特的才华。

小婷不再遮掩自己，开始尝试不同的穿搭风格，甚至主动报名参加校园话剧比赛。她凭借出色的表演赢得了掌声和认可，也收获了友谊和自信。她终于明白，接纳自己才是最美的蜕变。

1. 什么是悦纳自我

影响一个人心理健康的重要因素之一就是他能否悦纳自己。每个人都有优点和不足，每个人都是一个独特的存在。影响心理健康的关键点不是"我是什么样的人"，而是"我如何看待我自己"。

悦纳自我的含义就是愉快地接纳自我。愉快地接纳自我可以帮助我们更好和更全面地认识自己，拥有更加积极的自我体验，同时也可以进行更好的自我控制，朝着自己想要的方向努力和前进。就像案例中的小婷一样，从外在物理世界的角度来看，她相貌平平，但是她具有独特的嗓音和细腻的情感表达能力，长得普通并不妨碍她悦纳自我。

心理健康的人有自知之明，对自己能做出恰当的评价，既能了解自我，又能接受自我，体验自我存在的价值。一个悦纳自我的人，并不意味着他的一切都是完美的，而是他在接受自己优点的同时，也了解自己的缺点，很坦然地承认自己的不足之处，并能不断克服缺点，不断完善和突破自己，更加自信地面对生活。

下面的量尺中，0代表一点也不悦纳自我，10代表非常悦纳自我，你的位置在哪里呢？请标定出来。

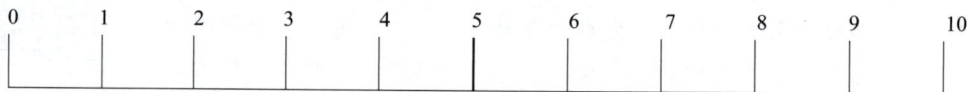

0	1	2	3	4	5	6	7	8	9	10

你对现在的状况满意吗？你理想中的位置在哪里呢？也请标定出来。

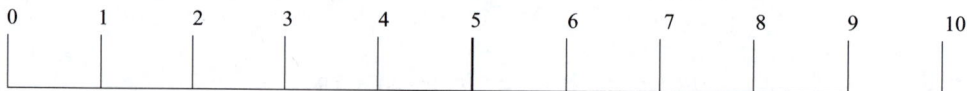

0	1	2	3	4	5	6	7	8	9	10

2. 悦纳自我与放纵自我

有的大学生可能会担心：如果什么事情都悦纳自我了，是否就是放纵自我呢？悦纳自我不等于放纵自我。放纵自我是指放任而不约束自己，纵容自己想做什么就做什么；放纵侧重于行为。而悦纳自我是指愉快地接纳或接受自己本来的样子，悦纳侧重于对待自己的态度。例如，一个人害怕在公众面前说话，但又想拥有好的人际关系，如果他是放纵自我的人，可能会因为害怕就不说了，甚至避免出现在公众场合；如果他是悦纳自我的人，则会接纳自己的害怕，并且做出尝试。

3. 有条件的价值与无条件的价值

很多人从小就被动地接受了太多的标准。一个好学生的标准是学习好、听话、乖巧；一个成功人士的标准是工资高或社会贡献大。社会中充满了这样的标准，往往人们会用这些标准来判断一个人的价值。例如，一个大学生成绩不好，他会判断自己没有价值，因为成绩不好就没有前途；一个大学生人际关系不好，他会判断自己没有价值，因为不被人喜欢。这些都是有条件的价值，人一旦满足这些条件，就非常自信，充满了自我价值感；一旦不能满足这些条件，就立刻对自己失去信心。这种有条件的价值有其可取之处，是我们判断自身社会价值的一种方式。

实际上，一个人的价值除了这种有条件、外在的社会价值，还有一种无条件、内在的存在价值。这种价值是指每个人在这个宇宙中都是独特存在的，每个人都是一个独特的人，作为人这个存在本身的价值是无条件的。一个人外貌丑并不会比漂亮的人价值低，一个人有钱并不会比普通人价值高。大学生的自我认识是理想我和现实我的整合与统一，大学生要学会接纳自我。

大学生要学会区分这两种价值，并且了解人的内在价值是无条件的，这是积极悦纳自我的第一步。

4. 学会从"垃圾"中找宝

大学生要学会把自己看成宝贝，即使浑身是"垃圾"，也要学习从"垃圾"中寻宝，从缺点中找优点。有的大学生认为自己实在是没有优点，如果要把自己的缺点列出来，倒是可以列出很多：做事拖拉、注意力不集中、不会说话、大大咧咧、成绩差、做事急躁、优柔寡断等。其实只要换一个角度看问题，这些缺点也是优点：做事拖拉——做事谨慎；注意力不集中——注意力范围广；不会说话——担心说的话别人不感兴趣；大大咧咧——良好的心理素质；成绩差——其他能力不一定差；做事急躁——效率高、行动力强；优柔寡断——深思熟虑。

✍ 自助训练

我是独一无二的

完成下面的句子，每天默念几遍。
- 我是独一无二的，因为我_____。
- 我是奇妙的，因为我_____。
- 虽然我有缺点，但是我_____。

每个人都应该学习从独特的角度欣赏和接纳自己，而不是从好和坏的标准评价自己，欣赏自己的独一无二，为自己的这份独特感到自豪。

三 自我与制我：有效控制自我

1. 如何控制自己

心理学家班杜拉提出了自我调控的反馈机制，如图2-2所示。从图2-2可以看出，人的自我调控与行为是否符合标准，与自己能否改变行为的信念相关。这种信念与自我效能感密切相关。

自我效能感是由心理学家班杜拉首先提出的。自我效能感是个人对自己能否利用所拥有的技能达到特定成就的信念，是个人对自己能力的一种主观感受，而不是能力本身，即个人在特定情境中是否有能力完成某项任务的预期或自信程度。班杜拉认为预期是认知与行为的中介，是行为的决定因素。他进一步把预期分为结果预期和效能预期。结果预期是个人对某种行为导致某种结果的预测。效能预期则是个人对自己能否顺利地进行某种行为以产生一定结果的预测。一个人觉知到的效能预期越强，则越倾向于做更大程度的努力。

班杜拉认为，自我效能感影响人的思维、情感、行动并产生自我激励。自我效能感影响人们选择干什么、在所选择的事情上付出多大的努力、在面对困难和挫折时能经受多大的压力。大学生如果要提高自我调控的能力或水平，提高自我效能感是关键。

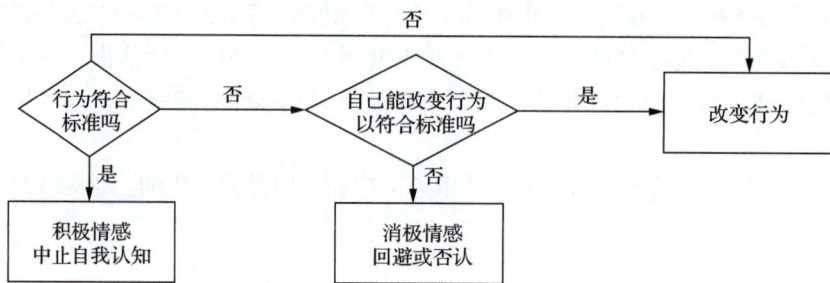

图 2-2　自我调控的反馈机制

2. 如何提高自我效能感

（1）设立合适的目标

大学生可以给自己设立切实可行的目标和任务，并把这些目标和任务分解成小的目标和任务，在持续小的成功中提升自己的自我效能感。

什么是合适的目标？合适的目标是指个人经过一定的努力能够达到的目标。其中，有两个关键词缺一不可：一是经过努力；二是能够达到。不经过努力就能达到的目标并不能提升自我效能感，不能完成的目标只能加深个人的挫败感。

心理自测

自我效能感测量表

（2）找到合适的比较对象

合适的比较对象可以帮助大学生更好地认识自己，使其既能看到自己的优点，又能正确认识自己的缺点，从而提升自己的自我效能感。

（3）合理归因

大学生在深入分析自己成功和失败原因的过程中可以提升自我效能感。大学生如果将失败归因于自己的能力，将成功归因于运气好，那么他很难有自我效能感，因为他认为再怎么努力都没用。合理的归因方式是个人在分析成功原因时归因于自我努力，在分析失败原因时归因于自己不够努力，这样会让自己产生自我调控感，从而逐步建立自我效能感。

3. 努力突破自我

有人可能会疑惑：我是一成不变的吗？我怎样才能变得更好？很多大学生都希望能够成为更好的自己。接纳自己并不意味着不变好，其实我们每个人都有想要突破和完善自我的部分，都有自我成长的动力和潜力。因此，在大学生的自我意识中，"我"并非一成不变，自我认识是过去、现在和未来自我的整合与统一，在时间的长河中，人一直在不断地完善和突破自己。当人们能够有效地调控自己时，便可以朝着自己想要完善和突破的方向前行，努力成为更好的自己。

第三节　哈哈镜中的"我"
——大学生自我意识的偏差及其调适

本节视频

> **案例**
>
> ### 杨梅的自我认识
>
> 杨梅是佳琪的高中同学，且两人在同一所大学读书。杨梅家庭条件好，琴棋书画样样精通，是班里的文艺委员。她学的专业是经济管理。在佳琪眼里，杨梅是一个天生乐观、开朗的女孩，但上了大学后，杨梅总是很苦恼，面对物理、高等数学、概率论与数理统计等课程，不知如何学习，期末考试成绩是全班倒数第四。她越来越自卑，觉得自己比周围人都笨，以前光鲜亮丽的一面全都没有了。现在她一心想退学，一刻也不想在学校待下去了。

人的自我意识是一个主观的过程，就像照镜子一样，如果照的是哈哈镜，那么个人的自我意识就会产生偏差。就像杨梅一样，当她得知自己期末考试成绩全班倒数第四时，她觉得自己其他的优点全都不见了，感到非常自卑。

一　我什么都做不好：自卑及其调适

1. 自卑及其表现

自卑是指个人因自我评价偏低、自愧无能而丧失自信，并伴有自怨自艾、悲观失望等情绪体验的消极心理倾向。自卑的人常常表现出以下特点：过分地夸大自己的缺陷，甚至毫无根据地臆造许多弱点，喜欢拿自己的短处和别人的长处相比，不能冷静地分析自己所受的挫折，总将这些挫折归因于自己的无能，不能客观地看待别人对自己的评价，认为自己一无是处，对那些稍做努力就能完成的任务也轻易放弃等。

心理自测

自尊量表

很多大学生都像案例中的杨梅一样曾感到自卑。上大学后，大学生在面对学习上更"强劲"的对手，面对更加社会化的人际交往，面对新的环境时，容易产生自卑心理。自卑心理广泛存在于人们的日常生活中，并影响人们的生活、学习和工作。自卑是大部分人都有过的体验，自卑心理在大学生群体中尤为突出，也是大学生常见的心理问题之一。

2. 从优点认识自己——积极评价自我

自卑的人习惯用放大镜看自己的缺点和别人的优点，用缩小镜看自己的优点和别人的缺点，夸大自己的失败和别人的成功，忽略自己的成功和别人的失败。个人要改变自卑心理就要改变认识自己的方式，从优点来认识自己，通过全面、客观的认识，辩证地看待别人和自己。

3. 积极自我暗示——练习肯定自我

暗示法就是个人通过积极的自我暗示、自我鼓励，消除自卑的方法。人的自我评价实际上就是人对自我的一种暗示作用。自我暗示与人的行为之间有很大的关系，消极的自我暗示导致消极的行为，积极的自我暗示则带来积极的行动。

✎ **自助训练**

我的优点

　　做一个电子优点记录本，每天记录自己的一个优点，或一件成功的事情，可以是很小的优点或事情，如"今天我给同学带饭了，我很热心""我今天学会做演示文稿了"。你刚开始做的时候，可能会有些困难，慢慢就会习惯。坚持记录，每过两个星期进行一次回顾，看看有什么发现。

　　活动总结：自卑的人在生活中往往会聚焦于自己的缺点和不足，不习惯看自己好的方面。自卑的人如果从平时点点滴滴的事情觉察自我，可能会发现其实自己也有很多优点，只是这些优点都被自己忽略了。自卑的人将这种新习惯保持下去，其自卑感会一点一点消除。

　　积极自我暗示不等于盲目自信。积极自我暗示只对那些可以做到，但没有信心做到的事情起作用。

　　你善于肯定自我吗？有时人的行为看起来是在肯定自我，但实际上是在给自己泄气。一些大学生总习惯用"是的，但是……"这样的语句做自我评价，比如，有的大学生在肯定自己时会说："是的，我学习非常努力，但是我还是没能考第一。""是的，我能歌善舞，但是能歌善舞有什么用？""是的，我学习非常好，年年考第一，但我人际交往能力太差。"无论怎么肯定自己，当有"但是"进行转折时，焦点都是放在自己的不足之处。觉察一下自己，你在自我肯定时会带这样的转折吗？如果会，从现在开始就把"但是"后面的内容去掉，看看自己的体验会有什么不同。

阿德勒对自卑感的观点

✎ **自助训练**

自我美化

　　每天对着镜子中的自己进行练习。首先要微笑着面对镜子中的自己，然后暗示自己"我真棒""我觉得自己很好""我喜欢我自己"等，也可以想一些其他积极的语言。

　　活动总结：自我美化是一种积极的自我暗示，当开始做这个活动时，你有没有觉得自我感觉比以前好了？长期坚持做这个活动，你能够慢慢改变对自己的消极观念。

二　夜郎自大：自负及其调适

1. 自负及其表现

　　自负是指个人过高地评价自己。自负往往以语言、行动等方式表现出来。自负实质上是无知的表现。

2. 自负与自信

　　自负是一种自我膨胀，即过度的自信。自负的人的表现：对自己的认识以点盖面，只因自己的某一方面好就认为自己各方面都优秀，瞧不起其他人，不接受他人的建议和批评，更缺乏自我批评；总认为自己对而别人错，把自己的意志强加在别人身上，难以和他人相容，人际交往不良。

自信则与自负不同。自信是相信自己。自信的人对自己的信任是建立在客观现实基础之上的，并不是盲目、过度地信任自己。

3. 改变自负的方法

（1）接受批评。自负的人的明显特点是不愿意改变自己的态度或接受别人的观点，接受批评即是针对这一特点提出的办法。这个办法并不是让自负的人完全服从于他人，只是要求他们能够接受别人的正确观点，通过接受别人的批评，改变自负心理。

（2）与人平等相处。自负的人无论在观念上还是行动上都无理地要求别人服从自己。与人平等相处就是要求自负的人以一个普通社会成员的身份与别人平等交往。

（3）提高自我认识。自负的人要全面地认识自我，既要看到自己的优点和长处，又要看到自己的缺点和不足，不可"一叶障目，不见泰山"，每个人生活在世上都有自己的独到之处，都有他人所不及的地方，同时又有不如他人的地方。在与他人比较时，不能总拿自己的长处去比别人的不足，把别人看得一无是处。

（4）要以发展的眼光看待取得的成就。辉煌的过去只表明个体在过去是成功的，但它并不代表个体的现在，更不预示将来。

三 水仙花：自我中心及其调适

★案例

王峰的抱怨

王峰是张帅的同学，在班级里他几乎没有朋友，和同学也鲜有来往。为什么大家都讨厌王峰呢？这和王峰的为人处世有很大关系。

王峰在食堂打饭时，看见炒的蔬菜色泽不好，就大声嚷嚷："这菜让人怎么吃啊！"刚巧同班两位女同学正在打这种菜，她俩觉得王峰太挑剔。全班打算去郊游，班委提前和大家商量方案，大家想去风景区，可王峰认为那个风景区没有意思，坚持要把活动安排在附近的另一个地方，结果讨论会不欢而散。最后郊游还是去了那个风景区，大家却没有通知王峰。

同学们渐渐疏远了王峰，王峰自己却很纳闷：究竟自己做错什么了，让人这么讨厌？

1. 自我中心及其表现

在生活中，我们不难发现有这样一些人，他们存在过于浓厚的自我中心观念，凡事都只希望满足自己的欲望，要求人人为己，却无视别人的需求，说话、做事很"直接"，不考虑别人的感受，就像王峰一样，要求所有的人都以他为中心，服从于他。

自我中心主要表现在以下3个方面。

（1）很少关心别人，与他人关系疏远。自我中心的人时时事事都从自己的利益出发，很少考虑别人的感受和需要。实际上，人类的交往是互惠的，"人人为我，我为人人"，任何人都不愿意与自我中心的人交往。

（2）**固执己见，唯我独尊。**自我中心的人在人群中总是以自己的态度作为别人态度的"向导"，要求别人都必须与自己的态度一样，而且他们在明知别人正确时，也不愿意改变自己的态度或接受别人的态度，因而他们难以从态度、价值观的层次上与别人进行交往。

（3）**自尊心过强，过度防卫，有明显的嫉妒心。**自我中心的人有很强的自尊心，不愿损伤自己的自尊，强烈地维护自己。他们对别人的成绩、成功非常妒忌，对别人的失败幸灾乐祸，不向别人提供任何有益的信息。

2. 自我中心的调适

自我中心的调适，核心是学会倾听和观察，在人际交往中把注意力的焦点放在其他人和周围的环境上，而不是只放在自己身上。大学生可以通过下面的自助训练来练习倾听，也可以培养自己的观察能力，可以从观察和描述周围环境的细节开始。

✎ **自助训练**

小小访谈员——学会倾听

自我中心的人，其最大表现是唯我独尊，把自己看成焦点，很难听进别人说的话。下面这个练习可以帮助自我中心的人学习倾听和关注他人。

对自己身边的一些同学或朋友进行访谈，请他们聊聊对于最近发生的一些事情的看法和感受，或者询问他们的近况。例如，你可以采用下面的问句。

- 你最近怎么样？暑假去哪里玩了吗？旅行的过程中遇到过哪些好玩的事情？
- 今天中午去哪个食堂吃的饭？你觉得那个食堂的饭菜怎么样？有什么好吃的菜可推荐？
- 你喜欢什么体育活动？你是怎么安排这些体育活动的？是自学的还是跟着教练学的？

总之，访谈原则在于询问和了解对方，你在整个访谈过程中不对对方所说的话发表任何意见，只是简单地复述对方的话，以确认对方说的是否为这个意思，如可以采用下面的句式。

- 你刚刚说的意思是……
- 你是说……
- 我听到的是……

四　我还不够好：过度追求完美及其调适

1. 过度追求完美及其表现

过度追求完美是指为自己或他人设置超越现实的高标准，无法接受如个人外表、学习、家务或工作中出现的失误和缺陷，并对完整、纯洁、善良等过于偏执。过度追求完美的人在很多事情上不给自己和他人留有余地，因而给自己带来极大的精神压力，破坏了正常的人际关系，影响了学习和工作效率。过度追求完美的大学生，无法容忍自己"不完美"的表现和任何的"错误"及"瑕疵"，甚至把人人都会出现的、人人都会遇到的问题都归因于自己做得不够好，总对自己不满意，严重影响情绪和自信心。对于友谊和爱情，过度追求完美的人总有一个理想的标准，当发现现实并不如此完美时，就自我苛责，苛责他人，陷入沮丧和消极回避的状态。

2. 积极完美主义和消极完美主义

追求完美是人类发展的重要动力之一。对自我完善的追求，极大地推动了个体和社会的进步。但是过犹不及，过度追求完美就成了问题，是消极完美主义。积极完美主义和消极完美主义主要的区别在个体内心的感受及对他人的影响上，积极完美主义的人内心拥有追求卓越、不断奋发向上的积极体验，给周围的人带来的也是一种追求卓越和完美的积极力量，而消极完美主义的人更多的是自我批评和苛责，周围的人与之相处也会感到压抑和压力。

3. 过度追求完美的调适

（1）**接纳自己。** 接纳自己的现状，接纳是改变的第一步。过度追求完美的人可能会这样想："为什么我会这样呢？别人都能接受的事情，我接受不了，为什么我不能停止责备自己呢？"

（2）**将"我不完美"和"我做得不完美"区分开来。** 将人和事分开，并非"我不完美"，而是"这件事我做得不完美"，二者的差异在于前者会让人陷入自我苛责的循环中，后者可以让人更理智地进行思考和改进自己的做法。

（3）**将批评和苛责转化为对自己的好奇。** 当一件事情没做好时，过度追求完美的人会不断地苛责自己，个体可将苛责转化为对自己的好奇，比如，"我发生了什么""我的感受是什么""我苛责自己什么""我还可以怎样改进"等，这有助于个体减少自责，变消极完美主义为积极完美主义。

（4）**从小事开始接受不完美。** 过度追求完美的人需要逐渐培养起自己的容错能力，建议从小事和不重要的事情开始，接受自己做得不完美。过度追求完美的人可以列一个清单，时刻提醒自己哪些事情可以做得不那么完美。

心理自测

消极完美主义量表

［?］本章思考题

小雅是张帅的同学，大一时参加了学校和系里的各类学生干部、干事的竞选，都失败了。长这么大，小雅第一次受到如此沉重的打击，一向好胜的她陷入自我否认的泥潭。小雅的情绪往往会因为一件很小的事情而大起大落，反复无常。她在寝室好与人争执，很少忍让。大二班干部竞选时，她因一票之差又与学生干部擦肩而过，她再度陷入失败感的折磨中。有一次，她在寝室门外无意中听到同学议论："争强好胜，能力不怎么样，还总觉得谁都不如她……"从那以后，小雅变了，变得不爱说话，不和人交往，对每个室友都充满敌意。每当看到别人高兴地在一起玩或学习时，小雅内心便充满了孤独感，晚上常常做噩梦，睡眠出现问题，精神状态不佳，没有胃口，自己常常不知道为什么就发脾气，很难控制自己的消极情绪。她变成了同学眼中的另类。

请思考：小雅的自我意识可能存在什么偏差？如果你是小雅，你如何调整自己？如果你是她的同学，你会怎样帮助她？

本章重点知识梳理

本章推荐资源

第三章

解读人格密码

——大学生人格发展与心理健康

　　曹雪芹在《红楼梦》中塑造了许多性格迥异、个性鲜明的人物形象，如"未见其人先闻其声"生动地刻画了王熙凤的性格特点。在现实生活中，人们的性格也是各不相同的，有的人开朗热情，有的人独立坚强。人格和性格一样吗？人与人之间到底存在怎样的差别？本章将和读者分享有关大学生人格发展与心理健康方面的内容。本章学习目标如下：

- 了解人格、人格特质等概念；
- 了解人格的影响因素；
- 借助大五人格量表等工具了解自己的人格特质；
- 掌握自我人格完善的方法。

妈妈的同学聚会

　　佳琪的妈妈参加了毕业30年的大学同学聚会，最近打电话和佳琪聊的都是聚会的事情，佳琪的妈妈向佳琪讲述了很多聚会上的趣事。随着时间的变迁，很多人的长相变了，声音也变了，但是大家一聊天，过去熟悉的感觉就找回来了，都能很快认出对方。例如，老李当时是个受男生"欺负"的老好人，现在是单位的管理者，这次聚会时还是话不多，憨憨地在一旁微笑，哪个同学的水杯空了，他总是第一个起来给满上。还有当时班上的"风云人物"老夏，是个豪爽活泼的女子，这次见面明显成熟多了，表现出少见的温柔，但是眼见有同学被灌酒，她还是忍不住"出手相救"，颇有当年女中豪杰的影子。佳琪的妈妈颇为感慨地说："一晃30年过去了，可是不管每个人的样子再怎么变，性格却没有发生多大的变化。"

动画：妈妈的同学聚会

第一节　面具与真我
——人格概述

本节视频

　　听妈妈分享完趣事的佳琪，对性格到底是否会改变的问题产生了浓厚的兴趣，她的脑海中充满了疑问："性格不变是指完全不会改变吗？还是有部分会发生变化？那改变的部分还是我的性格吗？"相信你也有这样的好奇心理，什么是人格？人格和性格一样吗？人格会在多大程度上发生改变？影响人格的因素有哪些？这些内容都是本节讨论的重点。

一　我是谁与谁像我：人格的定义

　　对于如何描述一个人的人格，以及人格心理学包括哪些内容，心理学家从不同的角度给出了不同的界定。人格框架包含的内容非常丰富，是构成一个人的思想、情感及行为的特有统合模式，这个独特模式包含一个人区别于其他人的稳定而统一的心理品质。在日常生活中，"人格""个性""性格"，人们经常混用，但是它们的含义其实并不完全相同，它们代表了心理学人格概念的不同成分。为了便于大家更好地学习后面的内容，下面列举4个句子，对易混淆的概念做一些说明。

　　示例1："你这样做是在侮辱我的人格。"

　　这里的人格通常等同于品格或尊严，是从道德、伦理或法律的角度来使用"人格"的，指"人格尊严"，用来对人进行道德评价，如评价某人人格高尚、某人人格卑劣等。

　　示例2："他只有在家里的时候才展示出真实的性格。"

　　这里的性格是指心理学上的人格特质，心理学家把特殊的、稳定的性格特点称为人格特质。有些人格特质非常稳定，在不同的场合都会表现出来，有些特质则会受情境的影响，只在某些情境下来展现。一个人可以拥有多个人格特质，如一个人可以既活泼又坚强。

示例3："这人天生就这样的个性。"

这里的个性通常是人格中的气质类型。气质在心理学里与日常生活中所说的"气质"（特指行为举止、谈吐修养）不同，是指一个人与生俱来的典型而稳定的心理活动的动力特征。气质较多受生物因素制约，是形成个性或人格的"原料"之一，是人格的先天遗传成分。即使在新生婴儿身上，他们也有气质的差别，如有的新生婴儿只要一醒就哭闹，有的新生婴儿则比较安静。现代气质理论把气质作为人格结构中的先天因素，将气质分为4种典型的类型：多血质、抑郁质、黏液质、胆汁质。感兴趣的读者可扫描旁边的二维码收听相关介绍。

示例4："他是一个什么样的人？"

通常这是在问某个人的人格类型，如有的人属于实干型，有的人属于研究型，有的人属于艺术型等。属于同一人格类型的人具有若干共同的人格特质。

从上面的描述中不难发现，人格的内涵非常广泛。心理学家普遍认为，广义的人格是指相对稳定的和独特的认知、情感与行为模式，它体现了一个人独特的精神风貌。我们可以把它理解为一个大家庭，它具有多种成分和特质，如能力、气质、性格、兴趣、价值观及行为习惯等（见图3-1）。人格的形成过程离不开我们与他人的人际互动，外部环境对人格有重要的作用。父母的教育方式、社会文化等因素都影响我们人格的形成。

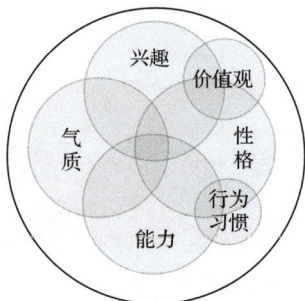

图 3-1　人格大家庭

二　稳定与变化：人格的特征

一般来说，人格具有以下4大特征。

1. 独特性

我们经常说的"人心不同，各如其面""千人千面"就是指人格的独特性。遗传、教育和环境的不同，使每个人形成了各自独特的人格。一个人的人格可能会表现得与某些人相似，但经过观察后，我们会发现他们还是有差别的。比如，佳琪的同学方毅和陈佳都属于开朗活泼类型的人，但是了解以后，我们会发现他们还是有所不同的。方毅在对待一般的朋友时比较大方客气，他的活泼一般在和亲近的朋友相处时才表现出来；陈佳对任何人都是自来熟，在任何朋友面前都表现出机灵活泼，很有幽默感。

2. 稳定性

"江山易改，本性难移"强调了人格的稳定性，人格的稳定性是指一个人经常表现出来的特点，是其一贯的行为方式的总和，一般具有生物学基础。人格的稳定性表现为两个稳定性：一个是跨时间的稳定性，如今天的你和昨天的你大致一样；另一个是跨情境的一致性，如性格外向的你在家里和学校都表现出喜欢与人交流的倾向。但是，稳定性是相对的，并不代表人格不可改变，人格同时具有可塑性。一般而言，儿童的人格正在形成中，还不

稳定，容易受环境影响而发生变化；成年人的人格比较稳定，但是还可以自我调控。关于人格的稳定性和可塑性，读者可以通过下面的扩展阅读进一步了解。

3. 统一性

人格的第3个重要特征就是统一性。人格是由气质、性格、能力、兴趣、爱好、需要、理想、信念等成分构成的，这些成分却不是孤立地存在着，而是具有内在统一性。正常人能够正确地认识和评价自己，能及时调整在自己内心世界中出现的相互矛盾的心理冲突。一个人如果失去了人格的内在统一性，就会出现人格分裂现象。例如，电影《搏击俱乐部》中的主人公就表现出典型的人格分裂，他一方面是都市白领"杰克"，做着一成不变的工作，患有严重的失眠症；另一方面却分裂出另一个人格"泰勒"，成立了地下搏击俱乐部，疯狂地发泄情绪。

4. 功能性

人们常说人格或性格决定一个人的生活方式，进而决定一个人的命运，就是在强调人格的功能性。一个人的人格功能发挥正常时，人表现为健康而有力；人格功能受损会影响人的社会功能和生活，人会表现出怯懦、无力、失控或病态。

延伸阅读

人格的影响因素

视野广角镜

人格的基础根植于文化

文化自信是一个民族、一个国家、一个政党对自身文化价值的充分肯定和积极践行，并对其文化的生命力持有的坚定信心。你知道文化自信具体包含哪些内容吗？你知道文化对人格有哪些影响吗？请扫描右侧二维码听听课程思政微课吧。

自助训练

我的家庭与我

你可以很快说出自己和父母的3个典型的人格特点吗？父母的人格、他们对待我们的方式，对我们的人格形成产生了很大的影响，你是如何看待这些影响的呢？请和小组的同学一起完成以下3个句子。

（1）我最像爸爸的人格特点或行为方式是＿＿＿＿＿＿＿＿＿＿＿＿＿＿＿＿。

（2）我最像妈妈的人格特点或行为方式是＿＿＿＿＿＿＿＿＿＿＿＿＿＿＿＿。

（3）我与爸爸或妈妈都不像的人格特点或行为方式是＿＿＿＿＿＿＿＿＿＿＿。

以上每一个句子，人格特点至少写2个，每一个句子既要包含你喜欢的特点，也要包含你不喜欢的特点。

在完成上面的练习后，请思考以下问题：你是更容易写出和父母相似的特点，还是更容易写出和父母不同的特点？你是更容易写出优点，还是更容易写出缺点？请和你的小组同学一起分享你的感受与思考。

＿＿＿＿＿＿＿＿＿＿＿＿＿＿＿＿＿＿＿＿＿＿＿＿＿＿＿＿＿＿＿＿＿＿＿＿＿＿

＿＿＿＿＿＿＿＿＿＿＿＿＿＿＿＿＿＿＿＿＿＿＿＿＿＿＿＿＿＿＿＿＿＿＿＿＿。

三　我有很多面：人格类型与人格特质

　　周末，佳琪和朋友一起去学校门口的小吃街吃饭，她们听见对面一个女生声音很大地和服务员说话："你家餐厅在网上的评分很高哦，看环境不过如此，不知道味道怎么样，如果不好吃，我可不会给你们好评。"佳琪和朋友的注意力一下子就被吸引过去了，那是一个中性打扮的女生，表情严肃，个子很高，剪着利落的短发，穿着格子衬衫和牛仔裤，一个人吃饭。朋友和佳琪对视了一下，小声地跟佳琪说："这个人可不好惹。"朋友心中有了对这个女生的判断。

　　你看到上述情境，是否也在心中对这个女生有了自己的判断？比如，她有点强势、有点挑剔等。对很多学生来说，在与别人交往的过程中，总是自觉或不自觉地在心里判断对方是什么样的人格类型，其学习人格理论，最期待能够回答"我到底是什么样的人，我周围的人是什么样的人"这类问题，特别想知道"别人是什么样的人"，从而"预测"他们的行为，并以此来确定对待他们的方式。

　　心理学家很早就开始了"判断他人"的研究，提出了各种方法，试图把人格分为不同的类型，区分人群差异。卡尔·荣格是最先提出可以将人分成内向和外向两种类型的心理学家，他认为内向的人的注意力、能量指向内在，通常安静、稳重；外向的人的注意力、能量指向外在，通常胆大、好交际。后来心理学家迈尔斯和布里格斯根据荣格的人格类型理论发展出MBTI（迈尔斯-布里格斯类型指标）论，广泛应用在职业发展和职业咨询领域。

　　特质流派心理学家奥尔波特不认同人格类型理论把人简单分类的解释，他认为用类型只能区分人群差异，而个体差异需要更细致的研究。他认为人格是连续的，是可以测量的，测量的单位就是特质，对于每个特质，全人类的整体表现都服从正态分布（见图3-2）。他致力于找到大多数人共有的人格特质进行测量研究，如热

图 3-2　特质曲线

情，他认为只有非常少的人属于非常热情，同样，只有非常少的人属于完全没有热情，大部分人的热情特质位于特质曲线上的某一点。

　　奥尔波特将人格特质分为首要特质、核心特质和次要特质3类。

　　首要特质是一个人最典型、最具概括性的特质，如林黛玉的多愁善感、曹操的狡猾奸诈，但并不是所有的人都会发展出这样明显的首要特质。

　　核心特质是代表一个人的主要特征、构成个体独特性的重要特质，在每个人身上有5~10个，如林黛玉的清高、率直、聪慧、孤僻、内向、抑郁、敏感都属于核心特质。

　　次要特质是个体一些不太重要的特质，对于理解个体的人格作用不是很大，如个体对于食物和衣着的偏好。

　　人格类型理论主要阐述人群之间的差异，特质理论则强调个体间的不同，它们都在试图更好地说明人格之间的差异。不同的人格类型或特质会有典型或非典型的外在表现，例如，佳琪有个朋友小艾，属于典型的外向性格，非常愿意和朋友聚会聊天，朋友都说，只要是有聚会，她一定会参加。但是小艾还有善良和善解人意的一面，当舍友因生病或写作业需要她帮忙的时

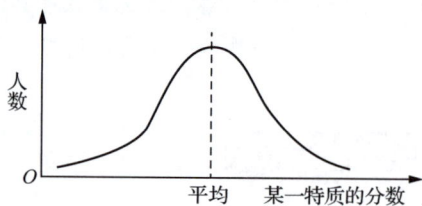

候，她会毫不犹豫推掉最喜欢的聚会而选择陪伴舍友。

请你再重新思考自己对前面案例餐厅中女生的判断，结合上面介绍的知识，你真的可以直接得出她"不好惹"或"强势"的结论吗？其实人格类型或特质本质上没有好坏之分，只是代表了我们与其他人的差异，而且人有很多面，简单地以某一个行为特点来判断一个人，很容易犯经验主义错误，也不合适。接纳和认可人格框架的每一面才能更好地理解自己和理解他人，对每个人来说，看待别人和自己的视角越多、越灵活，自己的适应性会越强。下一节将介绍多种人格测试方法，以此来帮助大家认识自己的人格类型和人格特质，从而认识自己、理解他人。

> **案例**
>
> 　　佳琪的同学肖剑是个孤僻的人，从来不主动和同学说话，同学和他打招呼，他总是好像没听到，男生约他打球，他总是找借口不去。大家提起他都说，他太冷漠、太内向。直到有一天班上发生了一件事，从此大家对他刮目相看。有个女生遭遇男友提分手，男友恶语伤人，她伤心地在班里大哭。班上的同学一边安慰这个女生，一边对她那个伤人的男友表达愤慨。肖剑这个时候却直接走出了教室，回来的时候，将一瓶碘酒和一包消毒棉放在女生桌上（大家都没发现这个女生膝盖擦伤了），女生也收到了男友的道歉短信。原来这是肖剑找那个男生理论的结果，大家这时候才发现肖剑有这么勇敢、正义、细腻的一面。

你可能还会好奇为什么一个人会表现出某种人格特质。对此，心理学家一直试图解释人格产生的根源和不同的成分，尝试建构一个理解人格的指导框架。不同的心理流派都对这个问题给出了自己的解释，例如，精神分析流派认为潜意识是人类行为的主宰，而且该流派非常强调个人的童年经历对于人格形成的影响；认知行为流派的心理学家更注重行为习惯的形成过程，认为一个人的期望、对价值的强化及心理情境影响了人格的形成；生物学流派的心理学家通常用遗传和生理过程来解释人格的个体差异；等等。

人格面具和阴影

第二节　测量与探索
——人格测试

本节视频

> **案例**
>
> ### 班级里的星座大师
>
> 　　最近MBTI测试在佳琪的同学们中很受欢迎，其中星华有点困惑，她的桌角贴着半年前MBTI测试的结果——INFP类型，不过最近选修"职业规划"课时，她意外测得了ENFP类型。当晚，她们宿舍4人围坐重测：原本内向的室友小雯显示为ESFP类型，自称"理性派"的班长却是INFJ类型。测试后，她们翻出《MBTI使用指南》进行对比，发现"判断型"与"感知型"竟能解释作业拖延症差异，而"内外向偏好"不等

于社交能力。凌晨两点，星华盯着截然不同的两次结果陷入沉思——是人格类型会随经历改变，还是我们从未真正认识自己？"

一　准不准与信不信：人格测试面面观

提到心理学，最让大学生感兴趣的部分就是各种各样的心理测试了。网络上、杂志上、心理活动中的各种测试都让大学生乐此不疲，其中有关人格的部分更是广受欢迎，市面上的星座、血型、属相、颜色偏好测试都吸引了为数不少的人。但是，不管什么测试，大家都需要考虑下面两个问题。

第一个问题：这些测试准不准？

解释这个问题，首先给大家介绍一个有趣的心理学实验。心理学家福勒曾经请一群人填写完明尼苏达多项人格调查表后，拿出两份调查表让参加者判断哪一份是自己填写的。事实上，一份调查表是参加者自己填写的，另一份调查表是福勒把多数参加者的答案综合起来的结果。调查表的判断结果让所有参加者都大吃一惊，大部分参加者竟然认为后者更准确地表达了自己的人格特征。这种现象称为"巴纳姆现象"，即人很容易受到来自外界信息的暗示，从而出现自我认知的偏差，认为一种笼统的、一般性的人格描述十分准确地揭示了自己的特点。

下面一段话是心理学家使用的材料，你觉得是否也适合你呢？

你很需要别人喜欢并尊重你。你有自我批评的倾向。你有许多可以成为你优势的能力没有发挥出来，同时你也有一些缺点，不过你一般可以克服它们。你与异性交往有些困难，尽管外表上显得很从容，其实你内心焦急不安。你有时怀疑自己所做的决定或所做的事是否正确。你喜欢生活有些变化，厌恶被人限制。你以自己能思考而自豪，别人的建议如果没有充分的证据你不会接受。你认为在别人面前过于坦率地表露自己是不明智的。你有时外向、亲切、好交际，有时则内向、谨慎、沉默。你的有些抱负往往很不现实。

其实这是套在谁身上都合适的一般性描述，甚至包含相互矛盾的信息，但是它非常容易得到我们的认可，尤其在我们对自己认识不清楚，或者情绪低落、失意的时候，我们更容易对它产生认同感。星座、生肖等方面的测试除了有心理方面的原因，还可以用概率学来解释。事物都具有两面性，因此这类测试常常有50%的胜算。它们提供的往往也是一般性的说明，肯定有些内容非常符合你，有些则不完全符合，这说明它们并不能准确地反映你的真实人格情况。

第二个问题：这些测试可不可信？

除了星座、血型等测试，市面上还有很多的娱乐化的投射测试，如选择什么动物、物品代表了你的什么性格，这些测试可能根本没有研究成果来支撑。但是很多喜欢研究星座的学生可能并不认可，因为他们发现自己确实真的符合某个星座的描述，几乎一字不差。原因除了上面提到的概率因素，还有一个期望效应，当你认为自己属于某种类型时，你会在言行上有意无意地做出那种类型要求的举动，如一个生性叛逆的小学生做了班长，他变得负责、自律，还被大家认为具有领导才能。

二　"I"人和"E"人的对话：MBTI测试

星华对自己的MBTI人格测试困惑的是，为什么我从"I"人变成了"E"人？MBTI测试主要从4个维度考察人格的类型。按照恢复精力倾向的差异，它把人分为内向型（introversion，I）和外向型（extraversion，E）；按照认识世界的差异，它把人分为感觉型（sensing，S）和直觉性（intuition，N）；按照判断思维过程，它把人分为思维型（thinking，T）和情感型（feeling，F）；按照生活态度的不同，它把人分为判断型（judging，J）和知觉型（perceiring，P）。通过不同的组合共形成16种人格类型，如表3-1所示。

表3-1 MBTI测试16种人格类型解读

ISTJ	ISFJ	INFJ	INTJ
严肃认真、通情达理，重视承诺，值得信赖，能坚定不移地完成任务，工作缜密，对细节记忆出色，做事有次序、有条理；冷静的外表下很少有强烈的情绪反应，重视传统和忠诚	友善、谨慎、有责任感，务实，做事贯彻始终；替人着想、细心、关心别人的感受；有强烈的职业道德感，有传统的价值观，十分保守；努力创造一个有秩序、和谐的环境，能在困难中与人相处，有强烈的情感体验但不喜欢表达	寻求思想、关系、物质之间的意义和联系，希望了解什么能够激励人；对于怎样更好地服务大众有清晰的远景规划；有洞察力、尽职尽责，能践行他们坚持的价值观；理念清晰，能有条理地去践行他们的理念	精于理论，善于洞察外界事物的规律并形成长远计划，热衷于创造性地实现自己的想法，追求个人自由和能力，思维严谨，不受批评的干扰，坚持，独立，有批判精神，喜欢以自己的方式行事

ISTP	ISFP	INFP	INTP
平和寡言、善于容忍、灵活，是冷静的观察者，当问题出现时便迅速行动，找出可行的解决办法；重视逻辑和前因后果，重视效率，好奇心强，善于观察，信服可靠的事实，能很好地利用资源，善于把握时机	友善、敏感、灵活，很容易与人友好相处，忠于自己的价值观，忠于自己所重视的人，不喜欢争论和冲突，很少支配别人，很客观，善于观察周围的人和物，但不寻求发现其更深层的动机和含义，在生活中需要和睦的人际关系	很少显露强烈的情绪，沉默而冷静；理想主义者，忠于自己的价值观和所重视的人，能为自己看重的事业献身，忙于实现理想，忠于自己的选择；好奇心强，思维开阔，能很快看到事情可行与否，试图了解别人、协助别人发展潜能，避免冲突，没有兴趣支配别人	沉静、灵活，善于分析，喜欢探寻理论上的合理解释，有非凡的能力去专注而深入地解决问题；追求精细，有独立见解，乐于为了改进事物的目前状况而思考，想法很复杂，有很好的逻辑性，善于解决问题

ESTP	ESFP	ENFP	ENTP
灵活，忍耐力强，注重实际，注重结果，对理论和抽象的解释不感兴趣，重视行动，通过亲身感受来学习新事物，享受与他人相处	外向、友善、热爱生活、擅长交际，常常是别人注意的中心，喜欢与人共事；在工作上讲究实用性和趣味性，容易接受新环境；对理念和概念上的解释感到不耐烦，希望以行动解决此时此刻的问题；喜欢通过实践来学习	热情洋溢、有魅力，富有想象力、充满新思想；灵活，有很强的即兴发挥的能力；自信，也乐于欣赏和支持别人；关心他人的发展，喜欢和睦，乐于保持一种广泛的人际关系；好奇，不墨守成规，常常发现新方法；善于从周围人当中获得能量，能把自己的才能与别人的力量成功地结合在一起	思维敏捷，能激励他人，重视灵感，有想象力，试图把新想法转变成现实；乐于争论，能随机应变地应对有挑战性的问题；善于有策略地分析问题，善于洞察别人，在人际交往中有感染力，朋友多；对日常性的事务感到厌烦

ESTJ	ESFJ	ENFJ	ENTJ
灵活、注重实际、注重结果，积极采取行动解决问题，能果断做出实际可行的决定；可以组织人员最有效率地完成工作，有一套清晰的逻辑标准，以强硬的态度执行计划	有责任感，喜欢合作完成任务，重视细节上的精确，讲求实际，安排有序；追求和谐的人际交往环境，能体察别人的所需并全力帮忙，致力于创造友善的人际关系，希望得到他人的认可，对批评比较敏感	温和、反应敏捷、有同情心、有责任感，以热情的态度对待生活，对敬佩的人和事业非常忠诚；精力充沛，锲而不舍，善于发现别人的潜能并帮助他们成长，能成为个人或群体成长和进步的催化剂	拥有天生的领导力，果断，能系统地解决问题，善于制订长期计划和设定目标，把事实看得高于一切，渴望不断增加知识，乐于钻研复杂的理论性问题，能控制环境，有预见能力，并善于传播观点，陈述想法时坚定有力

在MBTI人格分类中，每个人在同一维度上只能表现一种类型，如是内向的就不是外向的（见图3-3），但是不同的人在同一类型上分数差异可能很高，比如，两个学生都是外向的"E"人，但是一个学生的得分是30分，即在日常生活中几乎总是表现出外向的特点；而另一个学生的得分是5分，这说明他平时的表现较为一致，只在特定的场合下才表现出外向的特点。回到星华的困惑，不难发现她两次测试的结果不一致，很可能是她在内、外向的得分都比较低，她平日的表现可能比较均衡，在熟人面前可能比较外向、幽默，但是在相对陌生的人面前相对内敛。

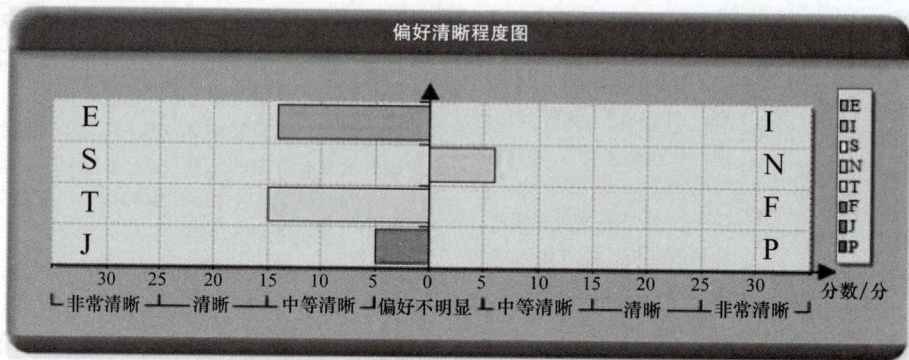

图 3-3　MBTI 测试结果示例

我们深入了解心理类型的知识，目的不是为了把别人简单分类，而是帮助我们思考和理解别人的行为为什么和我们的不一样；认识到明确性格类型不能成为逃避责任的借口，比如作为情感型的人，不能在需要自己做出公正选择的时候，说："我是情感型性格，不要指望我能基于客观的事实和逻辑来做出选择。"我们了解人格类型的最终目的不是改变任何人天赋的自我（变成另外一个人），或者寻求各功能之间的绝对平衡（变成没有个性的人），而是追求均衡和灵活的状态，更好地发展自己。

三　人格的海洋：大五人格量表

每个人内心都会有"认识自己"的声音在召唤，人们渴望了解自己，有效的心理测评能够成为探索自己的工具，并且帮助人们在理解自己的基础上更好地理解他人。

心理自测

大五人格

20世纪80年代，由心理学家科斯塔和麦克雷编制的大五人格量表，是在人格研究领域被使用较多的人格量表之一，后经过多次修订，形成了各种版本。萨姆·戈斯林、贾森·伦特福德和威廉·斯旺于2003年编制了10题版问卷，2013年中国学者李金德对其在中国人群进行了验证，结果显示有较好的信度和效度。

大五人格特质解释如表3-2所示。

表3-2　大五人格特质解释表

高分者人格特质	因子	低分者人格特质
认真、勤奋、井井有条、守时	尽责性	马虎、懒惰、杂乱无章、不守时
信任、宽容、心软、脾气好	宜人性	多疑、刻薄、无情、易怒
自寻烦恼、情绪容易波动、害羞、感情用事	神经质	冷静、不愠不火、自在、情感淡漠
富于想象、创造力强、标新立异、有好奇心	开放性	刻板、创造性低、遵守习俗、缺乏好奇心
喜欢参加集体活动、健谈、主动、热情	外倾性	不合群、安静、被动、沉默

1. 尽责性

尽责性是指人们控制、管理和调节自身冲动的方式，尽责性得分高的人在目标导向的行为上比得分低的人更有条理、认真，也更愿意坚持。这个人格特质与个人学业、职业领域的成就密切相关，它是世俗意义上成功的预测指标之一。得分高的人更可能追求并坚持健康的行为，从而获得长寿。如果得分高的人生活在混乱、不确定和快节奏的环境中，就不一定能成功，反而容易适应不良环境。例如，鲍勃·霍根和乔伊斯·霍根的研究发现，尽责性得分低的爵士乐音乐人更有可能获得同伴的认可和好评，特别是在需要即兴演奏的环境中。人格研究需要考虑人格特质与社会生态环境的适应性，看似积极的人格特质有可能只是在适宜的环境条件下起到最大的作用。

2. 宜人性

宜人性考察的是一个人对其他人的态度，宜人性得分高的人亲近人、有同情心、信任他人、宽容，也容易心软，非常看重合作和人际和谐。它在人的第一印象上起的作用非常重要，但是与其他大五人格特质相比，宜人性对世俗意义上的成功的预测作用最低，宜人性和工作效率的关系并不稳定，太讨人喜欢或太难相处的人工作效率都不高，宜人性得分中等的人工作效率较高。

3. 神经质

神经质也称情绪稳定性，反映了一个人的情感调节过程。神经质得分高的人表现为情绪稳定性差，一般倾向于有心理压力和不现实的想法，可能会有过多的要求和冲动，更容易体验到如愤怒、焦虑、抑郁等消极情绪。和其他大五人格特质不同，神经质和个人幸福的关系相当简单、明了，神经质得分低的人更容易获得幸福。因为神经质是人格特质中与生物学因素联系紧密的因素，它反映的是人对环境中消极信号的敏感程度，所以神经质得分高的人也是敏感度高的人，他们更容易发现危险的信号并反复回想琢磨这些信号，一直处于警惕状态，长期处于压力状态。另外，神经质还是其他人格特质的放大器，尽责性得分高的人如果情绪非常不稳定，就容易出现过度谨慎或者强迫行为。如果一个人的神经质测试结果为高分，是否就糟糕了？并不能这样简单推论。每一个人格特质都有重要的功能，神经质的人格特质在人类进化的历史上发挥了重要的适应作用，想想人类的祖先，在朝不保夕、危机四伏的恶劣生存环境中，他们只有具备高敏感性、高警惕性，才能存活下来。

4. 开放性

开放性描述了一个人开放的认知风格，他愿意接受新的观点、新的人际关系和新的环境，这是与创造力高度相关的特质。开放性不仅仅是对新事物的接受更开放，对情绪也一样，所以开放性得分高的人比得分低的人更容易感受到焦虑、抑郁，同时也容易体验到快乐、喜悦等积极情绪。如果一个人开放性得分很高，那么他更容易对文化与艺术感兴趣，偏爱奇特的味道或气味，具有更复杂的理解世界的方式。开放性得分高的人对幸福的体验更加细腻。

5. 外倾性

外倾性也称外向性，反映了个人人际互动的数量和密度、对刺激的需要及获得愉悦的能力。人们可以从两个层面理解外倾性：人际的卷入水平和活力水平。外倾性得分高的人（外向的人）更愿意与人互动，更主动，一直试图提高自己的活力水平，外倾性得分低的人（内向的人）则表现为沉默、严肃、腼腆、安静，总是寻求降低自己活力水平的环境。一般来说，咖啡能够让人兴奋，外倾性得分高的人喝咖啡能够更有效地执行任务，而咖啡对外倾性得分低的人则不一定有作用。外倾性人格特质的差异是由人们生理基础的气质差异造成的，我们并不能由此判断人的人格特质的优劣。其实内向和外向是连续体，纯粹内向或外向的人是很少的，大多数人是介于内向和外向之间的中间型。美国的组织心理学家亚当·格兰特发现，中间型的人比外向或内向的人更擅长销售。

通过测试结果和解读，相信大家对自己在大五人格特质上的倾向有了更多的理解，其实5种人格特质我们每个人都有，只是每个人得分的高低和倾向并不相同。大五人格量表是一个可以帮助我们了解自己和理解他人的有效工具，对于如何更好地运用大五人格量表来了解自己和接纳自己，在第三节将详细介绍。

> ★ **课堂活动**
>
> ### 柠檬汁内向、外向实验
>
> （1）准备一根吸管、一根双头棉签、一根线和一杯浓缩柠檬汁（普通的柠檬汁效果不好）。
> （2）把线系在棉签的中间，让棉签水平悬吊。
> （3）先请参加者做4次吞咽动作，然后把棉签的一端含在舌尖上20秒，之后放开。
> （4）接着，在舌头上滴5滴浓缩柠檬汁，吞咽。
> （5）把棉签的另一端含在舌尖上20秒，之后放开。
> （6）观察吊起来的棉签哪一端比较重。

布赖恩·利特尔教授在《突破天性》一书中列出的这个小实验（柠檬汁内向、外向实验）可以帮助我们较客观地了解自己的内向、外向倾向。一般来说，外向的人的棉签会继续保持水平，内向的人的棉签会有一端下沉。原因是内向的人对柠檬汁的刺激反应更强烈，分泌了更多的唾液。

在生活中，很多大学生可能存在这样一种情况，有的时候觉得自己是外向的人，有的时候则会非常内向，甚至困惑自己是谁。或许做完柠檬汁内向、外向实验，你对自己的生物性人格有了更多的了解。其实在生活中，内向和外向就像人们的左手和右手，人们都会使用到。有些人在朋友面前是开心果，在长辈面前则尽量降低自己的存在感，表现得像个内向的外向者；有些人喜欢安

内向者的优势

静独处，但在社交场合也可以如鱼得水，表现得像个外向的内向者。人们虽然有天生的生物学意义上的内向、外向差别，但是为了适应社会，还是会发展出适合当时情境的自由人格特质。

第三节　接纳与完善
——人格的发展

本节视频

> ★ **案例**
>
> ### 我的阴暗面
>
> 佳琪班上有个运动达人李佳，每天健身打球，也很爱笑，大家都觉得他很开朗、

热情，但是他给人的感觉若即若离。他有不能提及的另一面，就是他的家庭。他的爸爸因为生意失败而欠债，父母很早就离婚了，后来他一直和奶奶生活。这件事情几乎没有人知道，当有舍友给家人打电话时，他总是借口出去。虽然有女同学向李佳示好，但是被他拒绝了，他的网上留言总是有那么一种阴郁的气质："人都是注定孤独的，恋爱不是我能驾驭的事情。"

一 应对危机：人格问题与健康

人们成为今天的自己，表现出形形色色的人格特质，既有先天的因素，也受到后天正性和负性事件的影响，在人生的岔路口上总是充满危险和机会，人们对这些经历的看法、解决危机的方式塑造了自己的人格，有可能形成某些人格易感性、人格偏差或人格障碍，对心理健康和发展产生负面的影响。

1. 人格易感性

人格易感性是指使个体容易受到外显的或潜在的威胁伤害的人格特征，在遇到消极环境的刺激后，个体更容易表现出心理症状。人格易感性的形成有一定的先天生物学基础，进化心理学认为在面对不确定的未来环境时，人类会采取"两头下注"的策略，使一些子代具备某种易感特征，而另一些子代不具备这些特征，从而表现出更大的环境适用性。

延伸阅读 抑郁易感性人格

延伸阅读 A-B型人格

例如，出生在同一个家庭中的兄弟姐妹会表现出不同的人格特征，有的敏感谨慎，有的则活泼好动。人格易感性本质上也是一种差异敏感性，个体对于积极和消极环境反应都敏感。高易感性的个体除了易受消极环境的负面影响，还容易受到积极环境的积极影响，表现出较高的发展可塑性；低易感性的人虽然可以较少地受到逆境的伤害，但也较难从积极情境中获益。所以对大学生来说，了解自己的人格易感性并不是给自己贴一个标签，而是增加对自我的理解，充分利用和管理这种差异敏感性，为自己的成长和健康创造积极的机会。

2. 人格偏差与人格障碍

人格偏差在专业上通常称为人格问题，临床上医生会把某些更严重的偏差诊断为人格障碍，人格偏差和人格障碍都是指一些适应困难的人格类型，按照特质理论的说法就是一些人格特质处于正态分布极端的表现，被诊断为人格障碍的情况则更极端一些。存在人格障碍的人往往难以适应社会生活，难以与别人和谐相处。虽然这些人格特质一般人可能都有，但是存在人格障碍的人处于极端。如每个人都可能有多疑、敏感的一面，但是偏执型人格障碍的人会更多疑，过分敏感，对别人有强烈的敌意，无法信任别人，对心理健康产生负面的影响。了解人格障碍的分类并不是让大家对号入座，而是增加对"异常"的理解，并主动调整。

（1）人格障碍的分类标准

人格障碍的诊断标准描述了某种人格特质的极端值，很多学生会觉得自己部分符合某些描述，但是人格障碍的诊断需要由专业的精神科医生进行，在考虑症状发生时间、和其他精神障碍及生理疾病区分的基础上才能做出科学的判断。《精神障碍诊断与统计手册》（第五版）把人格障碍定义为个体表现出一种相对稳定且僵化的行为和内部状态（如思维、感受、动机）模式，一般开始于生命中相对早期的阶段（青少年期或成年早期），造成了个人的情感状态和社会功能严重受损，且超过了个体所处文化中规范的认可范畴。此外，个体必须在经验解读、感受、人际功能及冲动管理4个方面中的2～4个方面显示出这种模式，且这些症状不能用其他障碍所解释。贝克等人根据核心症状的共性表现，把《精神障碍诊断与统计手册》（第五版）中列出的10种主要人格障碍类型分为3组，如表3-3所示。

表3-3　人格障碍类型及典型表现

分组	障碍类型	典型表现
A组："古怪"型	偏执型	总是将别人的意图解读为恶意的，人际不信任或猜疑，持久地心怀怨恨，无系统性被害妄想
	分裂样	脱离社交关系，在人际交往时情感表达受限，情感淡漠，疏离超脱
	分裂型	对密切关系感到强烈的不舒服，建立亲密关系的能力下降，且有认知或知觉的扭曲和古怪行为
B组："戏剧化、情绪化或不稳定"型	反社会型	一种漠视或侵犯他人权利的普遍模式，以欺诈和操纵为核心特征，表现出一贯、极端的不负责任，缺乏同理心
	边缘型	一种以人际关系、自我形象、情感不稳定及显著冲突为主要特征的普遍心理行为模式，通常具有长期的空虚感，易卷入热烈且不稳定的关系，但又可能破坏关系
	自恋型	让人难以接受的自大，内省程度极低，需要别人持续不断地吹嘘，内心情感空虚
	表演型	表现出过度戏剧化的行为和情绪化的自我表现欲望，对缺乏关注极度不适，情绪不稳定，难以专注，表现出人际困扰的外在归因倾向
C组："焦虑或恐惧"型	回避型	显著且损害性的社交抑制，自我贬低，对他人评价极度敏感且不适
	依赖型	过度依赖他人的支持、指导、照顾和保护，对拒绝非常敏感且容易焦虑，害怕被抛弃，无助感高
	强迫型	表现为高僵化、教条、完美主义、思维反刍、高道德标准、不灵活和认知受限，强迫和负性情感高

（2）人格障碍的调整和改善

人格障碍因为有相对稳定的认知和行为模式基础，改变起来并不容易，但并不是说人格障碍无法改变。内斯塔特等人针对人格障碍进行的追踪研究发现，反社会型、回避型、边缘型、表演型和分裂型人格障碍有中等程度的稳定性，而其他人格障碍的稳定性并不高。斯科多尔通过严谨的前瞻性研究，得出结论："人格的心理病理性症状会随着时间的推移得到改善，其改善的速度出乎人们的意料"。很多研究均发现，多种心理疗法都对人格障碍治疗产生了良好的效果和中等程度的效应量。因此，如果你发现自己或者周围的朋友存在某些人格偏差，简单给自己或他人贴一个"人格障碍"的标签没有任何意义，而充分了解相关的信息，建立改变的信念，寻求专业的心理治疗将会是有效的应对方式。

二　发挥优势：人格优势与成长

除了处于极端不适应的人格偏差和人格障碍对心理健康有负面的影响，积极心理学家还关注人格与健康的关系，但是关注的是健康中的积极面，即与人类幸福和健康密切相关的优势人格。

1. 识别优势

积极心理学家彼得森和塞利格曼从上百种人格特质中发现了24种优势人格，并归纳为6大美德（见表3-4），我国学者对此进行了本土化研究，得到了相似的结构。我国学者段文杰等人归纳出中国人的三大美德，分别是亲和力（包括仁慈、团队精神、公平正义、爱与被爱、真诚、领导力、宽恕、感恩等）、生命力（包括幽默、好奇、激情、创造力、洞察力、希望、社交智力、发现美的能力、勇敢、信念等）、意志力（包括判断力、审慎、自我调节、坚持不懈、学习、谦虚等）。安杰拉·达克沃思把优势和美德分为3个集群，分别是内控（包括坚毅和自控力）、人际能力（包括感恩、社交智慧，以及对愤怒等情绪的自控能力）、智慧（包括对事物保持好奇心及强烈的兴趣、开放）。这些优势人格特质对幸福感、生活满意度、积极情绪及身心健康都有积极的影响。

表3-4 24种优势人格及其美德归类

美德	优势人格				
智慧与知识	创造力	好奇心	热爱学习	思想开放	洞察力
勇气	热情	勇敢	有毅力	真诚	
仁慈	善良	爱	社交智慧		
公正	公平	领导力	团队合作精神		
节制	宽容	谦虚	审慎	自控力	
精神超越	欣赏美和卓越	感恩	希望	幽默	精神信仰

2. 发挥优势

积极心理学家认为每个人都拥有优势人格力量，但是每个人最常用的标志性优势人格并不相同。积极心理学家认为，如果人们把自己的目标定在发挥自己的优势人格上，要比只着眼于弥补自己的不足，更能发展出长久的幸福和健康。因此，找到属于自己的标志性优势人格，并在生活中努力加以运用，真正做自己擅长和有优势的事情，人们就能够提高长远的幸福感水平。

发挥优势与弥补不足

例如，佳琪的同学小敏的优势人格是爱的能力，如果小敏要发挥自己的优势人格，就要在生活中接受别人对她的称赞，表达感谢，主动表达爱，如给所爱的人写一张关心的便条，放在显眼的位置上，陪朋友/家人做他最喜欢的事情等。

✎ 自助训练

五大优势探索

（1）请根据表3-4中的24种优势人格，对上面提到的优势和美德进行打分和排序，选出你认为自己具备的五大优势人格。

自己具备的五大优势人格分别是＿＿＿＿＿＿＿、＿＿＿＿＿＿＿、＿＿＿＿＿＿＿、
＿＿＿＿＿＿＿、＿＿＿＿＿＿＿。

（2）请反思它们分别归属于哪些美德，看看你的优势分别集中在哪个领域。
＿＿。

（3）接下来请思考：你在生活中的哪些地方可以应用这些优势呢？针对每个优势列出3点。
＿＿。

三　自我和谐：人格完善与发展

不管你是进行了自省，还是完成了前面的MBTI或者大五人格测试，或者找出了自己的优势人格，你都会发现自己的人格特质有自我矛盾的地方，比如，发现自己并没有完全拥有那些你想拥有的人格特质，或者拥有自己非常不喜欢的特质等。例如，你渴望情绪稳定，但是偏偏神经质得分很高，尤其是发现神经质与幸福的关系后，你更加焦虑和紧张。其实个人不管是面对自己还是看待别人，都习惯将某一部分看作整体，或者简单分成两栏："好的"和"坏的"。一个人越是试图掩饰坏的部分，就越削弱自己的成长可能性，同时这种内在的争斗也会让自己丧失其他的能力。人格的完善不是简单的努力改变，也不是简单的自我接纳，而是一个长期的目标，将人格的各个部分都看作自己的资源，在整合自己的基础上，接纳自己的天性，并不断设计新的发展计划，逐步实现自己人格的完善和发展。

1. 发展灵活的个人建构

人们在评价自己和他人的人格时，总是带着这样或那样的看法和观点，这种看法称为个人建构。例如，李斯觉得张也不会喜欢自己这样内向的人，这是李斯对自己和张也的个人建构。但是，只要你开始认真审视自己，就会发现这些个人建构并不是一成不变的。提出个人建构心理学的美国心理学家凯利认为，核心个人建构是与自我价值相关的人格特质，也就是人们对"我是谁"的核心理解，一般是相对稳定的。内向是李斯对自己的核心个人建构，他甚至可能认为内向是导致自己一切悲剧的主要原因。"我是谁"的核心理解给了我们一个安全的框架，但是也限制了我们对自己其他可改变的自由人格特质的探索。谁说一个人完全不可以改变呢？当人们的核心个人建构也就是对自己的认识越丰富、越灵活，人们的适应性也就越高。如果李斯的核心个人建构除了内向还有幽默，那么对李斯来说，幽默可以帮助他在社交中获益，给人"外向"的感觉，于是"外向的内向者"就让他形成了更灵活的个人建构，也让他变得更自信，更容易接纳自己的内向特质。

2. 制订与自我协调一致的发展计划

李斯如何才能变成一个外向的内向者呢？他可能会制订一个个人发展计划，让自己有计划、有步骤地接近自己的理想状态。如果你曾经在开学初制订过学期计划，那么一定会理解实现计划并不容易。个人计划是否能够顺利执行，有3个条件：第一，必须是自发的，并不是外界环境要求个人必须改变，而是自己希望有所改变；第二，这个计划是有可能实现的，不切实际的计划完全没有意义，例如，李斯从内向变成外向的计划有点逆天性而为，而幽默的特质可以帮助他从内向变成具有外在特质的内向者；第三，这个计划本身是可控且可持续的，人们在制订改造自我的计划时总是兴趣盎然，但是时间一长就很容易懈怠，所以个人计划需要有监控的措施，你可以请舍友帮忙监督，互相帮助，一起成长。

3. 创造自我恢复的空间

雄心勃勃的自我人格改造计划要想顺利实现，则人们不能否认自己的生物属性和易感特质。人格心理学家布赖恩·利特尔建议人们尝试创造一个自我恢复空间，允许自己的生物属性和易感特质得以表达与恢复。具体来说，如果你是内向的人，那么在努力发展自己外向的自由特质的时候，你还需要给自己的内向留出空间。你完成在班上主动发言、在同学聚会上侃侃而谈的挑战任务后，最好去图书馆找一个让自己舒适的角落，喝一杯热气腾腾的枸杞养生茶，读一读自己喜欢的书，让自己冷静一下。这样你就可以有更多的精力面对下次突破天性的举动，你也会变得越来越自然和平衡。

4. 建立改变的智慧

在人格完善的过程中，我们需要有勇气改变可以改变的事，有胸怀接纳不可改变的事，有智慧来分辨二者的不同。有的大学生花了很多力气和自己的核心特质较劲，有的大学生把自己的问题归结为性格如此，不愿意踏出自己的安全区，做出改变。如何才能让做调节工作的"自我"充满智慧，做出最佳的选择呢？

（1）**相信你的价值**。无论你陷入怎样的悲伤和低迷状态中，你还是你。人们的核心特质的形成发展是当时背景下的适应性选择，每个人作为独特的存在，都有本身的核心价值，即使暂时不适应，也不必自我贬低。

（2）**允许自己不完美**。每个人都会做一些努力改变却不能改变的事情，每个人都有可能做一些错误的选择或决定，给自己下达"只做正确的选择"的命令没有任何意义，人们更多的智慧是在失败、挣扎之后发现的。

（3）**对自我包容**。健全人格的人能包容自己的不足之处，而不是排斥所有的缺点。大学生重点不是改正自己个性方面的缺点，而是理解自己缺点背后的积极意义，进行转化，促进人格的整合和协调发展。

（4）**有未来视角**。人格完善是一个终身的追求，努力培养优秀的人格品质需要更多的人生阅历，对大学生来说，制订长远的发展计划，有更远大的目标，是促进自我接纳和人格发展的重要保障。

本章思考题

自卑的小明

小明从初中就开始住校，上大学后，学习成绩很好，但是他发现自己在与异性交往时很自卑，不知道该说什么。他觉得不知道女生喜欢什么就没法聊天，如果不聊天就不会知道她们喜欢什么。这让他很矛盾。

运用人格理论谈谈你对他的理解，以及如何帮助他。

本章重点知识梳理	本章推荐资源

第四章

学海方舟

——大学生学习心理

    大学生经过一路过关斩将的考试终于进入了大学。学习可能是其最熟悉的领域，然而大学的学习和中学的学习有本质的区别。有关学习的心理学研究引导人们主动思考为什么学、学什么、怎么学的问题，分析拖延的原因，同时探讨如何自我推动。本章将带大学生踏上探讨学习、思维之旅。本章学习目标如下：

- 思考学习的意义，了解大学学习的特点，设计属于你的大学学习方案；
- 了解学习背后的推动力，寻找学习的兴趣，设立目标应对学习中的困惑；
- 利用记忆与思维的心理规律，掌握学习的策略，有效学习。

图书馆偶遇

李斯是张帅舍友中唯一的英语系学生，是宿舍中学习较用功的一位。一天他正在图书馆看李开复的《做最好的自己》，被迎面走来的老乡佳佳看到，佳佳笑他说："呦，学霸又在努力学习了？"李斯笑笑，答道："没有，随便看看闲书。"他赶紧合上书，问道："很少见你来图书馆啊，今天是借书还是自习？""马上要英语考试了，当然是自习喽。唉，哪还能像你一样不慌不忙地看闲书呢。"佳佳一脸无奈地在李斯的对面坐下，打开让她头疼的英语书，准备背单词……李斯也继续刚才的阅读，心里却越来越疑惑：背英语才是好好学习吗？听从父母决定而学英语的我，真正要的是什么？

动画：图书馆偶遇

第一节　学习有意义
——学习概述

本节视频

在上面案例中，佳佳因为英语考试才到图书馆复习的学习状态在大学中并不罕见，好像"考试"才是这些学生学习的动力。而李斯通过思考学习的意义、我为谁学习的问题，进入了大学的自主学习世界。这涉及本节的几项重要内容：什么是学习、学习的意义及大学学习的特点。

一 吸水的海绵：学习的概念

很多学生提到学习就想到上课、自习、考试等场景。那么你是否好奇，最早的学习发生在什么时候？让我们先来看一个经典的学习心理学实验：刚出生12小时的阿布就已经成为一名小小的学习达人了，心理学家珍妮·特沃克通过阿布吮吸的频率，观察到他已经学会分辨母亲的母语节奏和其他语言节奏的不同，而且有了偏好，在听到自己熟悉的母语时表现得手舞足蹈并具有更高的吮吸频率，而在听到不熟悉的其他语言时则表现得很安静。

原来学习在妈妈怀里就开始了，真是太神奇了。这种学习的最初形式，充分说明人类对学习和体验新事物所具有的天生欲望。人们能够区分并且记住人、事、物之间的不同，并且随着成长，人们开始对熟悉的事物习惯化，更愿意注意到新鲜的事物。随着学习的范围越来越广，人们学会的东西越来越多，人们开始像科学家一样思考，并且尝试自己创造，可以说人们成长的过程正是不断学习的结果。在学习变成一项专门的活动——学校学习之后，"读书""上学"成了提到学习时大家更容易想到的内容。

学习发生在生活的方方面面。广义的学习是指基于经验而导致行为或行为潜能发生相对一致的变化的过程；狭义的学习特指学校学习。现在你可能需要更新自己的学习字典，你一直都像一块吸水的海绵一样在学习，我们每个人在成长过程中都拥有非常丰富的学习经历和体验：初次开始大学的集体生活，接触真正的专业知识，甚至开始尝试跟一个人恋爱等，都是在学习。上文案例中看"闲书"的李斯，在看书的过程中不管是认识了新的字词，还是开始了自己的思考，都毋庸置疑是在学习。那你是如何对待你的大学学习的呢？是主动出击，尝试新事物，还是坐等同学的攻略笔记？学习教育心理学家奥苏贝尔等人按照学习方式和学习内容能否与学习者联系起来对学习进行了分类，如表4-1所示。你可以根据表4-1中的分类看看自己的大学学习属于哪种类型。

碎片化学习会影响学习效果吗？

表4-1　学习的分类

划分标准		类别	
学习方式	接受学习：将别人的经验变成自己的经验。 例如：看音乐视频学唱新歌	VS	发现学习：个人独立发现、创造经验。 例如：发现新的旅游线路
学习内容能否与学习者联系起来	机械学习：在缺乏某种先前经验的情况下，靠死记硬背进行学习。 例如：学一门外语	VS	有意义的学习：学习者利用原有经验来进行新的学习，理解新的信息。 例如：攻读感兴趣的学科的研究生

二　努力学习为哪般：学习意义的思考

案例

李斯作为优秀毕业生代表被高中母校邀请回去给学弟学妹们做大学学习的讲座。过程中最让他哭笑不得的问题就是"上了大学是否就不用'学习'了"。面对学弟学妹们渴望的眼神，李斯讲起自己对大学学习的理解："大学还是要学习，而且是一种与高中不同的学习。你拿到的不是固定的课表，而是一份厚厚的培养方案，里面有必修课、选修课、公共课、专业课等。除此之外，学校还有丰富的课外学习资源，你还可以通过网络选修其他学校的课程。你有很多参加社团活动增长能力的机会。但是，这所有的选择都得你来做。"面对学弟学妹们的各种问题，李斯也在不断反思自己的学习安排和选择：我是否在我的大学生活中做出了正确的选择呢？

进入大学，放下高考重担的你，是否也和李斯一样思考过大学该怎么度过，思考过大学对自己的意义？有些大学生可能想过，但是更多的大学生可能并没有主动思考过这个问题。

大学是一个人未来人生的起点，有意义和无意义的学习、主动与被动的学习之间存在巨大的差异。李斯的思考可不是自寻烦恼，他在明确这些问题的同时，也增加了对自己的了解："报英语专业是父母的决定，我最喜欢的专业是经济，但是当前很多的经济学研究都是用英语写的，我现在就开始读经济学英文原著，这样既有助于增加我对经济学的了解，又能提高我的英语水平。我准备下学期开始辅修经济学的双学位，一举两得。"这样英语就成了李斯了解经济学的必备工具，好好学习英语成了他实现人生目标的关键一步，而不是为了机械地应付考试，他也产生了更大的学习动力。

🚩 课堂活动

与未来对话

请你和你的搭档两人一起完成一场当下和未来的对话，你代表当下的自己，邀请你的搭档代表未来10年后的你，两人来一场跨越时空的对话。你可以代表当下的自己，向未来的自己提3个问题，邀请未来的自己回答。你们可以设计感兴趣的问题，也可以参考以下问题。

- 未来你好，我现在对专业没什么兴趣，未来你产生兴趣了吗？
- 未来，你从事的职业用得上我大学学到的专业知识吗？
- 未来，你能告诉我当前的学习和明天的生活有什么样的联系吗？

接下来，请互换角色，完成第二轮练习。

最后，请思考你对当前学习的意义有什么新的想法。

心理学家弗兰克尔告诉我们，寻求意义是人类的重要动机之一。当你觉得你现在所学的内容对你来说意义非凡，是伟大的工作时，你就会充满热情，也更能抵御诱惑。主动把当前的学习和自己真正的理想联系起来，主动思考学习意义的过程会让你重燃对学习的热情。

★ 案例

张帅的舍友华子是个社团达人，最近几个晚上为了一个重要的大赛常常忙到凌晨2点，他的高中同学问他："办那个比赛有那么重要吗？一群人装模作样地表演一番，你也上不了台，有什么意义？"华子一愣，但很快回复道："我们熬夜冥思苦想设计的节目取得满堂彩，我们会心一笑，这就是意义。这项公益活动在同学们心中有了口碑，这也是意义。可能别人不在乎，但是我们一起努力过的人在乎。"

大学的学习并不只是专业学习，很多学生会参加社团活动锻炼能力，但是怎样才能锻炼能力呢？当追求的结果变成外在成绩时，许多学生会很容易忘了自己参加社团的初心。案例中华子的分享可能对大家有所启发：活动本身的内在价值，相互配合的合作能力，精益求精的职业态度，冥思苦想的创新能力，都是个人成长的证明，也是关乎未来的综合素质的展现。其实会主动把今天具体的学习任务或社团工作和明天自己的理想生活联系起来的大学生并不多，大部分大学生对大学学习生活有一种迷茫又焦虑的感觉，一方面认为学习成绩好、社团活跃并不能保证自己能找到一份好工作，就算找到一份工作，也并不能保证自己能过上幸福的生活，所以在学习或参加社团活动的时候觉得辛苦；另一方面也担心自己如果不学习就更难找到好工作，更难过上理想的生活，所以被动或"假装"自己在努力，或者平时自我放纵，期末临时突击。

大学生第一次离开家庭生活，面临适应新生活和安排好学习的各类问题。大学生需要做主动的学习者，思考自己人生独特的意义和价值。当然，没有人能被强迫着成长和学习，不管身边的人经验多么丰富，他们也没办法告诉你怎么安排大学学习生活才是好的。只有大学生自己才能决定为什么负责、对什么负责及对谁负责。一旦大学生知道自己想做什么，并真正去做，大学学习就走上正轨了。

三　盒饭与自助餐：大学学习的特点

李斯被佳佳称为"学霸"是有理由的，他来自北方的一所重点高中，原来学校对学习要求很严格，他是学校的佼佼者；进入大学后他选修了很多课程，继续坚持不带手机上自习的自律生活。然而现在AI技术发展很快，学校给2024级新生都配备了AI学习助手，只把知识背会显然已经不合时宜了，于是他来到图书馆，偶然翻到了李开复的书，这才有了开篇的思考。

大学生要想更好地适应大学的学习生活，就需要一把钥匙来解读学习发生的变化，做到心中有数。结实的大锁挂在门上，铁杆费了九牛二虎之力，还是无法将它撬开。钥匙来了，它瘦小的身子钻进锁孔，只轻轻一转，大锁就应声而开（见图4-1）。

图 4-1　学习方式

对李斯来说，大学的学习相较他本来擅长的学习方式有了较大的变化。高中的学习更倾向于被动接受，而大学学习更倾向于主动发现，需要更多的认知和反思，甚至是自我监控的参与。互联网的发展，又催生了多渠道学习的新形式。

总的来说，大学学习具有以下6个特点。

1. 学习的专业性

大学属于专业教育阶段，学习的内容围绕专业方向和需要展开，而且专业课程之间的联系非常紧密，不断深入。像李斯所学的英语专业，学习内容不仅仅是背单词、做习题，常见情况是老师提出一个主题，让大家自己找相关资源做PPT演示；而像张帅所学的计算机专业，老师的每一讲都像一个概述，想要理解这堂课的知识，学生需要仔细思考，并且课下看其他的相关参考书，这与高中时知识点相对有限，学生通过大量练习来巩固知识的学习方式不同。在大学阶段，要学好专业课，大学生需要思考知识之间的联系，使用有效的学习策略。

2. 学习的自主性

大学的学习具有高度的自主性。如果说高中的学习像"盒饭"，那么大学的学习更像"自助餐"。在大学里，除了必修课，该选择什么课程，选择和谁组成学习小组，什么时间上自习，在哪上自习，怎么安排学习和复习计划，希望自己达到什么样的学习成绩和目标，社团与学习怎么平衡等，全由大学生自己做主。显然，李斯的问题就是一时难以适应这样的自主性。

3. 学习的探索性

大学学习具有研究和探索的性质，参与研究成了大学生的必修课。大学生不仅要掌握前人积累的专业理论知识，还需要主动探索和思考，加深知识与自己的关系，不断探讨学术前沿，规划自己未来毕业论文的研究方向，进一步创新和发展知识。

4. 学习的实践性

大学学习更需要学以致用。大学生只有调动全身的多种资源获得更多的体验，才能将所学内容转化为自己的收获，带来持久的影响。天天泡在自习室的李斯开始阅读经济学英文原著后，也试着与朋友一起举办了一次英语的模拟拍卖活动。这次活动不仅使他获得了更多的拍卖体验，而且由此完成的英语论文获得了系里社会实践优秀论文一等奖。

5. 信息技术辅助学习

随着全球信息化，特别是手机移动互联网和AI新技术的普及，大学学习突破了教室内教学的限制，而延伸到网络世界，实现与外部世界的实时互动，表现为学习工具的网络化、知识载体的多媒体化、AI智能化等。大学的课堂也出现了慕课、微课、翻转课堂、AI智慧课堂等新变化，近两年直播课堂也得到快速发展。因此，掌握AI等信息技术、适应在线学习、充分利用碎片化学习成为大学生学习的新特点。作为新时代的大学生，需要不断掌握新的技术工具，提高学习效率，更重要的是，不要被信息的海洋所淹没，能够判断什么时候需要信息，并且懂得如何去获取信息，如何去评价和有效地利用所需的信息，切实提高自己的信息素养。

6. 评价的多样性

大学，学业成绩已经不是评价的唯一标准。因此，如果大学生只能从分数中获得自信，那么很可能会遇到像李斯那样的困惑。学习成绩的高低并不完全决定一个人是否成功。学习成绩主要体现大学生硬技能的水平：逻辑思维能力和语言能力。然而，人际沟通能力、领导管理能力、艺术创作能力、动手能力等软实力却很难在考试中体现出来，而这些能力对一个人的成功非常重要。大学生要掌握学习的方法，学会做生活的有心人，体验生活中的美好和精彩，这样才能成为一个更优秀的大学生。

四 营养搭配攻略：大学学习导航

每个大学生在理性上都知道大学应该好好学习，但是对于学什么、怎么学则一头雾水。大学生了解了大学学习的特点之后，还有一些迫切需要解决的问题，那就是大学该学些什么、该怎么设计属于自己的学业规划。

学习专业知识和培养各种能力要搭配进行，进入大学没多久的大学生，因为见识有限，很难一下子圈定自己的学业专攻和能力范围，他们需要先广泛地了解自己感兴趣的学科和活动，先博后渊。

社团达人华子虽然在回答同学提问时充满激情，让人动容，但是他也有过自己的烦恼。

在大一的时候，他加入10个社团，忙得团团转，本来踌躇满志，结果疲于奔命，课程也落下不少。华子在意识到自己的身心根本应付不了那么多社团活动后，开始思考哪些对自己更重要，主动减少了社团数量，留下了两个社团，把更多的精力投入专业学习中去，学业水平得到了提升，他还当上了其中一个社团的社长。因为他经历过"先博"的过程，所以他的"后渊"之路走得更坚定。大学生只有允许自己混乱探索一段时间，才能迎来更清晰更自如的自我状态。

那么该储备什么样的知识，发展什么样的能力呢？辛迪·梵和理查德·鲍尔斯把后天学习的知识和能力分为3种，即专业知识、自我管理技能、可迁移能力，如表4-2所示。

表4-2　知识能力分类

知识能力类型	定义	举例	特点
专业知识	又称内容性知识，多用名词描述，一般不可迁移，常常与人们的专业学习、工作分工直接相关	管理、财务、销售、技术、其他专业领域知识	这部分能力不只通过专业学习一个途径来获得；专业知识的作用存在积累效应；专业知识的组合很重要
自我管理技能	是适应性技能，指一个人如何使用自己的专业知识，以及以什么样的态度从事工作的技能	积极心态、时间管理、情绪管理、压力管理、工作方法	是人们管理好生活和做好工作的保障
可迁移能力	是功能性能力，一般用动词描述，这部分能力可以迁移到不同的工作之中，是人们最可靠的能力，能够持久地发挥作用	沟通、分析、演讲、计算、决策、团队合作、组织等	是人们安身立命的根本，使人们能够适应不同工作变动和职位要求的变化，面对生活的各种挑战和机遇

如果把一个人比作一辆汽车的话，可迁移能力就是发动机，专业知识为轮胎，而自我管理技能就是方向盘，三者决定了人们行驶的方向。大学生要明确国家和社会对人才核心素养的要求，同时找到自己的优势组合，制订适合自己的能力培养计划，有意识地把它们形成合力。

虽然通过优秀成绩单并不能很好地预测一个人在工作中的表现，但是忽视专业知识的学习那就进入误区了。知识有一个累积效应，它很可能在将来的某个时候派上用场，如李斯的老乡张亚以前是学习古典音乐专业的，但是后来做了市场营销，正巧他的客户对古典音乐非常痴迷，他的专业知识成为与客户进行良好沟通的桥梁。此外，大学生还要注意专业知识的组合，李斯主动把现在的英语专业与自己喜欢的经济学专业组合起来，这就成了他的优势。

扩展阅读

AI时代，拥抱学习新形态

在数字化浪潮推动下，AI技术的应用日益广泛，在教育领域，AI正逐步改变传统的教学模式，创新探索不断涌现。为适应新技术、新模式发展需求，一些高校积极推动专业与人工智能的结合和升级。AI的助力虽能解决过去教育中的一些问题，但也存在一定风险。浪潮之下，AI如何助力以人为本、因材施教？如何服务学生关键素养提升？可扫描旁边的二维码收听老师的讲解。

AI时代，拥抱学习新形态

第二节 学习有动力
——探索学习的动机

> **案例**
>
> 普东在高中时一心想考入北方某名校，每天动力十足地学习，好像永动机，每天的日程表排得特别满，他还不停地给自己加压，但同时也非常焦虑。他高考发挥失常，去了一所普通的高校，学着自己没什么兴趣的专业。他再也找不到过去学习的动力，不再严格要求自己一味地学习，对社团活动也没什么兴趣，他花了大量的时间上网玩游戏、看短视频，人也变得越来越不开心。

普东在高中和大学完全不同的学习状态，背后的动力是什么？促进我们投入学习或放松要求的动机有哪些？这一节对学习动机的探索相信会给你一些启示。

一 左手书包右手鼠标：动机与需要

有时候我们会立即完成任务，特别是完成这项任务能使我们更接近某些期望的目标时，如准备布置新年晚会现场的材料。有时候我们会对任务拖延甚至制造借口不完成，浪费宝贵的时间，特别是面对那些自己不愿意做但又是我们应该做的事情，如中文系的佳佳不喜欢英语，她为了考试而复习英语时就会很拖延。影响我们面对任务或坚持、或放弃、或拖延的背后的力量，就是动机，动机是一种激发、引导、维持并使我们的行为指向特定目的的力量。

1. 动机有强弱之分

不同人的动机有强弱之分，例如，对于英语学习，李斯的动机要强些，他能主动控制自己背单词，佳佳的动机要弱些，她容易分心，易被打扰。同一个人的动机也有强弱之分，如中文系的佳佳在中文学习中很愿意思考和阅读，甚至在戏剧社里也主动运用所学，给台词添彩，而对看似简单的背英语单词则能拖则拖。这里蕴含什么样的规律吗？

心理学家耶克斯和多德逊发现，人类的动机强度与活动效率之间呈倒"U"形曲线关系，动机过高或过低都会使活动效率下降，中等强度的动机才最有利于问题的解决。任务的难易程度不同，最佳的动机水平也不同。对于一个简单的任务，如打字，人们需要一个较高的动机水平；对于较复杂的任务，如考大学，较低的动机水平则更为有利。这也被称为耶克斯-多德逊定律，如图4-2所示。

在生活中，很多大学生并没有按照这个定律行事。对待背单词这件较简单的事情，很多大学生会一拖再拖，用较低的动机来应对；而面对应聘这样的复杂任

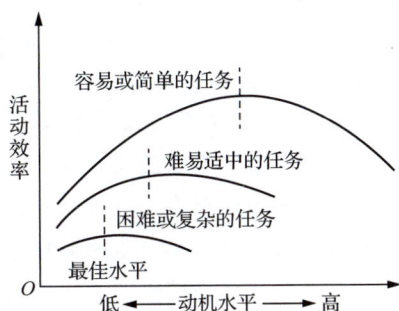

图 4-2 耶克斯 - 多德逊定律

务，却暗示自己一定要成功，结果焦虑不堪，难以发挥出应有的水准。这就是有时候陪同面试的大学生获得了工作，而志在必得的大学生失之交臂的原因。

耶克斯-多德逊定律只告诉人们一个结论，可是为什么会这样呢？

扩展阅读

动机与需要

动机是个人内心需要的外在表现。心理学家马斯洛认为，人们的需要分为5个层次，以从低到高的等级结构方式运行。这5个层次分别为生理需求、安全需求、社交需求、尊重需求、自我实现需求，如图4-3所示。请注意，图中越往上宽度越窄，这表示层次越高得到满足的人越少。

图 4-3　需要层次理论

2. 动机有内在、外在之分

李斯学英语关注的是学习带来的外部结果，即外在动机，佳佳喜欢中文则是由中文本身的意义和价值引起的内在动机。具有内在动机的人能够独立、自主和积极参与，具有好奇心，喜欢挑战，能够坚持不懈地努力，忍受挫折与失败。具有外在动机的人只为了达到外在目的，一旦达到目的，动机就会下降，如果失败则会一蹶不振。

发现学习的外在动机不是难事，而真正推动大学生持续投入学习的恰恰是珍贵的内在动机。那么外在动机能转化为内在动机吗？恐怕不能，实际上它们是两个独立的连续体，具有各自的高端和低端。但是外在动机会对内在动机产生影响。有下面这样一个故事。

一群孩子在一位老人家门前嬉闹，非常吵。几天过去，老人难以忍受。于是他出来给每个孩子25美分，对他们说："你们让这里变得热闹，我觉得自己也年轻了，我准备了这些钱表示感谢。"孩子们很高兴，第二天还来，一如既往地嬉闹。老人再次出来，给了每个孩子15美分。他解释说，自己没有收入，只能少给一点。15美分也还可以，孩子仍然兴高采烈地走了。第三天老人只肯给每个孩子5美分。孩子们勃然大怒："一天才5美分，知不知道我们多辛苦！"他们向老人发誓，再也不陪他玩了。

老人阻止孩子嬉闹的方法很有效，他将孩子们的内在动机"为自己快乐而玩"变成了外在动机"为得到美元而玩"，他操纵了美元这个外部因素，也就操纵了孩子们的行为。外部力量的控制会降低个人的自信心和控制感，哪怕是奖励。生活中很多学生为了奖励和惩罚而去学习、做事，却失去了本来的好奇心和学习的快乐。当然，外在动机也不是没有积极意义，结合耶克斯-多德逊定律，个体在简单的事情上能保持高动机，多半是外在动机在发挥作用。

3. 我们对成就的追求有高低之分

成就动机，是指希望尽可能独立并成功地完成或掌握一些非常困难或极具挑战性事情的动力。心理学家阿特金森认为成就动机包含两大要素：追求成功和避免失败。在做事情的时候，人们既会受内心渴望的驱使，又会评估成功的可能性，同时考虑成功后获得的奖励（可能是实质的奖励，也可能是精神上的奖励）。成就动机高的人制订的目标会难度适中、比较实际，从而提高目标成功的概率。成就动机低的人制订的目标要么要求很低，要么几乎没有成功的可能。趋向成功和避免失败的两两组合，就形成了成就动机的4种类型（见表4-3）。

表4-3　成就动机的4种类型

类型	表现
高驱高避	设置目标过高，过度努力，害怕失败，焦虑恐惧。 示例：《三傻大闹宝莱坞》里的拉朱，因为肩负改变家族命运的使命，进入最好的工程院校后对每一次失败感到很恐惧，于是求助于神明保佑
高驱低避	自我效能感高，成功定向，失败了反而会想办法。 示例：《当幸福来敲门》里的克里斯·加德纳，生计的困苦并没有打倒他，他继续追求自己的理想，努力发挥所长，最终获得成功
低驱高避	设置目标过低，极力避免失败。 示例：佳琪的舍友华月，对诗歌文学很感兴趣，在课堂上总害怕发言出错，完全避免回答老师的提问
低驱低避	放弃努力，认定自己是个失败者。 示例：《三傻大闹宝莱坞》里的乔伊，在被退学的时候，放弃了自己的生命，在墙上写下"I quit"的遗书

主动把自己感兴趣的经济和必须学的英语专业相结合的李斯，更偏向于高驱低避型，在面对挫折时主动思考，设置合理的目标，这样成功的可能性就更大。其他3种类型则偏向于避免失败，或者害怕恐惧，或者失去继续努力的动力和信心。其实成就动机的大小，除了和每个人独特的成就需要相关，还和环境结果以及对自己的自信程度相关。一个人在追求目标的过程中可能经历4种类型状态，最初可能努力实现目标，但是在实现的过程中遇到挫折，特别是挫折连续发生时，就开始怀疑自己，修改自己的目标，避免失败，或者自我放弃。个人能否维持在高驱低避型状态下，最重要的是保持对自己的信任和尊重，努力调整寻找新的目标机会。

二　变乐为志：发现学习的兴趣

★案例

2001年5月，美国麦迪逊中学在入学考试时出了这么一道题目：比尔·盖茨的办公桌有5个带锁的抽屉，分别贴着"财富""兴趣""幸福""荣誉""成功"5个标签，比尔·盖茨总是带一把钥匙，而把其他的4把钥匙锁在这个抽屉里，请问他带的是哪一把？学生为了得到答案给比尔·盖茨写信，比尔·盖茨在回信中写道："在你最感兴趣的事情上，隐藏着你人生的秘密。"

兴趣对人们来说是最基本的动力，人们每天的行为都会受到兴趣的影响，兴趣中蕴含巨大的潜力。兴趣不仅包括业余爱好，也包括专业兴趣。很多大学生对每天接触的、日后很可能成为职业方向的专业学习没有表现出强烈的兴趣，甚至认为兴趣都是学习之外的爱好。近些年对重点高校和普通高校大学生的专业兴趣调查结果显示，两类高校各有超过40%的大学生报告自己所学的专业与个人兴趣不一致或对自己所学专业的兴趣不大。

心理学家特里奇把兴趣分为个体兴趣和情境兴趣。一般来说，由环境中某些条件或刺激所引发，相对被动、短暂的情绪状态是情境兴趣。个体兴趣指的是随着时间的迁移而不断发展的一种相对稳定持久且与某一特定主体或领域有关的动机取向或个人倾向。大学生想要促进学业的发展，则更需要形成对专业学习的个人兴趣。

所有的成功人士都认为，只有将兴趣变为做事业的激情，在随后的学习过程中不断发展深化，兴趣才能对行为和事业产生持续的积极影响。例如，在某个电视求职节目中，喜欢公交车的大学生刘辰的经历让很多人惊叹，刘辰坚持了自己的兴趣，把兴趣和职业规划相结合，既获得了职场的肯定，得到了旅游体验师的职位，又获得了心理的满足。

我们如何才能寻找到稳定的个人兴趣所在呢？其实兴趣就蕴藏在我们的生活中，我们在做让自己感兴趣的事情时会由衷地体验到愉悦，所以让我们先从愉快的生活体验中寻找兴趣吧！

兴趣，特别是对专业学习的兴趣，有时候并不是非常明显。请不要让"不能""不会""没希望"等思维定势阻碍你寻找真正兴趣的机会。此外，需要澄清的是，"感兴趣的事"一般指具体的活动，而不是某一项工作或者学科，如一个法律系的学生对法律专业中的庭审辩护感兴趣，但对背诵法律条文没兴趣。由上面的课堂活动可知，大学生基本没有对专业没兴趣这回事，而是对专业的某些活动不感兴趣。"对专业没兴趣"不能成为自我放弃的借口，如果专业中你不感兴趣的活动很多，你可以选择转换到更喜欢的专业，或者像李斯一样通过辅修其他专业，寻找专业与兴趣的结合点，再或者重新"爱"上你的专业，总之尽量让兴趣成为学习的动力。

1. 兴趣需要实践

兴趣不是通过内省发现的，而是通过与外部世界的互动引发的，一个人只有真正试过才能真正了解自己的兴趣所在。没有人能够拍脑袋找到让自己永葆热情的专业，就算有一些想法也只能是叶公好龙。如果你还没有找到自己的真正兴趣，那么你就要给自己机会去接触更多的选择。

2. 兴趣需要专注

在发现了自己的兴趣倾向之后，个体会有一个比发现过程更长的主动发展兴趣的时期，个体需要用一系列体验去反复加强这个兴趣。在从事某项活动时，我们往往因为不够专注而体验了失败，其实如果尽可能投入其中，往往也会获得较大的成就感，也容易发展兴趣。另外，兴趣是会发展变化的，你现在感兴趣的事情可能和小时候完全不同。

3. 兴趣需要培养

兴趣不会像顿悟一样突然出现，而是需要积极培养。如果手边的任务不能刺激你，你至少还应该关注一下它能给你带来乐趣的部分。如果你对某门课程非常不感兴趣，总是拒绝接触它那就太遗憾了，如果你能把注意力放在能够激发自己兴趣的那部分就会发现它的乐趣，比如寻找老师讲的内容与自己兴趣的联系等。

总之，当我们放下对某事的成见，投入地做事情时，就更容易觉察到自己的兴趣和做这件事的乐趣。无趣的状况往往是个人早早地决定了不再努力时产生的，而转念之间就可能与自己内心的兴趣相遇。除此之外，我们需要尽量发现自己对做事本身的兴趣，如果关注点总在别人的评价上，则往往会阻碍自己进行更多的探索。

三 改变学习心态：培养成长型心理

课堂活动

测一测：你的内隐心理模式

表4-4所示测试可以测查你对智力的观点。请根据个人看法给下面8个题目评分，1分代表非常不同意，2分代表不同意，3分代表中立，4分代表同意，5分代表非常同意。

表4-4　内隐心理模式测试

题目	非常不同意	不同意	中立	同意	非常同意
1. 无论你的智商水平如何，你总是可以改变它					
2. 你可以学习新的东西，但是你始终无法真正地改变你的智力的基本水平					
3. 你喜欢从事需要努力思考的学习任务					
4. 你喜欢从事花费较少的力气就能做得很好的任务					
5. 你喜欢能让你学到新的东西的任务，即便我会犯很多错误					
6. 你最喜欢从事那些不会让你犯错的任务					
7. 当你发现一些任务很困难时，这会促使你更加努力地学习，而不是更少					
8. 说实话，非常努力地学习让你觉得自己并不十分聪明					

该量表由德韦克于1999年编制，用于测量个人对智力的看法。其中，第1、第3、第5、第7题测量的是成长型心理模式，高分说明你对智力的看法偏向可以成长改变；第2、第4、第6、第8题测量的是固定型心理模式，高分说明你对智力的看法偏向固定不变。

1. 成长型心理模式与固定型心理模式

教育心理学家德韦克发现，人们在看待能力、智力、创造力等个人特质时，会表现出两种截然不同的心态和思维模式，而且通常是内隐的，她把这两种心态称为心理模式。其中一种是成长型，人们相信自己的能力和智力是可以改变的，是能够成长的；另一种是固定型，人们相信自己的能力和智力是固定不变的。二者的比较如表4-5所示。

表4-5　成长型和固定型两种心理模式的比较

比较方面	成长型	固定型
相信	能力、智力是可以提高的	能力、智力是固定不变的
遇到挑战时	倾向于迎接挑战	倾向于避免挑战
遇到阻碍时	面对挫折，坚持不懈	自我保护或者轻易放弃
对努力的看法	认为熟能生巧	认为努力是不会有结果的，而且越努力说明能力越差
对批评的看法	态度更中性，愿意从中学习	尽力避免，忽视批评中有用的反馈
看到他人成功	从中获得新的认知和灵感	觉得他人的成功是一种威胁
结果	他们能取得很高的成就	很早就停滞不前，无法取得原本有潜力的成就

　　你的心理模式是哪种类型呢？其实，很多人从小就被训练成固定型心理模式，比如，常被灌输"你不够聪明""智商是天生的""你只能学文科"等观点，这些人长大后要么努力证明自己，要么为了避免失败而只做自己擅长的事情。具有成长型心理模式的人，则更愿意接受新的挑战，面对挫折更努力。

　　德韦克对一些初中生进行了一项长达两年的追踪研究，结果发现：在起始数学成绩相同的情况下，持成长型心理模式的学生只需要一个学期的时间，数学成绩就显著领先于持固定型心理模式的学生，他们在面对困难任务时，更多地表现出韧性，且二者之间的差距呈持续扩大的趋势。

　　尽管两种心理模式的差异是显著的，但是这种差异本身也不是一成不变的，让自己的心理模式发生改变的前提，就是挑战自己的固定型心理模式，训练自己养成成长型心理模式。

扫一扫

固定能力观该
如何改变

2. 相信越努力越聪明

　　本书第一章就介绍了一个重要的概念，即"大脑神经可塑性"，这是我们能够持续学习的生理基础。虽然当我们刚开始学习新知识时，信息在大脑内部神经元细胞之间的传递速度是非常缓慢的，但是随着信息通过的次数越来越多，神经传递速度也越来越快。经常传递的神经通路之间会生成一种物质，称为髓鞘，它能使兴奋神经的传递速度加快，并保证其定向传递，那些不用的神经通路则开始萎缩。这种因学习带来的大脑变化不是短暂的、表面的变化，而是生理结构水平上持久的变化。如何让我们的大脑神经元"重塑"呢？佛罗里达州立大学教授K.安德斯·艾利克森给出了一个重要的建议：刻意练习。他认为专家与普通成年人之间的差异不是不可改变的，只要你在某一个专业领域中全情投入，主动获得反馈，根据反馈进行刻意练习，就可以提高学习效果，获得更大的成长。

3. 理解学习重要的知识有难度

　　很多学生对学习本章的期待就是如何让枯燥乏味的专业学习变得轻松有趣。可是，几乎所有重要知识的学习都有一定的难度，轻松地学习往往也是无效地学习。认知心理学研究发现，人们在学习一个新概念的时候，付出越多的努力，尝试用自己的话语去重新演绎它，或者尝试理解这个概念在不同语境下的不同意义，就越能牢固地掌握这个概念。这背后的依据是长时记忆的工作原理：所有存储在长时记忆中的信息都是放射性地、相互联系地存储的，提起一点，人往往能想起一串。这就是我们容易记住故事而不是随机的单词的原因。

班级：＿＿＿＿＿＿＿＿＿＿＿＿　　　姓名：＿＿＿＿＿＿＿＿＿＿＿＿

大学生
心理健康教育
活动手册

MENTAL

HEALTH

中国工信出版集团　　人民邮电出版社　POSTS & TELECOM PRESS

个人的软实力
——大学生心理健康导论

课堂活动 1 设定成长目标（第一章–第二节–三）

　　根据大学生的心理发展任务，为自己设定1～3个本学期的成长目标，并完成下表。

成长目标	完成情况	阻力	如何打破阻力实现成长目标

课堂活动 2 自我成长与原生家庭的关系（第一章–第三节–三）

　　请观察自己和父母有哪些相似之处（可以是个性品质、行为风格等），也可以询问父母及周围的亲人与朋友，询问他们观察到你与父母有哪些相似之处。

我和父亲的相似之处：

我和母亲的相似之处：

心理健康科普资源打卡（第一章-第三节-三）

当你或身边的同学需要时，你知道哪些心理健康科普资源？如果不清楚，马上开始行动去了解一下，并填写下表。

序号	名称	资源简介
1		
2		
3		
4		
5		

第二章 他人眼中我为谁
——大学生健全自我意识塑造

课堂活动 1 我是谁？（第二章-第一节-一）

假如让你写下10个"我是……"你会写下什么？请在10分钟的时间内，不断地问自己"我是谁"，写下你所想到的个人特征，尽可能多地写。根据在有限时间内你所写的数量及内容，你可以了解你对自己的认识程度。此项练习有助于你增进对"开放我"的认识。现在尝试写一下，随便写什么都行。

我是谁？	我是谁？
①	⑥
②	⑦
③	⑧
④	⑨
⑤	⑩

课堂活动 2 天生我才（第二章-第二节-二）

请每位同学按照提示，完成下列语句。并以5～8人为一组，每个人在小组中分享自己所写的内容和原因。如果同学之间相互熟悉，还可以让其他同学补充。

我最欣赏自己的外表是

我最欣赏自己对朋友的态度是

我最欣赏自己对学习的态度是

我最欣赏自己的性格是

我最欣赏自己对家人的态度是

我最欣赏自己做事的态度是

我最欣赏自己的一次成功是

行动作业

他人眼中的我（第二章-第二节-一）

邀请你周围的人用5个以上的形容词对他们眼中的你进行评价，并请他们简要描述这样评价你的原因，之后完成下表。比较一下，周围的人对你的认识一致吗？别人对你的认识与你对自己的认识一致吗？别人对你的评价让你对自己有了哪些新的（不同的）认识呢？

父亲眼中的我

母亲眼中的我

好朋友眼中的我

同学眼中的我

老师眼中的我

自己眼中的我

第三章 解读人格密码
——大学生人格发展与心理健康

课堂活动 1 我的优势人格（第三章-第三节-二）

请写下自己排在前三位的优势人格，举出例子，并在小组中分享。

	优势人格	事例
①		
②		
③		

课堂活动 2 个人建构发现练习（第三章-第三节-三）

在自己眼中和他人眼中，人格特质可能一致，也可能不同。请根据表中第一列的描述，在第2～4列中填写相应的内容。

项目	自己眼中的我	父母眼中的我	朋友眼中的我
懈怠与努力			
隐藏情绪与表达情绪			
关心别人与缺乏同情心			

项目	自己眼中的我	父母眼中的我	朋友眼中的我
勇于接受挑战与回避挑战			
自我肯定与自我否定			
……			

　　每个人的个人建构是高度个性化的，你可以通过反思自己或向他人请教等方式，列出属于你的人格特质，不断发现哪些是你的核心个人建构。

行动作业

我的一周"诤友"和"密友"（第三章-第三节-三）

　　生活中，提出建设性的意见，见证我们成长的朋友是"诤友"；和我们一起开心，陪我们度过低谷，提供容错空间的朋友是"密友"。在接下来的一周里，请分别站在"诤友"或"密友"的视角给当天的自己做一个简单的反馈，你可以带入真实朋友的视角。

	1. 今天的生活过得如何？愿望是否达成？	2. 如果是"密友"见到你的样子，他会怎样安慰你/夸赞你/帮助你？	3. 如果是"诤友"见到你的样子，他会如何提醒你/督促你/帮你分析利弊/总结经验？
星期一			
星期二			
星期三			
星期四			
星期五			
星期六			
星期七			

课堂活动　大学学习特点大发现（第四章-第一节-三）

　　大学的学习和高中的学习到底有什么不同？请同学们分小组完成讨论，尽可能多地总结出大学学习的特点。

❶

❷

❸

❹

　　各组分享你们的发现：

行动作业　　寻找我的成长型心理模式（第四章-第二节-三）

请回想一件令你印象深刻的克服学习难题的事：

克服这个学习难题的过程中你是怎么想的、如何做的？

在克服学习难题过程中，你拥有哪些成长型心理？

梦想照进现实
——生涯规划与大学生活设计

课堂活动 做有成就感的事情（第五章-第二节-一）

请回顾你过去的生活，列出5件你做过的印象深刻的事情。这些事情不必是惊天动地的大事，只要你真正喜欢做这些事，并且对完成的结果（可以是外在的，也可以是内在的）感到自豪即可，是否受到别人的认可和表扬不太重要。

	事件	想达到的目标	困难之处	用到的技能
1				
2				
3				
4				
5				

这些事情主要发生在什么领域？（学习、工作、人际交往等）

_____

请按照使用频率对你使用到的技能进行排序，你最擅长的是什么？你最喜欢的是什么？

_____

你觉得还需要继续提升的是什么？

_____

你从这些事情中可以了解自己的能力，树立自信。简述你的心得体会。

_____

我的专属大一生活方案（第五章-第二节-三）

生涯规划的关键一环就是把生涯愿景变成具体可行的目标，并在大学期间认真执行，及时调整。这就好比你作为自己的"教育部长"，制订一个符合自己的大一学年度专属方案，并认真回答后面的问题。

目　　标		
时　　间	大一上学期	大一上学期
内　　容		
校内资源		
校外资源		

（1）针对你的专属方案，请思考目标实现的可能性，如果需要改变，有什么替代方案？

_____

（2）当专业学习和自己的规划目标相冲突时怎么办？如何调和？

_____

第六章　我不是孤岛
——大学生的人际关系

绘制人际关系网络图（第六章-第一节-三）

在白纸中心写上你的姓名，围绕中心有几个圆圈（见下图），在每个圆圈内写上不同人的名字，距离中心越近代表与你的关系越近，你可以按照亲近、很近、普通、远、很远等亲疏关系来绘制你的人际关系网络图。

绘制完成后，你可以与身边的同学分享彼此的人际关系网络图。你们可以参考以下问题进行交流。

（1）在你的人际关系网络图中，人员的数量是多少？男女性别比例如何？

（2）这些人中有互相认识的吗？你希望他们具有相同的背景还是具有不同的背景？

（3）哪些人是距离你较远但对你影响很大的？

（4）哪些人是你希望关系可以更近一些的？

（5）哪些人是你遇到烦恼时可以求助的朋友？

（6）哪些人是可以给你带来安全感的？

（7）哪些人可以满足你对于亲密感的需求？

（8）哪些人可以带给你幸福感体验？

（9）你对自己有什么新的发现吗？

姓名

课堂活动 2 感恩生命中的贵人（第六章-第三节-一）

在下表中写出你过往经历中的重要人物（可以是给你积极影响的人，也可以是给你消极影响的人），并写出你感恩的理由。

姓名	带给你的影响	感恩的理由

营造良好关系（第六章-第三节--一）

请同学们在接下来的一周，每天为最想与之改善关系的朋友送出一句赞美；每天花5分钟练习积极倾听对方讲的话，并记录下来。

	我送出的赞美	我积极倾听的话
星期一		
星期二		
星期三		
星期四		
星期五		
星期六		
星期七		

我对自己表现最满意的是：

第七章 爱情密码
——大学生健康恋爱及性心理的培养

课堂活动 我的理想型（第七章-第二节--一）

请列出你最看重的择偶标准，然后在小组中和大家一起交流，反思自己的恋爱观。

序号	我看重的品质	我的反思
1		
2		
3		
4		
5		

爱的精心的时刻（第七章-第二节-二）

请与恋人沟通后，列出他/她喜欢跟你一起做的5种活动，并计划实现时间。

	1	2	3	4	5
活动					
计划实现时间					

第八章 发现情绪的力量
——大学生情绪管理

课堂活动 1　绘制你的心情九宫格（第八章-第一节-二）

请你在下表的每个格中画图，用来代表你近一周的心情。其中，表达积极情绪的有哪些？表达消极情绪的又有哪些？

课堂活动 2　情绪觉察训练（第八章-第一节-三）

情绪记录是一种很好的提升情绪觉察能力的方法，如下表所示，坚持记录一段时间，你会发现你对于自身及他人情绪的觉察和认识能力会有所进步。

情绪种类	体验时间	体验过程	情绪产生的原因	情绪的影响
（示例）开心	早晨	睡到自然醒，听到窗外的鸟叫声	周六休闲精力充沛	打算出门

3件好事（第八章-第二节-四）

接下来的一周，请你在睡觉之前都花10分钟写下当天的3件好事，以及它们发生的原因。这3件事情不一定要惊天动地，可以是一些简单的事情。

	第1件好事（发生原因）	第2件好事（发生原因）	第3件好事（发生原因）
星期一			
星期二			
星期三			
星期四			
星期五			
星期六			
星期七			

第九章 逆境突围
——大学生压力管理与挫折应对

课堂活动 1 我的压力圈（第九章-第一节-三）

1. 在下图所示的大小圈内写下你的各种压力（大圈代表大压力，小圈代表小压力）。

2．分享与交流。

（1）你的压力源有哪些？

（2）它为什么给你带来这么大的压力？

（3）每个压力圈给你的感觉是什么？

课堂活动 2 直面挫折（第九章-第二节-一）

请根据自己的实际情况，填写下表，仔细分析自己面临的挫折。

挫折情境	挫折认知	挫折感受	改变后的挫折	认知改变后的挫折感受
示例：期中考试有1门 课不及格	真倒霉	沮丧	没有复习好	平静

行动作业

赋能行动（第九章-第三节-二）

请根据自己的实际情况，填写下表，积极应对压力或挫折。

近期最大的压力或挫折	压力或挫折的积极面
管理这个压力或挫折的办法有哪些	我打算采取的实践行动

第十章 生命的顽强与脆弱
——大学生生命教育与心理危机应对

课堂活动 1 分享一件有意义的事（第十章-第一节-二）

3~5人一组，组内分享：

（1）自己做过的一件让自己感到有意义或有价值的事情，可以是惊天动地的大事，也可以是一件小事。

_____

（2）未来想做些什么事来使自己的生命变得更有意义和更有价值，可以是很了不起的大事，也可以是日常生活中的一些小事。

_____

课堂活动 2 人生倒计时（第十章-第一节-二）

"人生倒计时"是一个想象的活动，同学们通过这个活动可以更好地体会自己生命的意义，了解自己生命的真谛。

（1）假如现在你得了一种疾病，没有药能够医好你的病，你的生命只剩下一个月，你会在这一个月的时间里做些什么？请将你要做的事情写下来。

_____

（2）5分钟后：假如医生告诉你一个好消息，目前新研制出来一种药可以延长你的生命时间，医生说你还可以活半年。如果你的生命只剩下半年时间，你会做些什么？请将你要做的事情写下来。

_____

（3）5分钟后：假如医生又告诉你一个好消息，新研制出来的药效果很好，可以将你的生命延长到两年，你会在这剩下的两年时间里做些什么？请写下来。

_____

（4）5分钟后，以5~6人为一组，分享当生命剩下一个月、半年和两年时，自己的想法和感受。

_____

走近异常心理
——大学生常见精神障碍及应对

课堂活动 精神障碍知多少（第十一章-第一节-一）

请同学们写下关于精神障碍首先想到的5个词或5句话。

1

2

3

4

5

行动作业 我身边的资源（第十一章-第三节-二）

请大家行动起来，了解所在地区的精神疾病专科医院及有精神科或心理科的综合性医院，具体包括医院的名称、有哪些科室等。

医院名称	我了解到的信息
1	
2	
3	

第十二章 心灵加油站
——心理咨询

课堂活动 身边的心理服务资源（第十二章-第二节-二）

你知道你所在学校的心理咨询服务机构的名称吗？它的具体位置在哪里？它可以提供的服务包括哪些？除了学校的心理咨询服务机构，还有哪些机构和资源可以帮助你解决心理问题？如果不清楚，马上开始行动去了解一下，并填写下表。

机构名称 ＿＿＿＿＿＿＿＿＿＿＿＿＿ 地址 ＿＿＿＿＿＿＿＿＿＿＿＿＿

预约方式 ＿＿＿＿＿＿＿＿＿＿＿＿＿ 工作时间 ＿＿＿＿＿＿＿＿＿＿＿

服务内容和形式 ＿＿＿＿＿＿＿＿＿＿＿＿＿＿＿＿＿＿＿＿＿＿＿＿＿＿＿

心理咨询师的姓名及其擅长的咨询方向 ＿＿＿＿＿＿＿＿＿＿＿＿＿＿＿＿＿

行动作业 心理保健行动计划（第十二章-第三节-三）

请你为自己制订一份心理保健行动计划，可以在小组中与大家分享你的计划，如果需要的话，也可以根据小组交流情况进行调整。

姓名 ＿＿＿＿＿ 主题 ＿＿＿＿＿ 目的 ＿＿＿＿＿＿＿＿＿＿＿

可选择的心理保健形式：＿＿＿＿＿＿＿＿＿＿＿＿＿＿＿＿＿＿＿＿＿＿＿

准备所需的装备或物资：＿＿＿＿＿＿＿＿＿＿＿＿＿＿＿＿＿＿＿＿＿＿＿

确定心理保健的形式：＿＿＿＿＿＿＿＿＿＿＿＿＿＿＿＿＿＿＿＿＿＿＿＿

确定进行心理保健的时间或频率：＿＿＿＿＿＿＿＿＿＿＿＿＿＿＿＿＿＿＿

确定监督者（可选择）：＿＿＿＿＿＿＿＿＿＿＿＿＿＿＿＿＿＿＿＿＿＿＿

特殊情况的处理：＿＿＿＿＿＿＿＿＿＿＿＿＿＿＿＿＿＿＿＿＿＿＿＿＿＿

确定心理保健记录的方式：＿＿＿＿＿＿＿＿＿＿＿＿＿＿＿＿＿＿＿＿＿＿

其他需要安排的事项：＿＿＿＿＿＿＿＿＿＿＿＿＿＿＿＿＿＿＿＿＿＿＿＿

计划的可行性分析：＿＿＿＿＿＿＿＿＿＿＿＿＿＿＿＿＿＿＿＿＿＿＿＿＿

计划执行一段时间后的总结、调整：＿＿＿＿＿＿＿＿＿＿＿＿＿＿＿＿＿＿＿
＿＿＿＿＿＿＿＿＿＿＿＿＿＿＿＿＿＿＿＿＿＿＿＿＿＿＿＿＿＿＿＿＿＿＿

大学时光充满无限精彩，也伴随着成长的挑战。照顾好内心的自己，和学好专业知识一样重要。我们相信，真正的心理健康不是纸上谈兵，更是"体验"和"实践"的一本手册，这本手册就是为你量身打造的课堂内外的"心灵探索伙伴"。

让课堂"活"起来：配套课程教材，每章都为你准备了 1-2 个精心设计的活动，告别枯燥的理论讲解，我们将通过纸笔练习、小组讨论、心理游戏等有趣的方式，让关于自我认知、人际关系、情感世界、情绪管理、压力应对的知识生动起来，真正走入你的内心。

课后也能"动"起来：除了课堂上的互动，手册还为你准备了课后小任务（行动作业）。别担心，这不是沉重的负担！这是留给你自己的探索空间，邀请你把课堂上的启发带入真实生活，尝试新视角，练习新技能，在点滴实践中感受自己的变化，把知识变成你的习惯和力量。

记录你独一无二的成长，记录下活动中的灵光一闪、练习后的真实感受、或者任何你想对自己说的话。这是你独一无二的成长轨迹。

我们希望这本手册能成为你大学生活中一份温暖而实用的礼物。它不仅仅是教材的补充，更是陪伴你认识真实自我、学会关照内心、勇敢拥抱成长的贴心指南。期待你在参与中，遇见那个更从容、更有力量的自己。

祝你探索愉快，收获满满！

当你在学习过程中遇到了挫折时，这恰恰是你在努力的标志，并不代表着失败。面对挫折继续努力，你会积累更多的专业知识。只有让学到的知识与技能在头脑中随时待命，你才能在以后遇到问题时，思路清晰，抓住解决问题的机会。心理学家发现，知识或技能越容易被提取到，就越不容易被记住，相反，你在检索知识时付出的努力越多，就越能深化记忆。你在专注、努力的过程中学到的东西会变得更有可塑性。

培养成长型心理模式并不是自我安慰的口号，而是基于强大的神经科学基础，提高学习的内部动机。你可以从培养"相信自己可以学好，相信自己可以改变"的成长型心理模式开始。

🚩 **课堂活动**

YES AND练习

此活动可以帮助学生增加认知灵活性，对学习中的负面感受进行认知重构，培养成长性思维。

由一位同学先开始，送一个礼物给旁边的同学，这个礼物是其不想接受，觉得困难的处境或问题。第二个同学必须接受，且需要用一种积极的视角来重新看待收到的这个礼物。接下来依次传给其他的同学。示例如下。

A："我要送你一个礼物。"

B："你要送我什么礼物？"

A："我送给你一堂第二天上午8点钟的课。"

B："太好了！正好我可以找到充分理由去食堂吃早餐了！"

第三节 ## 学习无障碍
——应对问题善用策略

本节视频

★ **案例**

图书馆里的佳佳，打开英语书后，叹了口气，打开水杯喝了口水，接着打开手机刷起了微博，过了1小时才发现自己的英语书才看了一页，她只能对着手机叹气："唉，怎么拖延的老毛病又犯了？"这让佳佳非常沮丧，想起昨天在宿舍挑灯夜战的舍友，再看看自己，她更感到焦虑，非常担心自己的成绩会受到影响，而且非常自责，觉得对不起父母对自己的培养和期待。可是当她刚想集中注意力学习时，又发现根本看不进去书了，心想：我到底该怎么做才能避免拖延呢？还是说我根本无法改变自己，注定就是一个意志力薄弱的人？

大学生在学习中会面临哪些问题，又该如何应对？有没有改善拖延，提高学习效率的有效学习策略呢？我们又该如何利用资源帮助自己学得更好？这些内容都是本节关注的重点。

一 No.1 or nothing：学习的困惑与应对

大学学习是大学生活中的重要组成部分，在了解了学习的内在动力之后，相信大家一定想好好调整自己的学习状态，但是在实际执行过程中，却不可避免地会遇到很多困难和障碍。在大学生中学业问题一直处于心理问题排行榜的前列，例如，有的学生对自己的专业不感兴趣，有的学生像案例中的佳佳一样痛恨自己拖延，有的学生出现严重的考试焦虑，还有些学生对自己的学习能力和自我价值产生怀疑，陷入心理痛苦难以自拔。总结来说，大学生在学习过程中遇到的问题和障碍可以分为 3 个层面，接下来，我们一起来一一解读，换一个角度来理解这些困难，探索应对之道。

1. 消极情绪：焦虑与自责

和没有完成复习计划而自责的佳佳一样，我们很容易在学习中产生消极的情绪。比如，觉得学习太难、没有掌握方法、学习进度落后于别人、学习成绩没有达到预期等，这些情况都会引发我们强烈的消极情绪，一般以焦虑和自责为典型的表现。例如考试焦虑，相信很多学生都不陌生，焦虑经常会让人大脑一片空白，表现得更糟糕。有些大学生想要彻底消除焦虑，反而更紧张、更疲惫。其实换一个角度思考，既然难以消除焦虑，那么焦虑的存在有没有意义呢？

焦虑和自责其实是一种提醒："我还在乎学习"。这背后有学生对自己学习的良好期待和关心，表达了一种良好的意图。完全没有焦虑的生活是乏味的，完全没有自责的人生是危险的，其实这些情绪正是我们面对问题的情绪解决方案，我们"决定"通过焦虑和自责让自己更努力来解决当前的困难。在对学习的焦虑有所减轻后，我们就可以理性地看待怎么解决具体的学习难题。本节最后部分给出了多种学习策略，可帮助大家提高学习效率，改善学习状态。

2. 消极行动：拖延或逃避

我们在学习目标执行过程中会不可避免地遇到挫折，而因为不想面对"我不好"的现状，很多学生会对挫折难以忍受，可能会出现第二个层面的问题——拖延或逃避。

> **★ 案例**
>
> 张帅虽然也爱打魔兽世界（一种网络游戏），但是从不敢痴迷，因为他的一个大四的老乡世嘉让他无限惋惜。世嘉也是计算机专业的，大一的时候成绩就不好，到了大二开始学习专业课，他感觉知识更难学。他从大二开始接触魔兽世界，一下子着了魔似的，逃课打游戏。大三的时候，由于他成绩太差，学校发出了退学通知单。

案例中的世嘉正是因为不愿意面对学习成绩在班里垫底时不完美的自己，开始对学习产生愤怒而逃避到游戏里。有的学生会在遇到学习困难的时候开始拖延，不到最后一刻不动手，这样就可以有一个完美的借口——"没做好不要怪我，是因为时间不够"，看似潇洒，其实都是对自己的折磨。不管是逃避还是拖延，其实背后都是在表达"我不想失败"，用消极的行动来对抗对自己的负面评价。所以解决逃避或拖延的行为问题，可以从理解自己、降低自我批评入手，从让自己有成就感的小事情上开始行动，一点点改变。

3. 消极习惯：习得性无助

如果学习表现持续不佳，挫折连续出现，我们就容易变得失望和抑郁，出现更消极的后果——习得性无助。

一个人遭受的打击过多，可能会觉得自己注定学不好，甚至是个一文不值的人，变得习得性无助，破罐子破摔。其实我们的无助感并不是天生的，而是面对连续打击的一种自我保护。而如何才能有所改变呢？关键就是认识到习得性无助是一种行为的泛化。例如，某个学生在数学方面持续失败，只能说明这个学生可能并不擅长学数学，并不能说明这个学生不擅长学习。当一个人在某个方面出现习得性无助的时候，如果他能从其他方面重新找到自己的位置，或许能重新树立自信，而一味地自我否定，可能会导致抑郁，甚至伤害自己。

大学生在努力学习和成就自我的路上，面对不同层级的学习困惑，如何才能提高自己抵御挫折的能力呢？首先，要知道自己真正想要什么，寻找真正感兴趣和重要的事情，这样在做事情的时候才能更专注；其次，把学习的目的调整成为个人成长而学习，把关注点放在掌握知识上，而不是证明自己上；最后，也是最重要的，就是放弃完美主义，允许失败，给自己更多的接纳和欣赏。

习得性无助实验

二　To do or not to do：与拖延症做朋友

> **★ 案例**
>
> 池子是大二的男生，有一天他午睡醒来后发现，全宿舍就剩自己一个人了，他躺在床上想，后天我就要交论文了，我接下来要干什么？思来想去定不下来，最终用抛硬币的方式来决定，正面朝上去看美剧，背面朝上去打游戏，硬币立起来就去自习室写论文……

人类正是因为拥有理性，才和动物区分开来，但实际上，人类存在很多非理性的行为，拖延就是典型的非理性行为，比如，池子看似给自己列了"写论文"的选项，但是"硬币立起来"的条件就给自己拖着不写论文找了一个能够心安理得的理由。图4-4形象地描述了大学生在拖延过程中的心路历程：拿到任务并不是立即开始着手做，而是先做很多无关的事情，然后进入恐慌区，接着是哭着在最后期限到来之前把任务完成，结束后捶胸顿足地警告自己下次不能再拖延了。

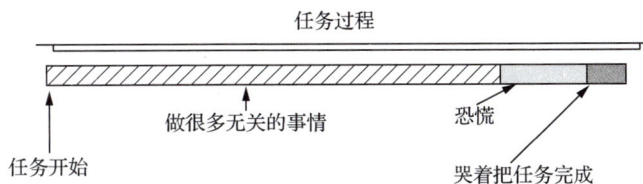

图 4-4　任务拖延发展示意

1. 拖延的生理机制

完成每一项作业和计划就像完成游戏中的进度条。设置合理的目标、及时开始、努力坚持都是在推进进度条，但是在推进的过程中，存在各种诱惑，稍不注意就容易分心，以致拖慢进度条。为什么人们愿意为了眼前的小诱惑而放弃本来完美的计划和长远的收获呢？

（1）奖励承诺系统和多巴胺

现代神经科学家奥尔兹和米尔纳在人的大脑中发现了奖励承诺系统，每当大脑的这个区域受到刺激时，其就会释放多巴胺，促使人产生期待："再来一次!这会让你感觉良好!"多巴胺这种神经递质具有强大的魔力，很容易让人沉迷于一些诱惑，欲罢不能。当人们知道用手机上网就可能收到新消息、下一个视频有可能让自己捧腹大笑时，就会不停地点击，忘了还有进度条这回事。

（2）自控力消耗能量

人们总希望通过一些方式来帮助自己抵御诱惑，你都用过什么方式呢？如切断网络、卸载游戏、远离寝室等，这些都是自控力在发挥作用。自控力其实是一种帮助我们在面对诱惑时，稳定心率，三思而后行的能力。但自控力要抵御的不是外在的诱惑而是内心的冲突，当池子掏出硬币的时候心里非常明白，自己应该努力让硬币立起来，但是大脑不断地说"我想玩会"，这种冲突需要他付出大量的心理能量，而这正是让他失控的关键。如何才能打破这个魔咒，提高自己的自控力呢？

自控力其实更像一种身体生理指标，而不是人格因素，而且几乎每个人都拥有自控力。心理学家沃尔特·米歇尔通过对孩子进行棉花糖实验发现，在四五岁时，人们就拥有延迟满足，以期获得更大的长期收获的能力。但是自控力对大脑来说是一项非常耗能的工作，当大脑感到能量不够时，总是倾向于在完全失去能量之前关掉自控力而保存实力。我们提高自控力就是要训练自己相信"我还有实力"。长跑运动员都知道当第一次疲惫来临时并不是真的疲惫，撑过这次疲劳之后还能获得新的进步。运动是锻炼自控力最好的方法，一项研究发现，改善心情、缓解压力最有效的锻炼是每次5分钟，而不是每次几小时，任何能让你离开椅子的5分钟的活动都能提高你的自控力储备。此外，充足的睡眠也能起到类似的效果。推进进度条的过程，极佳的方式不是过完全隔离诱惑的生活，而是努力保持身心愉快的生活，加强运动。

2. 拖延背后的原因

拖延对很多人来说就是一场噩梦，让人们痛恨又无奈，品尝"明明给自己定好的计划总是不能完成"的苦涩滋味。然而，人们为什么会拖延呢？表4-6列出了大学生拖延的主要原因，具体来说，有些拖延和我们对任务本身的看法有关，比如，认为任务太简单、太困难或者没有用；有些拖延和我们对自己表现的评价有关，比如，觉得自己做不好，要求完美；有些拖延和我们的精力有关，比如，太累了，或者追求最后期限带来的挑战；有些拖延则和我们与他人的关系有关，比如，为实现某些目的的拖延等。

表4-6　拖延的类型和背后的原因

拖延的分类	拖延的原因	举例
与任务有关	问题太简单或没意思	背单词
	问题太难了	做高等数学题
	任务没价值	洗衣服
与评价有关	害怕别人对自己做的工作给予消极的评价	写论文
	完美主义	不断修改自己的设计方案

续表

拖延的分类	拖延的原因	举例
与精力有关	追求最后期限来临前的兴奋和创造力	最后一小时赶读书报告
	过于疲惫	精力耗尽了，再也不想努力了
与关系有关	干得快了就会被安排更多任务	小组合作
	避免被控制	这个老师太不通情理，坚决不按时交作业
	社交需要	同学都拖延，我不拖延没朋友

当然，以上对拖延的简单分类并不能涵盖所有的情况，但是它可以帮助我们分析和评估自己拖延的具体原因与情境。

3. 和拖延做朋友

解决拖延并不是在任何情境下永不拖延，而是了解自己的拖延原因，学会和拖延相处，制订不同的解决方案，降低拖延带给自己的负面影响。

（1）应对与任务有关的拖延

任务本身的特点会引发拖延行为，任务太简单让人很容易失去兴趣，太难又让人很容易陷入挫败，无意义无价值则让人难以持续投入。与任务有关的拖延，其实是一种反馈，帮助人们了解自己的兴趣和能力倾向，适时调整决策方向。例如，案例中池子的拖延行为，如果与写论文的任务有关，那么他就需要优先确认自己是对所有的论文写作都拖延，还是对某些科目，如果是特定的科目，那么拖延恰恰反映了他对该学科的兴趣有限，在做未来规划的时候，他可以考虑选择其他更不拖延、更有兴趣的学科深入学习。

（2）应对与评价有关的拖延

如果拖延持续的时间比较长，形成习惯性拖延，则往往和我们对自己的评价或者完美主义倾向有关。如果个体发现自己尝试了很多对抗拖延的方法效果并不明显，这时候就可以尝试结构化拖延法。斯坦福大学的哲学教授约翰·佩里根据自己多年来的拖延经历提出了结构化拖延法，他认为"拖延者完全可以利用拖着不干正事的心态，完成很多有意思且有意义的事情，从拖延者直接变身高效能人士"。也就是说，并不一定要改变自己拖延的习惯，而是利用这种"习惯"反其道而行之，完成任务。结构化拖延法具体包括以下内容。

第一条：拖延的人并不是一无是处。如果不相信，你可以想想自己在拖延某件事的时候是否完成了很多其他的事情，比如，喂鱼、把好久没有收拾的宿舍好好打扫了一遍，你还获得了个"勤快"的雅称。

第二条：把你必须完成的任务按照重要性和紧急性排序，列一个清单，把最紧急、最重要的事情排在最前头，把一些很重要的事情排在后面。

第三条：最关键的一条，拖着清单最上方的任务不做，开始完成后边的任务。

第四条：直到下一个更紧急、更重要的任务登上最上方，你就可以拖着新任务，完成原来的重要任务了。

结构化拖延法把拖延当成个体的一个特点和行为习惯，降低了对拖延问题的负面评价，看似是一种阿Q的精神，却暗示着一种主动建构的价值观，帮助人们换个视角看当下的问题。

（3）应对与精力有关的拖延

有的时候拖延和精力有限相关，"心有余而力不足"，应对这种情况下的拖延行为，一味地要求速度和效率可能适得其反。个人可以根据自己的注意力情况找到适合自己的精力管理方案，例如，每集中注意力学习1.5小时，休息15分钟，做冥想、呼吸训练，或者做其他的任务。另外，设立有意义的休整计划保证恢复。还有5分钟起步法，有时候我们在做事情时会感到自己不在状态，此时只要再坚持5分钟就会产生一个新的良性循环。

有些拖延和追求最后期限的刺激感有关，其实最后期限是有功能的，最后期限带来的压力可以促进个体集中注意力，促进任务的完成。但是一味地追求最后期限可能带来任务堆积，不同任务之间相互干扰，难以保证效果。其实改变因追求最后期限的拖延问题，不一定要提前着手，而是可以把任务分解，设置多个最后期限，这样既保证了追求最后期限的刺激感觉，又避免了最后期限的任务堆积。

（4）应对与关系有关的拖延

与关系有关的拖延，往往是主动的拖延，具有某种人际功能，如果不严重，大部分不用调整，如果确实影响学习效果，或许可以深入探索拖延背后的意图，改善人际关系中的沟通方式，与他人真诚交流，而不必采用拖延的方式才能达到目的。

以上所述并不一定包含拖延的所有情况，但提供了一种解决问题的系统思路，那就是不期待用一种方案解决所有问题，而是要回到问题出现的情境中去寻找解决方法。

三　巧用规律巧办事：有效的学习策略

拖延只是学习困难的一种，面对学习中的各种难题，采用不同的方法和策略非常重要。学习策略是指学习者为了提高学习的效果和效率，有目的、有意识地制订有关学习过程的复杂方案。说到底，学习与大脑的重要功能——记忆相关。大学阶段的学习不仅包括专业学习，也包括大学生自主选择的非专业学习，比如，考某种技能或专业资格证书，这类学习更需要大学生掌握有效的学习策略。

1. 检索学习

所有信息进入大脑都需要先经过筛选登记，没有登记的信息很快会被遗忘。很多学生的首要学习方式就是反复阅读，反复的次数很多，甚至产生我已经对这个知识很熟悉的错觉，一到考试的时候却发现自己记得并不牢靠。其实，有效的学习策略就是检索学习，而考试就是不断地帮助我们从记忆中检索相关的知识和技能，并加以运用的过程。大学生要进行自我测验，而不只是机械地阅读记忆，判断自己学到了什么是强化自主学习效果的重要方法。

✎ 自助训练

检索学习练习

你在读书或者复习笔记的时候，请你合上书本问自己以下几个问题，运用检索学习提高学习效果。

- 此段落的核心概念是什么？
- 哪些术语或者概念是我没有接触过的？
- 我可以如何定义它们？
- 这些概念和我以前的知识有什么联系吗？

如果答案是否定的，请继续回到书中相应的部分加强记忆。

2. 间隔学习

是1天之内花3小时集中学习的效果好，还是每天1小时、连续进行3天的间隔学习效果好？2020年，北京师范大学的李葆萍和同事一起做了一个在线学习的实验，为我们进行了解答。

研究者以参加C语言学习的74名大一学生为研究对象，开展课堂教学和课后软件练习的学习方式。研究者在教学过程中把学生分成两组，实验组38人，为短时间间隔组，设置学生每次练习时间间隔不大于5天；控制组36人，为长时间间隔组，设置学生每次练习时间间隔不少于5天。在学习内容相同、练习总时长和前测无显著差异的前提下，经过一学期的学习，采用短时间间隔的学生在平时学习表现（答题正确率、总正确率）、阶段性学习表现（期中成绩）和最终学习表现（期末成绩）上均显著优于采用长时间间隔的学生，从效果来看，这种优势伴随着学习过程的推进越来越明显。

间隔学习比集中学习的效果更好，这是因为长期记忆存储信息需要一个巩固的过程，这个过程可能需要数小时，甚至数天。快速频繁练习，只能产生短时记忆；间隔学习，虽然会有一些遗忘，但是重新复习、检索所学的过程，会促进知识巩固，强化记忆。在当前线上学习不断普及的今天，理解间隔学习的意义，目的在于提示大家不必追求大块完整的学习时间，而是可以利用间隔学习的方法给自己制订一份每日学习计划，在每个学习阶段都留出一段时间间隔，之后再进行自测，寻找那些可能被你遗忘的知识，重新进行检索学习，这会让你记得更牢。

3. 联系学习

大学阶段的专业课程之间都存在一定的联系，这个学期的课程可能与上个学期某个课程的内容密切相关，所以大家在学习过程中要尽可能主动思考，加深对所学内容的理解。主动与以前所学的知识相互联系是不错的学习策略。东尼·巴赞创立的思维导图体现了长时记忆存储信息相互联系的特点，从一个思考中心出发，向外散发各种主题节点，充分利用不同的颜色、图像、记号等手段调动左右脑来加深记忆（见图4-5）。

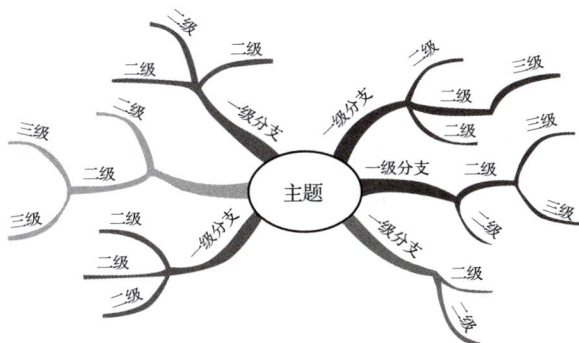

图 4-5 思维导图示意

除此之外，长时记忆存储信息还有形象化的特点，对于某项技能或者梦想，视觉化是一个非常重要的学习策略，能够帮助人们克服困难和实现目标。具体来说，你可以在大脑中尽可能详细地想象某个技能，这个想象在大脑中激活的神经通路和实际做的时候一样，多次想象练习后可以达到学习的目的，比如，飞行员、运动员进行的模拟训练。

⚑ **课堂活动**

视觉化——为梦想插上翅膀

　　闭上眼睛，深呼吸，在大脑中想象一个梦想中的场景，尽可能详细地"看到它"。你当时在哪儿？是什么场景？你有什么感受？保持这种感受……往回看，看到现在的你，正在为实现梦想而努力，你知道这个过程不是一帆风顺的，你会遇到什么困难？尽可能详细地"看到它"，给自己信心和鼓励，正是你不懈地努力才走到实现梦想的这一刻。你克服了这个困难……

　　做完以上的练习你有什么感受？＿＿＿＿＿＿＿＿＿＿＿＿＿＿＿＿＿＿＿＿＿＿＿＿＿＿＿。

　　做完以上的练习你有哪些发现？＿＿＿＿＿＿＿＿＿＿＿＿＿＿＿＿＿＿＿＿＿＿＿＿＿＿＿。

　　注意：在想象的过程中尽量感受自己的情绪，同时尽可能详细地想象实现梦想的过程，特别是克服困难的过程。

4. 优秀学习习惯清单

　　大学阶段的学习，更重要的是养成优秀的学习习惯，自主设计并完成既定的学习任务。这需要我们刻意练习，不断反思，付出努力。彼得·布朗在《认知天性》一书中结合多项认知心理学成果，提出了以下优秀学习习惯清单，对有效的学习策略进行了总结，大家可以将自己原来的学习模式与下面的学习策略进行对照，找出自己的薄弱环节，主动进行调整。

　　（1）上课前要阅读相关材料。

　　（2）在阅读材料的时候，给自己出模拟考试题，并尝试作答。

　　（3）在课上努力回答这些假设性问题，从而验证阅读内容的记忆效果。

　　（4）复习时找到那些记不清或者不知道的术语，重新学习。

　　（5）在阅读笔记中抄写重点术语和定义，确保自己能够理解。

　　（6）做模拟测试题，找出自己学习中漏掉的概念，重点学习。

　　（7）用自己的方式（可以是思维导图）把课上的信息重新组成一份学习指南。

　　（8）写出复杂或重要的概念，不时地进行自测。

　　（9）在整个学习过程中，把复习和练习间隔开。

　　（10）对于需要创造性学习的内容，不要设限。

📝 **本章思考题**

　　最近开始写论文的李斯比较困惑，他自认为学习非常认真，老师上课提到的概念自己都知道，但是写论文的时候总是没有思路，他在网上搜索大量相关的论文也无济于事。他非常困惑："我是怎么了，为什么学了很多，想用的时候完全用不上呢？"

　　请思考有效的学习策略，结合自己的经验谈谈如何进行有意义的学习。

本章重点知识梳理

本章推荐资源

第五章

梦想照进现实
——生涯规划与大学生活设计

　　生涯规划不仅仅是求职找工作，大学生要把握好全局和局部、当前和长远、宏观和微观、主要矛盾和次要矛盾、特殊和一般的关系，而且要思考自己想干什么、自己能做什么，生涯规划越早开始越好。如何把生涯规划与我们的生活联系起来？本章将和读者分享有关生涯规划与大学生活设计方面的内容。本章学习目标如下：

- 了解生涯和生涯规划的概念；
- 掌握自我探索的方法，对自我进行反思；
- 理解生涯适应力，提高自己应对多变生涯的能力；
- 制订自己的校园学习和生涯发展计划；
- 培养职业素养和塑造核心能力群。

学姐的简历

　　佳琪这个学期在学校就业中心实习。她要帮助中心的老师整理毕业生简历和布置面试会场，因此，她有机会见识很多简历。她看到每次面试结束后被淘汰的一大摞简历，很是感慨。尽管竞争激烈，但是一名叫张红的学姐获得了多家单位的青睐。佳琪看了她的简历，写得简洁朴素，每个学习项目和活动都有很多数据支持，是这些数据帮助她获得成功的吗？自己在大学中应该培养何种能力呢？

第一节　描绘人生
——生涯规划概述

本节视频

　　可能大一的学生还在纠结怎么培养对专业的兴趣、是否要转专业等问题，但是看到学姐简历开始好奇成功原因的佳琪，已经开始思考生涯规划问题了。别人的经历很难直接复制，大学生该如何结合自己的实际情况，制订切实可行的规划，并把规划转化为行动呢？为找到这些问题的答案，大学生需要理解生涯、生涯规划等概念，澄清对成功的理解，做好进行生涯规划的心理准备。

一　职业与事业：生涯、生涯规划及生涯愿景

1. 生涯

　　美国生涯理论专家萨伯把职业与其他生活如休闲、退休等发展相统一，将生涯定义为"生活中各种事件的演变方向和历程，包括人一生中的各种职业和生活角色，以及由此表现出个人独特的自我发展类型"。从生涯的角度看自己的职业发展，职业生涯是有意义的相关工作经验的系列组合，是指职业、职位的变动及工作理想实现的整个过程。由此可见，生涯更像人一生的发展过程，正是因为工作占了我们大部分的时间，所以职业生涯是生涯的重要组成部分。

　　萨伯的生涯发展理论把人们的生涯分为成长（4～14岁）、探索（15～24岁）、建立（25～44岁）、维持（45～64岁）和衰退（65岁以上）5个阶段，每个阶段具有不同的发展任务。大学生正处于生涯的探索期，需要在学习、休闲活动，甚至一些工作经验中进行自我探索和职业探索，并做出最初的职业选择。大学生在高中阶段只是粗浅地接触生涯教育，大学时期是生涯探索和生涯建立的关键期，大学生不用被繁重的工作、复杂的关系和家庭的责任所累，是进行思考、探索的黄金期。

2. 生涯规划

　　佳琪和舍友晶晶大一就选修了生涯规划课，很多学生认为大一就考虑这个问题有点早，现

在制订的计划能执行到大四吗？如果不能从一而终，那么该做什么样的生涯规划呢？

黄中天教授认为，生涯规划是有目的、有计划地设计不同的人生阶段，在考虑个人的智力、性格、价值，以及阻力和助力的前提下，做出合理的安排，并且借此调整和摆正自己人生中的位置，以期自己能适得其所，获得最佳的发展和自我实现。由此可见，生涯规划不是简单地制订计划，按日程表行事的机械过程，而是包含对自己、对职业的理解和探索，有能力做出决策，执行决策的灵活行动过程。

延申阅读

3. 生涯愿景

一个人在进行生涯规划之前，要树立自己的生涯愿景，思考自己的生涯目标，确定属于自己的关于成功的想象。当然，真正的成功往往是多元化的。成功可能是你创造了新的事物或方法，可能是你为他人带来了快乐，可能是你在工作岗位上得到了别人的信任，也可能是你找到了回归自然的生活方式。每个人的成功都是独一无二的。罗曼·罗兰认为"成功就是发挥了自己所长，尽了自己的努力之后，所感受到的一种无愧于心的收获，而不是为了虚荣心和金钱。"

对你来说什么才是成功呢？让我们一起来做一个游戏，穿越到未来去看看你心中自己的模样。

🚩 **课堂活动**

生涯幻游

请跟着我开始一段时光穿梭的冥想，看看未来的你。

请你尽量想象10年后的情境，越仔细越好。

请扫描旁边的二维码，仔细收听引导语，或者在老师的带领下完成本次生涯幻游体验，之后与小组的同学分享自己的感觉。

扫一扫

生涯幻游

（1）分享10年后的自己。你在幻游中看到或者听到了什么？有什么感受？

（2）你最喜欢10年后生活的哪个部分？为什么？

（3）在幻游中，你想到的是什么职业？跟你现在的学习有什么关系？你可以通过什么途径获得那样的生活？

二 阶段发展：大学生生涯发展任务

在上面的练习中，大家看到的愿景可能与自己当下的生活非常匹配，也可能契合度并不高，不管具体情况如何，落实愿景的关键就是回到大学生活本身，明确自己的发展任务，创造愿景可以实现的机会。从生涯发展的角度看，大学生活分为生涯适应期、生涯探索期和生涯决定期3个阶段，每个阶段均有生涯规划和个人成长两方面的任务。

1. 生涯适应期

大学一年级是生涯适应期。大学生经历了从梦想到现实的过程，在这个阶段的主要任务是"适应"，注重培养对大学的认识和对未来职业的设想。具体任务包括以下两个方面。

（1）学习方面的任务

① 了解专业发展（了解专业培养方案，通过校友毕业去向了解可能的职业方向）。

②改变学习策略（制订适合自己的学习计划和时间管理）。

③学习使用学校资源（图书馆、实验室、各种专业比赛、校友论坛等）。

④社团工作（发展与人交往和团队合作的能力）。

（2）个人成长方面的任务

①探索个人兴趣和价值观（发现自己的兴趣，同时避免在众多兴趣中迷茫）。

②自我适应（包括适应现在的生活、克服自卑情绪、正确定位、培养自理能力）。

2. 生涯探索期

大学二三年级是生涯探索期。大学生对自己的专业和兴趣的了解有所增加，开始进行职业的探索，需要经历从学业到工作尝试的过程。大学生在这个阶段的主要任务是"尝试"，注重职业生涯的实践。具体任务包括以下两个方面。

（1）专业发展方面的任务

①专业学习（着重专业核心能力的培养，根据生涯方向，考取相关证书，开展实验室实习、专业比赛等）。

②了解职业（了解相关专业对应行业发展的新进展和新趋势，并且保持更新）。

③辅修、选修、转专业（衡量自己的兴趣和能力，做出选择）。

④职业目标确定与规划（探索工作或进修的实际要求，并与自己的兴趣特点相匹配）。

⑤缩小与职业目标的差距（展开与职业发展相关的实践）。

⑥兼职和实习（注重选择的质量与金钱管理）。

⑦主动参加各种活动以增加偶然机会成功的可能性（参与专业比赛、讲座、活动等）。

（2）个人成长方面的任务

①进一步了解自己的兴趣和价值观。

②发展与职业生涯相关的能力（注重在活动或兼职中发展自己的能力，特别是发展团队合作、时间规划等能力）。

③培养创新意识和同理心（在工作中发现自己的独特价值，自我关照并能从他人的角度考虑问题，发展对他人的信任及亲密关系）。

3. 生涯决定期

大学四年级是生涯决定期。大学生不管是工作、考研还是出国深造，都要在这一阶段做出决策。大学生经过前面的大学二三年级生涯探索期，在这个阶段要走过从尝试到实战的历程，因此，这个阶段的主要任务就是"理性决策"。大学生要能够根据自己的需求及社会的形势做出适合自己的生涯决定，同时理解这次生涯决定是人生众多决定中的一次，重要但不唯一。具体任务包括以下两个方面。

（1）生涯决定方面的任务

①掌握求职技巧（收集、使用信息，写简历，学习着装礼仪，做好面试准备工作，面试后采取合适的行动）。

②寻求、整理就业相关的有效信息（相关的求职、考研和出国等信息）。

③了解不同地方、行业、学校、专业可能的发展前景和利弊。

④做职业选择（理性选择并对选择负责）。

⑤做好各类选拔考试的准备（包括知识、心理和考试信息的准备）。

（2）个人成长方面的任务

① 理解工作或者深造对恋爱关系和生活的影响（学习处理事业与爱情的关系，考虑自己多种生涯角色的平衡）。

② 培养积极心态（在毕业季保持乐观，自我鼓励，减少心理内耗）。

③ 保持健康作息（在出国、考研或找工作的过程中保持健康的作息，坚持运动）。

④ 适应工作或新的环境（提高工作能力，适应新环境的时间安排，适应研究生/工作者的角色转变）。

⑤ 规划以后发展（分析此次生涯决定对下次规划的影响，再次进行自我探索、工作探索，为下一次生涯选择做准备）。

同学们在大学期间，需要以发展专业和职业认同为核心，全面了解这些具体的生涯发展任务；充分探索自己在专业学习、校园生活、社会实践的全过程，在具体的发展任务中找到与自己生涯愿景的结合点，并以此为参照规划自己的生涯，不断明确生涯规划意识，培养职业素养。

延申阅读

箭派与纸船派：掌控自己的生涯

三　规划宝典：生涯规划的基本步骤

生涯规划的具体过程与不同生涯理论的发展密切相关，不同的理论都试图从某个视角来解读生涯规划的过程。例如，特质因素理论强调生涯规划和生涯指导就是帮助人们进行个人与职业的匹配；生涯发展理论认为生涯规划就是帮助人们发展稳定和成熟的生涯自我概念；信息加工理论强调生涯决策流程的科学性；生涯建构理论强调生涯规划就是不断在叙述中发现个人的生命主题，发展生涯适应力的过程。彼得森、桑普森和里尔登等人提出的信息加工金字塔模型（见图5-1）对于生涯规划的步骤进行了明确的阐述，这个模型涵盖做出一个科学的职业生涯选择所涉及的各种成分，相信能帮助大学生理解如何进行生涯规划。

信息加工金字塔模型底部称为知识领域，包括自我知识和职业知识两部分：自我知识包括了解兴趣、能力和价值观等；职业知识包括了解特定的职业、社会环境等。中间是决策技能领域，是指能够整合自我知识和职业知识，做出适合自己的决定。最上层是执行加工领域，这个领域中的重要技能是元认知技能，也就是对自己在做什么进行反思，检验并调整自己的决策。参照这个模型，我们可以确定生涯规划的基本流程（见图5-2）：①明确个人生涯愿景；②自我探索与评估（分析自身情况）；③职业探索与评估（考虑眼前机遇和制约因素）；④确立发展目标；⑤设定生涯发展路径；⑥制订行动方案；⑦实施、评估、反馈和调整。

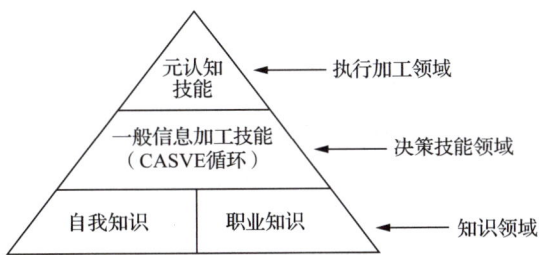

图 5-1　信息加工金字塔模型

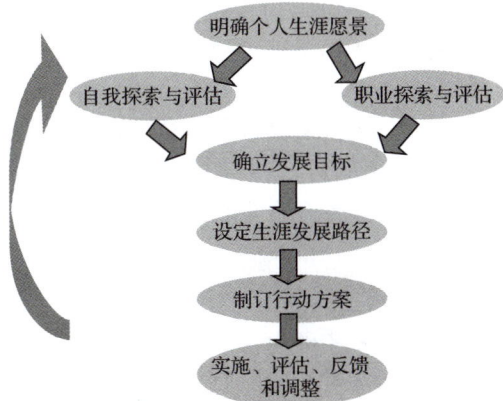

图 5-2　生涯规划的基本流程

生涯规划的第一步就是要明确自己的愿景和理想，清楚自己真正的内在需求。

接下来的步骤就是进行自我探索与职业探索，在综合二者的基础上确立符合自己实际情况、符合职业世界现实的发展目标，并设立生涯发展路径，制订行动方案，主动实施，最后还要根据现实的反馈，重新评估和调整方案。

信息加工理论中的生涯规划流程强调的重点就是"循环"，当情况发生变化或者方案经过评估并不适合自己的需求时，就要重新考虑自己的愿景，再次启动整个规划过程。需要提醒的是，在当前多变的社会环境中，人们明确生涯发展路径变得越来越困难，在整个生涯规划过程中，人们越来越容易受到机遇和社会大系统的影响。所以大学生在做生涯规划的时候，不是制订一个明确的发展路径，而是充分地探索，发展自己的生涯能力。

第二节　做自己的"教育部长"
——校园生活探索与设计

本节视频

案例

一家知名的互联网企业要招暑期实习生的消息，让张帅所在的宿舍沸腾了。宿舍中的所有学生都投了简历，但是除了李斯和张帅，大家都铩羽而归，舍友不由感叹："人家李斯学习好被录用没得说，你说张帅，凭什么能被录用？唉！"大家有所不知，张帅在应聘这家企业的实习生之前，先对企业招聘的具体情况做了了解，并根据招聘要求在简历上下了功夫，除了认真填写对方要求的表格，还附上了一个自己制作的视频简历，从而脱颖而出。

制作简历是求职过程中的关键环节，简历中所写的丰富内容是大学生在生活中充分探索和了解自己的成果。刚步入大学校园的大学生需要做好自己的"教育部长"，针对自己的特点和优势，制订属于自己的独特发展计划，不断磨炼和提高自己的能力，这些都是大学生设计校园生活的主要内容。

一　发现自己：职业自我探索

大学生不能凭空给自己的简历编出亮眼的成绩单和实习经历，也不能千篇一律地用"积极乐观、善于团队合作"来描述自己的性格优势。做好自己的"教育部长"的第一步就是充分探索和了解自己，发现自我的特点和优势。

1. 自我探索的内容

关于自我探索的内容，大学生要面对一个实际的问题，就是自我所涵盖的内容太多了。进行职业自我探索到底该探索哪些方面呢？一般来说，人们在具体思考与职业相关的问题时，往往会聚焦于以下几个问题。

我喜欢从事什么职业？我想过怎样的生活？

我能做什么样的工作？

我愿意在什么环境下工作？

对以上问题的回答反映的是个人对兴趣、价值观、能力、潜力、性格、偏好的看法，张进辅老师认为这些内容对自我探索非常重要，构成了自我探索的职业导向系统、职业动力系统和职业功能系统。

（1）职业导向系统

职业导向系统包括价值观、世界观和职业伦理。这些成分引导人们去选择特定的职业、追求职业目标、接受和内化职业价值、建立正确的职业角色，以及努力获得职业成功，其中价值观是关键。

（2）职业动力系统

职业动力系统包括需要、动机、兴趣、信念和理想等成分。这些成分推动和维持人们努力克服各种困难，实现职业目标，实现职业成功，其中兴趣是核心。

（3）职业功能系统

职业功能系统包括气质、性格和能力等成分。这些成分保证人们能胜任特定的职业，同时适应职业要求，并实现职业与生活的平衡，其中性格是基础，能力是保证。

综上所述，大学生在进行职业自我探索分析时，可以参照图5-3所示的内容，聚焦探索自己的兴趣、价值观、能力和性格。

个人的兴趣是最好的动力源泉，帮助自己进行职业聚焦，因为这些职业最可能做长久；个人的价值观可以帮助自己明确到底看重职业的何种价值，是自己对终身追求及工作与生活平衡的思考；个人的能力决定了自己适合的职业范围，以及是否符合职业的要求；个人的性格（就是人格特质）决定了自己能否适应工作环境，是否感到舒适。

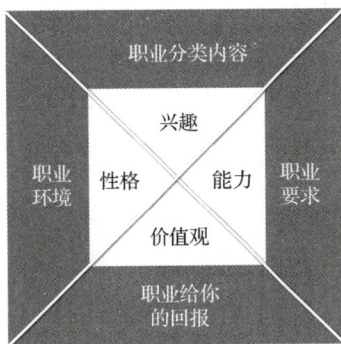

图 5-3 职业自我探索分析

2. 自我探索的途径

自我探索不是简单地反思，大学生应该从各种渠道全面地了解自己，具体可以通过自我觉察、他人评价、专业测评与咨询、自身成就、实践活动等多种途径来实现（见图5-4）。

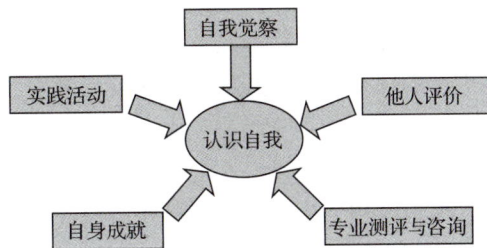

图 5-4 自我探索的途径

（1）自我觉察

自我觉察的前提是"非评判"。你只有对所有的发现不妄下评判才能有更多发现，过早过多地评判都会打扰自己的反思，并带来大量的情绪困扰。

（2）他人评价

旁观者清，他人的评价对了解自己非常重要。可能有些学生会担心朋友、家人不表达真实看法，其实，只要你强调他们观点的重要性，大部分人会给出建设性的意见，所以你必须说清楚你的要求并表现出诚意。你可以通过当面提问、发送邮件和信件、打电话或在线聊天等多种方式来获得他人的意见。

（3）专业测评与咨询

许多书籍、网站、期刊，包括本书，都会提供一些问卷和量表，从这些测试中获得信息，可以帮助大学生了解自己的喜好、价值观和个性特点。但是对于这些测试的结果，大学生需要特别小心，它们只能作为参考。除此之外，大学生可以通过职业咨询和心理咨询专业机构来获得专业的测评与咨询，以便更好地了解自己。

（4）自身成就

那些过去做过的成功的事情，哪怕再小也蕴藏着你的能力，而且很可能是你的兴趣所在，符合你的价值观和偏好。

（5）实践活动

对每个大学生来说，只有拓宽自己的活动领域，在更广阔的空间中做事情，才能获得更全面的信息，比如，社团活动、实习、参观、志愿活动等。在这些新的活动领域中，你可能会获得不同寻常的对自我的洞见。

二　发展自己：提升生涯适应力

世界经济论坛发布的《2025年未来就业报告》预测，到2030年，22%的就业机会将面临调整。面对变化，生涯规划的重要意义就是真正提高了一个人的生涯适应力。萨维卡斯认为，生涯适应力是个人应对社会变化，保持与环境和谐的心理资源。它让我们面对可以预测的任务，尽力去准备，并为不可预测的改变留出空间。他认为生涯适应力应该包含生涯关注、生涯好奇、生涯控制和生涯自信4个方面的内容。

1. 生涯关注

生涯关注是指一个人对自己的职业生涯开始关注，能尽量关注未来可能的变化，通过合理的思考与计划，为未来做准备。

2. 生涯好奇

生涯好奇是指一个人对自己和职业保持好奇，愿意尝试和冒险，收集尽可能多的信息，开始更多的探索行为，并对变化保持好奇心。

3. 生涯控制

生涯控制，包括决策和自我监控，是指一个人能够拥有选择未来的权力，设定目标，做出选择和行动。

4. 生涯自信

生涯自信是指一个人直面生涯过程中的困难并努力克服，实现职业理想。提高解决问题的能力，又对改变保持开放，正是生涯适应力的核心所在。

心理自测

生涯适应力测试

三 提升自己：目标和时间管理

很多大学生希望在了解自己的基础上能有所改变，不断发展自己的能力，但是在实际行动中，却会出现设定的目标难以实现、时间总是不够用等困扰。接下来，我们就和大家讨论如何设定合理的目标，避免目标设定中的缺陷，有效管理自己的时间，提高自信。

1. 目标管理

目标是保证任务完成并达到结果的一种手段。大多数人都有能力设立目标，但是有些人会因为设立目标要花费时间和精力，或者害怕面对不确定的状态，而不愿意设立目标。一个人如果没有生活目标，那么他只能享受短暂的快乐，不可能持续感受到生活的美好。

按照目标完成时间的长短，我们可以将目标分成不同的类型。大学生可以根据不同的目标类型采取不同的目标管理方法。表5-1列出了一些建议，供大学生参考。

表5-1 不同目标类型的管理建议

目标类型	管理建议
长期目标	涉及个体想要的生活类型，与事业、婚姻、生活方式有关。大学生在大学期间应保持这些目标的宽泛和灵活，进行更多的探索
中期目标	涵盖今后5年左右的时间，包括寻求的教育类型、对事业的规划。个体对这些目标有较大的控制能力
短期目标	可以从下个月开始到一年以后。个体可以设立非常实际的目标，并努力实现它们
小型目标	涵盖一天到一个月的所有事情。个体对这些目标具有很强的控制能力，应该使它们详尽、明确
微目标	涵盖从现在开始15分钟到几小时的时段。实际上，只有这些目标是个体可以直接控制的

对中长期目标来说，大学生需要设立自我和谐的目标，让自己做重要的、符合价值观和兴趣的事情。动机的自我决定理论认为，自主感、胜任感和归属感是人的3个基本的心理需求，所有目标的设立，特别是中长期目标，应该是那些符合自我决定的、让我们感受到能够胜任的、与重要的人有联结的目标，这样能最大限度地激发我们的内在动力，使我们获得长久的幸福。

管理学家彼得·德鲁克认为，对短期目标、小型目标和微目标进行管理需要遵循SMART原则。SMART原则的具体内容如下。

① 目标必须是具体的（specific），比如把目标定为"看完这本书的第八章"比"对这本书进行学习"要具体得多，可操作性更强。

② 目标必须是可以衡量的（measurable），可以通过核查来确定是否完成。

③ 目标必须是可以达到的（attainable），应适合自己的实力。你可以设定中等难度的目标，有一定的挑战性，但是并非高不可攀。

④ 目标之间具有相关性（relevant），不同的目标组成一个目标群。

⑤ 目标必须具有明确的截止日期（time-based），有一定的时间压力。

一般来说，中长期的目标要与具体的短期目标相结合才能实现。因为目标最终需要转化为可操作的行为才能落实，所以短期目标或小型目标对大学生更有指导意义。有很多人倾向给自己设立宏伟的长期目标，并不考虑目标是否符合自己的内在需要，也不愿意在短期目标上多花力气，这其实是使自己陷入"虚假希望综合征"。当一个人做出发誓改变的决定就立刻感到满足时，内心的声音一直在说："如果宏伟的计划就能让我们心情大好，为什么还要设立一个适中的目标呢？既然有了远大的梦想，为什么还要从小处着手呢？"做出改变的"决定"让人们获得了典型的即时满足感——在什么都没做之前就感觉良好了，而在实践目标的过程中就没那么有意思了。当行动面临挫折时，失望会取代最初决定改变时的良好感觉，人们开始产生深深的罪恶感，责怪自己没有自控力，无法改变。其实这种自我否定和自我厌恶并不会让人们好起来，有关自控力的最新研究表明：当遭遇挫折时（挫折难以避免），人们需要原谅曾经的失败，从当前开始行动，而不是自我责怪，把它们当作屈服或放弃的借口。

一个人太关注于特定目标的完成可能会导致行动僵化，使自己的视野变窄，比如，努力获得高学分，却忽略了课程中真正有价值的东西。大学生设立目标应该保持灵活，不要为"目标"尤其是绩效目标所累。

扩展阅读

那又如何效应

"那又如何效应"描述了很多人从放纵、后悔到更严重的放纵的恶性循环。你是否说过类似这样的话："既然我已经破坏了节食计划，那又如何呢？不如把它吃光吧。"回想自己建立的目标，是否有很多因为类似这样的情形而最终放弃？到底是否存在"那又如何效应"？当我们面对诱惑时，该如何打破自我放纵的循环呢？如果你想了解具体的关于"那又如何效应"的实验过程和实验结果，请扫描旁边的二维码，收听更详细的讲解。

扫一扫

那又如何效应

2. 时间管理

时间是人们最宝贵的资产，它的魔力就是你用它来做什么，它就是什么，所以时间可以是金钱、爱情、工作、休闲和家庭生活等。我们的目标和行动赋予了时间意义，没有行动就没有意义，管理时间是个人自我实现中必不可少的组成部分。你是否了解自己的时间管理情况呢？

很多学生认为管理时间就是列计划表，用不同的任务把每个时间段都填满，就万事大吉了，结果就算我们完美复制了最优秀的时间管理计划表，也会发现难以执行。其实我们需要个性化的时间管理方案。

（1）缺乏方法型：列计划表和时间规划四象限图法

时间管理在本质上是事件管理，除了前面的非计划日程表法，美国管理学家科维提出时间规划四象限图法，该方法在面对多任务的时间管理时非常有效。具体来说，首先对要做的任务按照你认为的重要性和紧急性进行分类，这样任务就可以分成既重要又紧急、很重要不紧急、不重要很紧急、不重要不紧急4类，组成4个象限（见图5-5）。在安排时间完成任务时确保"要事第一"，即把既重要又紧急和很重要不紧急的任务赋予最高的等级，优先完成。管理学家德鲁克说："重要的事情先做，其他事情根本不用

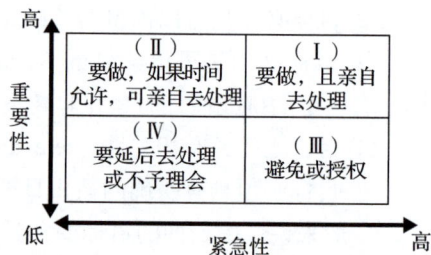

高	（Ⅱ）要做，如果时间允许，可亲自去处理	（Ⅰ）要做，且亲自去处理
重要性		
	（Ⅳ）要延后去处理或不予理会	（Ⅲ）避免或授权
低		高
	紧急性	

图5-5　时间规划四象限图

考虑。"他特别强调了重要性维度在时间管理中的地位。虽然对每个人来说，重要事情的定义并不一样，但是一直花时间做重要而不紧急的事情，可以避免让自己像个救火队员一样忙碌，花了大量的时间在紧急的事情上，却没有获得多少成就感。

需要特别说明的是，有的学生在执行以上两种时间管理方法时存在一些误区，比如，对每项任务所花费的时间估计不足，计划表的任务过满，完全去除第四象限（不重要不紧急）的任务等。这些都体现了对时间管理方法理解的偏差，其实我们采取科学时间管理方法的目的是获得成就感和幸福感，而不是把自己训练成一个机器人。我们应该通过以上两种方法不断训练自己对时间估计的准确性，理解阶段性时间管理的重要性，把游戏、休息等看似当前不重要不紧急的事情也适当放入自己的计划表，作为自我控制的奖励。

（2）容易分心型：情境干预或番茄时间法

每个人的认知风格并不一样，有的人擅长排除干扰因素把注意力集中在核心目标上，有的人则对情境中的变化非常敏感，在适应环境的同时也非常容易分心，受到环境的干扰。你属于哪一种呢？如果是容易分心的学生，在执行自己的时间管理方案时，就要特别考虑环境因素的影响。你需要在专注完成学习等任务的时候，把环境设置为最适宜专心的环境，如去图书馆或自习室，如果没有办法选择特定的场所，你还可以把学习的书桌设置成和经常自习的环境类似，模拟专心学习的环境；避免打扰，关掉手机或者调成静音，告诉同学你的日程；形成习惯，设定固定的时间来完成计划。

弗朗西斯科·西里洛在1992年创立了番茄工作法，该方法可以帮助学生养成专心的习惯。具体来说，就是根据我们在日常生活中专心的时长来设置工作学习周期，通常是25分钟，通过设置一个番茄闹钟的形式，保证自己在这个时间周期里保持专注，完成后休息5分钟，再次开启新一轮的番茄时间（见图5-6）。网络上有很多番茄时间的工具，大家可以尝试应用。

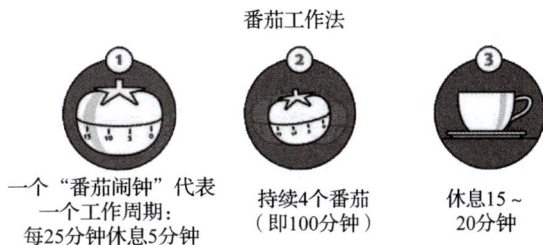
图 5-6 番茄工作法

（3）焦虑无奈型：里程碑法

管理时间的方法再合理，也需要我们身体力行地去执行。有些学生会发现困扰自己执行时间管理方案的关键不是方法，而是情绪，因为完不成任务带来的焦虑和沮丧让自己难以进入专心的状态。或许人们最该解决的不是拖延等时间管理问题的行为，而是因拖延带来的沮丧和自我否定，解决了这些情绪因素，就为开始行动提供了带宽。大学生可以采用里程碑法来应对这些情绪问题，具体步骤如下。

第一步：自我鼓励——我是一个"能扛事儿的人"。如果你发现自己最近任务多、时间不够用，这正说明你在经历一段压力爆棚的时间，而这时悔恨自己为什么不提前开始任务于事无补，你需要给自己积极的自我暗示：这是一个考验自己对抗压力的机会，我可以从中学习。

第二步：发现资源——过去的成功经验。从自己过去的经历中搜索自己是如何处理焦虑和压力的，有哪些可以借鉴的经验，再加以运用。例如，把任务分解、抓重点等。

第三步：自我总结——发现里程碑。如果任务很多，你可以利用甘特图等工具记录每个任务的进度，掌握各个任务完成的程度，在每天结束后进行自我总结。寻找和设立自己在努力完成学习任务过程中的里程碑，记录自己的成长，积少成多，直至完成目标。

第三节　做自己的"生涯规划师"
——职业生涯探索与设计

　　李俊是佳琪的一个老乡，学的是英语专业，他不愿意做翻译，当英语老师好像是一条常规的道路，但是目前在编老师不好考，英语教培行业也不景气，新的AI翻译技术对英语专业的影响更大，这让他感到很迷茫：将来不做英语老师，我还能做什么呢？

一　职场告诉你：探索职业

　　探索自己是职业生涯规划的起点，探索职业是职业生涯规划的基础，大学生在进行职业生涯规划时必须对这两方面的内容综合考虑。李俊的困惑来源于他对外在世界的了解非常有限，对很多大学生来说，都需要从学生视角转换成职场视角，亲自去了解真实的职业世界。

　　大学生实际的职业探索情况如何呢？施国春的研究发现，大学生在自我探索和目标设定上的探索较多，而在与职业相关的系统、环境及信息收集上的探索很少。大学生在进行职业生涯规划时更关注我喜欢什么、我要做什么，而对职业是什么、怎么才能得到机会并不清楚。而且当前社会发展的不确定性增加，职场巨大的变化也是让李俊举棋不定的原因。但是越是不确定，越需要大学生主动开展职业探索，主动地进行信息的搜集和处理。到底该如何搜集资料呢？这里给大家提供一份职业探索行动指南。

1. 广泛搜集"情报"

　　表5-2是对各种情报获取渠道的分析。

表5-2　情报获取渠道分析

情报来源	优势	劣势	得到的方法	举例	小贴士
小道消息	提前得之	不准确	广泛结交朋友	内部人士的邮件	可能加入了传播者的想象
求职网站	海量资源	含金量不高	浏览招聘网站	前程无忧/猎聘网	相关材料要提前准备好，需要对信息来源进行查询
就业求职论坛、微博、微信公众号	含金量稍高	信息不一定准确	浏览一些专业的网站、企业的官方网站或微信公众号	大学生求职就业网、牛客网	投递简历前可以在网络上搜索前人的经验
本校的就业中心、教育部权威网站	服务全面	一般只针对本校学生	电话咨询、访问本校就业中心网站	高校就业中心网站、国家大学生就业服务平台	信息权威，真实可靠

随着AI智能检索技术的进步，越来越多的学生通过网络搜索和整理信息，但是需要注意检索的信息可能存在一定的偏差，需要通过权威渠道进行核实，避免上当受骗。

2. 广泛发动资源

苏格拉底说过："最有希望获得成功者，并不是才干出众的人，而是那些善于利用时机努力开创的人。"在职业探索上，家人、老师、同学、朋友都有可能掌握着自己需要的资源。他们或许可以为自己提供所需的职业信息，或许可以直接给自己提供实习和就业机会，再或许能提供经济或情感支持，成为自己坚强的后盾。大学生不仅要学会识别有效资源，发出请求，而且要懂得如何获得支持。

3. 了解就业形势

2024年高校毕业生达1179万人，毕业生人数再创新高。如果我们宏观地看数据，可能会觉得一个人在1179万就业大军中是微不足道的一点，但是如果系统地看待就业问题，就会发现有阻力的同时也有促进解决的力量。国家、政府、学校出台了很多有利于大学生就业的特殊政策，比如，大学生志愿服务西部计划、大学生村干部、保研辅导员、大学生入伍、国际组织实习（就业）等。这些政策在提供就业机会的同时也给予了特殊的政策倾斜，比如，大学生志愿服务西部计划规定"服务期满2年或3年且考核合格的西部计划志愿者，在考研加分、报考公务员或事业单位和学费补偿、助学贷款代偿等方面享受相应的政策"。还有一些地方政府、学校也在制定就业政策、提供就业信息方面出台了很多有力的方案。这些政策和支持不一定能解决所有大学生的就业，但是对你个人来说，其中可能蕴藏适合你的机会。

🚩 **课堂活动**

探索我的资源

表5-3列出了大学生在探索职业信息的过程中可以发动的资源，请试着系统分析自己的资源，完成表格。

表5-3　我的资源

分类	谁可以提供	可以提供什么	如何获得
社会	就业政策、经济发展形势报告、招生政策	热门行业、特殊的就业优惠政策、国内外大学进修招生条件	广泛关注网站、就业中心、新闻媒体等
学校	就业中心、实习中心、学校中心、院系		
人脉	同学、校友、导师、实习同事		
家庭	父母、亲戚		

4. 职业聚焦

通过调动各种资源对职业有所了解后，大学生要按照可得到性和与自我探索匹配的原则，对心仪的职业进行聚焦，缩小关注的范围，再通过职业访谈、参观或实习兼职等方式，对目标职业进行深入了解，详细而全面地了解相关信息。

（1）了解职业的维度

一般来说，大学生可以先从"个人想要、个人能要和工作环境"3个维度来锁定目标职业，然后进一步了解目标职业的关键要素。中国台湾的刘淑慧教授认为，人们可以从以下6个关键要素来了解职业。

① 工作任务：核心工作任务有哪些？

② 要求和职能：该要素主要包括工作本身对人才能力和技术的要求、企业的任职要求等内容。一般来说，对于某一具体职位的任职要求，人们可以通过企业的招聘广告获得。

③ 工作酬劳：该要素包括一项工作的工作环境、工作强度、晋升机会、酬劳等内容。

④ 职业者兴趣：从事这个工作的人都喜欢什么人或者什么事物？

⑤ 工作者生活：从事这个工作的人过着什么样的生活？前人的职场经验是什么？

⑥ 社会评价：职业的社会声望，比如，同样是英语专业的毕业生，做外交官的社会声望很高，做英语秘书的社会声望则相对较低。

（2）分析环境的阻力和助力

环境对大学生的职业选择的影响非常大。环境带给大学生的既有阻力，又有助力，比如，一线城市可能比三线城市有更多的就业机会，但是三线城市的竞争压力比一线城市要小，所以阻力和助力都是相对的。从资源的角度来看环境的影响可能更加有意义，大学生可以分析自己拥有的人脉资源和社会环境资源，评估这些资源对职业发展的阻力和助力情况，帮助自己更好地了解社会和职场。

视野广角镜

小我融入大我

在了解了职业的信息后，我们该根据什么条件进行职业聚焦呢？除了自身的兴趣和性格，马克思还强调职业本身的性质。他在《青年在选择职业时的考虑》一文中提到："如果我们选择了最能为人类福利而劳动的职业，那么，重担就不能把我们压倒，因为这是为大家而献身。那时我们所感到的就不是可怜的、有限的、自私的乐趣，我们的幸福将属于千百万人，我们的事业将默默地但是永恒发挥作用地存在下去，面对我们的骨灰，高尚的人们将洒下热泪。"如果读者想了解详情，可扫描旁边的二维码听听课程思政微课。

二　职场能力大比拼：塑造核心能力群

对还没有进入求职季的大学在校生来说，在对职场进行一定的了解后，首先要做的不是锁定职业目标，制订求职方案，而是根据目标职业的要求和自己的特点，明确和塑造自己的核心能力群，制订发展自己能力的规划，提高未来自己在就业市场中的竞争力。

1. 时代与职场对核心能力素养的要求

进入全球化时代，职场对人才需求的标准也在发生变化，时代呼唤更多善于思考、自主决策、创新创造、与他人密切沟通与合作的人才。

2025年年初，世界经济论坛在瑞士日内瓦发布了备受瞩目的《2025年未来就业报告》，揭示了就业市场的变革浪潮。该报告对全球22个行业、55个经济体、1000多家企业的数据进行了分析，预测到2030年，社会需求的前十大技能有：①分析性思维；②韧性、灵活性和敏捷性；③领导力与社会影响力；④创造性思维；⑤动机和自我意识；⑥技术素养；⑦同理心和主动倾听；⑧好奇心和终身学习；⑨人才管理；⑩客户导向和客户服务。其中，通过逻辑推理与数据验证解决复杂问题的分析性思维能力被认为是最重要的技能，其次是与压力和适应性相关的韧性、灵活性和敏捷性，可见能够解决实际问题和韧性对个人成功至关重要。此外，人工智能、大数据和网络空间安全领域的技术能力要求增长迅速。

2. 打造自己的核心品牌

在了解被时代和社会普遍看好的核心能力的基础上，大学生还需要深入探索不同的工作和机构对员工核心能力与素养的具体要求，有些职业要求的职业能力可能与常识并不一致，如厨师的职能要求中除了做菜的技术，还有一项核心能力，即配合他人行动的能力。

大学生得到足够的社会需求和职业要求信息后，就需要进一步整合这些信息，制订属于自己的核心能力发展计划。

🚩 **课堂活动**

你想拥有的核心品牌球

请先在白纸上画一个圆，写上你的核心目标职业。然后在这个圆的周围写上你的个人品格及符合这个职业的优势、能力或社会责任，并写下最能体现相关特质或能力的经验。最后在更外围的一圈写下你今后可以做什么来展现和发展你的个人品牌优势。示例如图5-7所示。

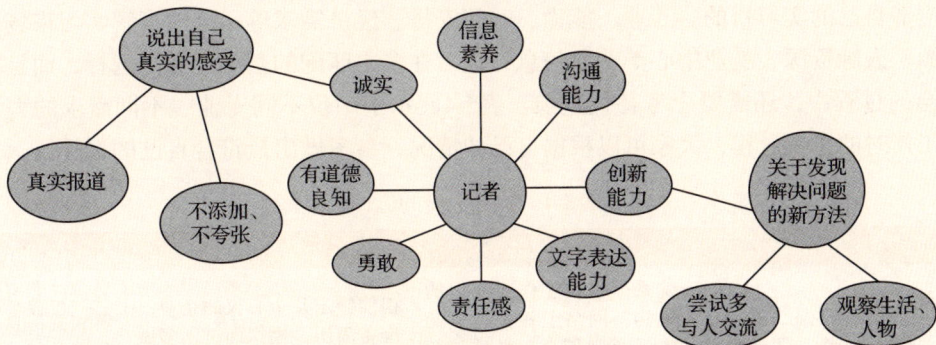

图 5-7　打造自己的核心品牌球

1. 请画出属于你的品牌气球。
2. 请思考如何提高和塑造你的个人品牌价值。

三　开展探索实践：把握成长机会

> **案例**
>
> 　　佳琪最近和大四师姐莉莉一起聊天时，谈到自己的生涯规划书，师姐对此感慨不已，告诉佳琪当时自己也制作了一份详细的生涯规划书。但是在求职季发现，当时的想法实在太理想化了，开始投简历求职的时候，根本没机会权衡思考，只能看就业市场有什么机会，努力去抓住。佳琪回来很郁闷，如果生涯规划书没用，那是否有必要做生涯规划书呢？

1. 参加职业规划大赛

　　2023年教育部主办了首届全国大学生职业规划大赛，这项全国性赛事每年举办，主要以"将大赛打造成强化生涯教育的大课堂、促进人才供需对接的大平台、服务毕业生就业的大市场"为目标，不仅针对毕业生，还专门设置了面向本、专科中低年级学生参加的成长赛道。大赛通过考察大学生树立生涯发展理念并合理设定职业目标、围绕实现目标持续行动并不断调整的能力，帮助学生提升综合素质和专业能力，树立正确的择业就业观念。大学生参加这样的比赛不仅可以获得实习机会，更重要的是可以切实提高自己的生涯规划能力，"以赛代练"，明确职业方向，制订科学成长计划；培养动态调整的意识，切实提升自己的求职竞争力和职业发展韧性。

2. 实习

　　一般来说，兼职或实习是大学生进行职业探索，获得大量有关职业的一手资料的有效方式，也是真正在真实的职场中锻炼自己的就业力的过程。大学生寻找与自己的职业规划相关的职位实习或兼职，不仅能提前了解职业具体情况，而且能获得"这个职业是否与我匹配"的重要经验，帮助自己做出选择。除此之外，实习还有一个重要的功能，就是获得了解职场环境的机会，锻炼能力，获得报酬，增长自信。

　　那么，大学生应如何选择一份实习工作呢？大学生首先要将实习需要建立在了解自己的基础上，澄清自己的实习目的、专业、能力、时间安排、经济需求等；其次了解实习市场，通过网络资源、人脉资源、就业中心等获取信息；最后在多方匹配的基础上做出选择，而且在寻找实习机会的过程中，还需要思考替代选项。表5-4展示了两位不同专业、不同需求的大学生选择实习工作时的思考过程，大家可以根据自己的情况，参考做出最符合自己的选择。

表5-4　实习工作的选择

项目	了解自己	实习机会	选择行动	替代选项
学生1	国际贸易专业，希望在本专业就业，假期实习	院系、学长工作或实习的机构，网络上相关行业的实习招聘信息，学校就业信息中心发布的实习信息	提前锁定几个心仪的企业，准备简历，模拟面试，多做准备	通过已实习学长了解相关信息，参加与专业相关的社团或志愿活动
学生2	中文专业，英语有优势，没有明确的实习目标，希望多积累经验并获得一定的收入	网络、校园等渠道发布的实习信息，寻找时间匹配的家教、翻译、勤工助学等机会	选择离学校相对较近的实习企业，最好选择有同学去过的正规机构或单位，注意实习与自己学业的时间平衡	校园内的勤工助学机会

　　实习虽然在求职和整个职业生涯中都很有意义，但每个人需要根据自己的具体情况具体考量。大学生需要认真思考"自己实习的目的是什么，能从实习中获得什么"，这样做能够帮助自己不忘初心，不被兼职或实习的一点报酬所控制而忽略学业，不必被暂未找到实习机会所影响。大学生应该从容面对实习，从心态、自身经验、自我保护上做好各种准备。

📝 本章思考题

　　26岁的王雷毕业于机电工程专业，3年的职业生涯中换了6份工作，并且每份工作的时间都呈递减趋势。第一份工作做得最长，在一家合资企业做工程师，干了1年2个月；第二份工作是在一家民营企业做技术员，干了7个月；离开这家民营企业后，他走马灯似地换了4份工作，其间他做过市场推广员、程序员、工厂电工，最后一份工作仅做了一个星期就被辞退了。现在他又回到熟悉的人才市场，重复习以为常的动作：投简历、面试、再投简历、再面试……他感到非常苦恼和迷茫，不知道自己究竟适合什么职业。

　　如果王雷来求助于你，你会给他怎样的建议？如何才能知道他适合什么职业呢？

本章重点知识梳理

本章推荐资源

第六章

我不是孤岛

——大学生的人际关系

　　人总是在与他人互动的过程中不断发展自己的社会性，确立自己与他人和世界的关系。人际交往是个人与他人、个人与世界相联系的方式，在某种意义上也是自我的延伸。大学阶段正是一个人自我同一性发展的关键时期，人际交往对于个人的发展发挥举足轻重的作用。人际交往有益于心理和身体健康，还能赋予生活以意义感。本章学习目标如下：

- 了解人际关系的含义和功能，正确认识人际关系的价值；
- 了解人际关系的影响因素，解读人际密码；
- 了解人际关系中的问题，掌握人际交往的技巧。

宿舍那点事

521宿舍有4名成员：佳琪、晶晶、木兰和小奇。佳琪的这3位室友各有特点：晶晶才貌双全，骨子里的优越感无形中与人拉开了距离；木兰沉稳大气，爱好文学艺术；小奇性格直率，为人热情。

开学初话剧社要招新，佳琪、晶晶、木兰、小奇都报名了。面试的内容是即兴表演一部电影的桥段。佳琪因为精彩的表演，当场被录取；木兰因为出色的文笔被选到编剧部。

话剧社因录取名额有限，只能在晶晶和小奇中选一位留下，所以又给她们出了一道面试题目：陈述自己进入话剧社的优势。自以为成功在握的晶晶竟然落选了。每次佳琪、木兰和小奇在宿舍谈论话剧社的事情时，晶晶的脸色都不太好看，因此，她们3人形成了一种默契，只要有晶晶在场，她们就不谈论话剧社的话题。有一天晶晶从外面回来，快走到门口时听见佳琪、木兰和小奇聊得很热闹，可是自己推门进去后，她们的谈话戛然而止，好像有意回避自己似的，晶晶顿时感到自己和她们有了很深的隔阂。从此，晶晶早出晚归，尽量少待在宿舍。慢慢地，晶晶成了大家最熟悉的"陌生人"。这一天晶晶在图书馆上网，无意中闯进"人际交往"主题的百度贴吧，看到了下面这样一篇求助帖，从而引发了她对于自己的思考。

换还是不换？

我想也许我是那种天生就不合群的人，不知道该如何与他人相处，因此，我朋友很少。进入大学后我决定改变这种状况，我曾经很努力地融入大家。开始我觉得朋友就是要互相信任，因此，我什么话都和室友说，什么事情都和大家一起去做。可是渐渐地我发现大家和我疏远了，她们有事也不叫上我，既然这样我也尽量躲着大家吧。宿舍其他人总是成群结队地一起上课、逛街，而我总是形单影只。想到这些我心里有些沮丧，虽然我不喜欢热闹，但我也害怕孤单。我很想换宿舍。我担心的问题：①如果新宿舍的人不欢迎我，我可能还是会被孤立；②如果我搬过去了，那么我将会和现在宿舍的人彻底不和；③如果发生前面两种情况，那么我会非常尴尬、难堪，被人笑话。我好怕，现在才大一，后面还有3年的大学生活。

请各位网友帮帮我，我该怎么办呢？

跟帖1：找老师谈谈。

跟帖2：建议和室友谈谈，也许她们不知道你的真实想法，有些东西真的是自己感受得到、别人并不知道的，比如孤独感，你是否孤独只有你自己感受得到。

跟帖3：楼主在现在的宿舍里被孤立，担心去另一个宿舍不被欢迎……建议楼主在自己身上找找原因。解决这种情况的办法，是否应该从根儿上抓起？如果斩草不除根，以后可能会到任何一个宿舍都会被孤立，都不会受欢迎的？

无论是晶晶，还是帖子中的"楼主"，她们都已经陷入人际交往的尴尬境地，这个结果未必是她们内心真正所愿。对亲密的渴望、心理归属感和情感的满足是人们的本性需要。人际关系是我们与世界建立联系的途径。

第一节 心与心的距离
——人际关系概述

本节视频

17世纪的英国诗人约翰·多恩在《没有人是一座孤岛》中写道：谁也不能像一座孤岛/在大海中独踞/每个人都是一块小小的泥土/终需连接成整个陆地/若有一块泥土被海水冲刷/欧洲就会缺掉一隅/这宛如一座山岬/也如同一座庄园/无论是你的还是你朋友的!"人际关系对每个人都很重要。

一 我与他人的联系：人际关系概述

人际关系是指人们在社会生活中，通过相互认知、情感互动、交往行为而形成和发展起来的人与人之间的相互关系，其反映出人与人之间的心理距离。

1. 人际关系的心理成分

认知、情感和行为是建立人际关系不可或缺的3种不同的心理成分。

认知成分在人际交往的过程中起到先行作用，我们通过对自己、对他人、对环境的认知来了解自己的人际关系状况，形成对人的感知和理解，从而为建立关系打下基础。

情感成分会带给我们不同的情绪体验——分享的快乐、陪伴的温暖、背叛的痛苦、分离的焦虑等，是人与人之间交往联系的纽带，是评价和判断人际关系的重要指标。

行为成分在人际关系中会随着交往对象、环境不同而变化，包括言谈举止、表情手势、身体姿势等，是心理活动的外在表现。

延申阅读

人际关系的距离

认知、情感、行为3种成分是交互作用和互相影响的，它们共同组成人际关系的统一体。理想的人际关系的基本标志是相互理解、情感融洽、行动协调。

2. 人际关系的类型

现代社会人际关系错综复杂，依据不同的标准有不同的分类。按照交往范围来划分，人际关系的基本类型有同学、朋友、师生、亲子关系。根据人际关系联结的纽带来划分，人际关系的基本类型有血缘关系（因血缘而形成的人际关系）、地缘关系（以地理位置为纽带形成的人际关系）、业缘关系（以职业、行业、专业为纽带而形成的人际关系）、情缘关系（为满足情感需要而建立的人际关系）。

在信息化时代，网络人际交往成为一种新型的人际关系模式，也成为大学生青睐的重要社交方式。网络人际交往极大地突破了现实的限制，带来了更便捷的人际互动，还使大学生的社会接触范围大大拓宽；更安全的交往空间则提供了一个更舒适的表达自我的平台。网络人际关系具有匿名性、便捷性和多样性。

网络交往可以代替现实交往吗？

假期里，佳琪听妈妈说起邻居张阿姨的儿子小吴。已经大三的小吴因为在学业上受了挫折，变得很内向，再也无法融入同学中，于是一天到晚地上网。身边人劝他时，他有自己的上网理由："我喜欢上网，因为上网可以给我更好的感觉，没有人看不起你。我在网上交了许多朋友，甚至有的朋友会留言称赞我，说我有个性，说我幽默。在网络上我似乎找到了我要找的东西。"他也有上网的困扰："我不知道网络对人格发展究竟有没有影响。在网络上，一方面，一个人的性格可以得到极度张扬；另一方面，一个人很多时候表现出来的又不是现实生活中真实自我的性格，我也担心自己会更加脱离现实。"

网络人际交往给现实的人际关系带来了一定的影响。有这样一则公益广告：一个人低头点击手机屏幕，沉浸于虚拟世界的精彩之中，慢慢发现身边的人都远离、消失了，只剩下自己一个人，孤独直到惊醒；重新投入现实世界，身边的人又回来了，笑容也回到自己的生活。这则广告形象地向我们展示了虚拟世界固然有其精彩的一面，但代替不了现实世界的人际关系。随着我们的现实生活越来越和网络生活连接在一起，网络人际交往和现实人际交往的界限也越来越模糊。

如同案例中的小吴，很多在现实交往中受挫的大学生会转向网络寻求心灵的安慰。网络以其匿名性、隐蔽性、便捷性为大学生孤独的心灵搭建了通往外界的桥梁，拓展了他们与世界的联系。然而网络人际交往并不能取代现实人际交往，如果一个在网络中如鱼得水的人在现实中却寸步难行，恐怕这个人无法适应社会。理想的人际交往状态是现实人际交往和网络人际交往互补。

3. 大学生人际关系新形态——浅社交

你需要一个搭子吗？"搭子"指的是一种新型垂直社交关系，比朋友关系浅，比陌生人关系深，侧重于垂直细分领域的精准陪伴。在你感到孤独时，话搭子就是陪你一起聊天的人；在你向往远处的风景时，旅游搭子就是陪你一起看风景的人；在你想要投入学习但行动力不足时，自习搭子就是与你结伴上自习的人。

随着互联网技术的发展和人们生活方式的改变，青年群体的社交方式和社交需求出现了新的变化。"搭子社交"起源于上海方言，最初指牌友，后来扩展到基于共同目标或兴趣建立的临时社交关系。"搭子社交"成为现代人际关系的新形态，人们在特定的时间里有相同的兴趣爱好就一起活动，聚散皆随心。人们可以根据不同层面的需求寻求不同的搭子，如饭搭子、旅游搭子、考研搭子、自习搭子、电影搭子等。社会学家马克·格兰诺维特在其弱关系理论中指出：社交关系分为强连接和弱连接，并强调以互动频率、感情力量、亲密程度、互惠交换和重叠程度为划分依据。从人际交往中的投入程度来看，搭子关系是一种浅社交、弱关系，相比于亲人、好友之间的深度关系，搭子之间往往存在"心照不宣的距离"，大家相处轻松、舒适，又不需要为这段关系耗费过多的时间和精力。搭子关系具有精准陪伴、短暂性、低承诺、低投入等特点，正好满足当下渴望亲密关系且又需要边界感的年轻人。

核心价值观

人际和谐

　　和谐是社会主义核心价值观中的重要概念之一，人际和谐有利于促进和谐社会的建设，人际和谐也是中华民族的文化传统。在人与人的关系上，中国传统和谐思想主张"和为贵"，宽和处世，从而创造人际和谐的社会环境。读者可扫描旁边的二维码进行更深入的了解。

二　层层递进：人际关系的发展阶段

　　社会心理学家欧文·阿特曼和达尔马斯·泰勒等人提出了社会渗透理论来解释人际关系的发展过程。他们认为人际交往主要有两个维度：一是交往的广度，即交往或交换的范围；二是交往的深度，即交往的亲密水平。欧文·阿特曼等人认为，良好的人际关系的发展，一般经过定向、情感探索、情感交流、稳定交往4个阶段，如图6-1所示。

定向 ➡ 情感探索 ➡ 情感交流 ➡ 稳定交往

图 6-1　人际关系的 4 个发展阶段

1. 定向阶段

　　在人际交往中，人们对交往的对象具有很高的选择性。进入一个交往场合时，人们往往会选择性地注意某些人，而对另外一些人视而不见，或者只是礼貌性地打个招呼。对于注意到的对象，人们会进行初步沟通，谈谈无关紧要的话题，这就是定向阶段。在定向阶段，人们只有很表层的自我表露，如谈谈自己的兴趣、专业、对最近发生的新闻事件的看法等。

2. 情感探索阶段

　　如果在定向阶段双方有好感，产生了继续交往的兴趣，那么就可能有进一步的自我表露，如兴趣中的体验、感受等，并开始探索在哪些方面双方可以进行更深的交往。在情感探索阶段，双方有一定程度的情感介入，但是还不会涉及私密性的领域，双方的交往还会受到角色规范、社会礼仪等方面的制约，比较正式。

3. 情感交流阶段

　　如果在情感探索阶段双方能够谈得来，建立了基本的信任感，那么就有可能发展到情感交流阶段，彼此有比较深的情感介入，会谈论一些相对私人性的问题，如相互诉说学习、生活中的烦恼，讨论个人感情中的情况等。在情感交流阶段，双方的关系已经超越了正式规范的限制，比较放松，比较自由，如果有不同意见也能够坦率相告，没有多少拘束。

4. 稳定交往阶段

　　情感交流如果能够在一段时间内顺利进行，双方就有可能进入更加密切的阶段——稳定交往阶段，成为亲密朋友，可以分享各自的生活空间、情感、财物等，自我表露更深更广，相互关心也更多。一般来说，人际关系能够达到这种境界的相当少，就如人们常说的"人生难得一知己，千古知音最难觅"。

★案例

佳琪的人际舒适圈

在心理学课上，老师给大家介绍了舒适圈理论，让大家思考自己的人际舒适圈有多大，并给大家留了课外作业——画出你的人际舒适圈，并和身边的同学分享与交流。佳琪画完了自己的人际舒适圈，圈里是她很熟悉的人，有自己的爸爸、妈妈，有自己的好朋友，还有现在宿舍的同学。看到这些名字，她感到很亲切、很温暖，但感到自己的人际舒适圈还是很单一。佳琪心想：自己的人际舒适圈可不可以更大一些呢？晶晶的名字跳到佳琪的脑海中。其实刚进现在这个宿舍的时候，佳琪最先认识的是晶晶，她对晶晶身上的那种自信和上进很欣赏。佳琪感觉晶晶这一段时间似乎都在躲着大家，她心想：大家毕竟要在一个宿舍过4年呢，这种状况能改善吗？还是和木兰、小奇她们聊聊吧。

与此同时，晶晶在图书馆也陷入了思考：一个人固然有一个人的精彩，可是自己何尝不知道"一份痛苦，两人承担，是半份痛苦；一份快乐，两人分享，是两份快乐"的道理呢？

人际关系的建立和维护是个体个人能力的体现，需要经历一个过程，这个过程是一个不断打破自己的人际舒适圈的过程。所谓"舒适圈"，意思是人活在一个无形的界线里面，在这个界线里面，有自己熟悉的环境，自己与认识的人相处，做自己会做的事。总而言之，在界线内人感到很舒服，反之，当走出界线时就会感到不舒服，很自然地想要退回到界线内。这个界线内的部分就是舒适圈。一个没有自信的人，舒适圈很小，总是怕被拒绝，因此不愿主动走出去与人交往。敢于冒险、敢对没有十足把握的事情说"yes"，就是踏出自己的舒适圈的行为。

三　心理需要的满足：人际关系的主要功能

1. 满足本能的安全感

强调本能作用的心理学家认为，人的交往是一种本能，是在个人发展进化过程中逐渐形成的适应社会生活的能力，它通过遗传直接传递给后代。例如，古猿的自我保护能力很弱，与许多野兽相比，其体力较弱，奔跑的速度较慢，没有尖利的爪子和牙齿抵御外敌，古猿必须采取集体行动，依靠集体的力量抵御外敌的侵害，依靠集体的智慧维持种族的繁衍和发展。这样，经

恒河猴实验

过漫长的进化和演变过程，古猿逐渐形成了群居的习性，并通过种族繁衍遗传给后代。无论是灵长类动物，还是人类，都存在与其他个体进行交往的本能需要，而且这种本能需要的满足，还进一步影响和制约了个体的健康成长与发展。母婴之间的积极情感联系是人类个体最早的人际交往，是个体之后人际关系的基础。人类天生就有与他人共处、与他人交往的需要，也只有在与他人的正常交往中，保持一定的情感联系，形成亲密的人际关系，人才会有安全感。

2. 克服孤独感，建立亲密感

关系是大学生所处的生命阶段中面临的重要议题。美国心理学家埃里克森在其提出的人生发展阶段理论中提到，成年早期（18～25岁）最突出的发展任务就是解决亲密对孤独的冲突。处于这个阶段的年轻人开始寻求一种特殊的关系，通过这种关系来发展他与其他人的亲密感，

并在情感方面得到成长。在这一阶段不能与其他人形成良好亲密感的人，会面临孤独感，他们可能经历了很多次肤浅的交往，从来没有在真正的密切关系中获得情感满足，有些人甚至回避情感承诺。埃里克森认为一个人只有与他人建立起爱的关系，与其他人建立真正亲密无间的关系，才能克服孤独感，从而获得亲密感。

当今社会的快节奏生活，社会分工的细化及团队合作的需求，使人与人之间的联系看起来越来越紧密，但也有越来越多的人体验到孤独。孤独的体验对人类有怎样的影响呢？加州理工学院的莫里埃尔·泽利科夫斯基研究了社交孤立对大脑的影响。该研究以小鼠为被试，人为设置了物理隔离的环境，与正常社交的小鼠相比，被单独隔离的小鼠（简称孤独小鼠），其大脑中感受恐惧的脑区（杏仁核）被激活，恐惧水平在恐惧刺激消失后依旧持续很长一段时间。然而，往孤独小鼠的笼中放进另一只小鼠就能改善孤独小鼠的孤独症状。由此可见，朋友可以降低孤独感带来的不良影响，排除社交孤立带来的孤独感。人际关系的重要功能是满足人类对于亲密关系的内在需要。

3. 获得幸福感

人际关系和幸福感关系密切，朋友的数量、挚友的数量、共同活动的次数、联系的频率等和幸福感息息相关，当一个人回忆人生中最重要的时光时，几乎都是与别人有关系的。好的关系可以让快乐加倍，痛苦减半，可以让人穿越黑暗，抵达光明。哈佛大学曾做过一项历时很长的研究——用75年跟踪700多位男性的生活。被研究者分为两组，一组是哈佛大学的在校生，另一组是波士顿贫民区的男孩。研究人员得出结论：好的人际关系是让人们保持幸福的唯一秘诀。研究人员对仅存的一些老人进行采访发现，当问及人生中最重要的成就时，即使曾认为财富和名誉是人生最重要目标的人，也改变了自己的看法，他们说让自己幸福的，是与爱人、亲友亲密无间的关系。

好的人际关系满足了人获得安全感、亲密感和幸福感的心理需求，发挥重要的心理功能。你的人际关系状况如何呢？你可以通过下面的课堂活动进行自我评估。

第二节　拉近关系的奥秘
——解读人际密码

本节视频

案例　剧里剧外

话剧社的一部话剧被选为元旦文艺汇演节目，马上就要在学校大礼堂公演了。据说这次入选的话剧由话剧社的知名编剧小娇亲自操刀撰写，话剧社精英历时一个月排练而成，可谓话剧社的重头大戏了。521宿舍的成员们充满对话剧的热情，虽然这次只是幕后服务人员，但她们内心早就翘首以盼了。为了公演时的观赏效果，这次话剧的彩排一直对外保密，只有话剧社的骨干成员参加。佳琪从张帅那里得知内情，话剧为《那些年我们一起看的风景》，张帅送给了佳琪4张门票。票一拿到宿舍，小奇和木兰兴奋地一人取了一张，佳琪自己留一张，还有一张票，晶晶还没回来。佳琪有一点犹豫，晶晶是否会接受呢？要如何给她呢？

如期公演的话剧以校园生活和职场转换为背景，讲述了几个同龄人的昨天、今天和明天，讲述了青春的美好与时光的流逝、奋斗的艰辛与收获的喜悦、友谊的曲折与美好、成长的失落和对未来的憧憬。这部话剧深深打动了521宿舍全体成员的心。尤其是高潮部分，几个朋友毕业分离在即，对酒当歌，手拉手唱起《干杯朋友》时，521宿舍全体成员的心也悄悄地被拉近了。

朱芳毅的研究发现，大学生在遇到心理问题时，倾诉对象通常是同学或朋友，可见大学生很看重人际关系。大学校园是产生友谊的沃土，大学时光是沉淀友情的最好年华，大学生应该了解人际关系的影响因素，以便处理好自己与同学、朋友之间的关系。

一　人际吸引：人际关系的万有引力

人际吸引是人与人之间的相互接纳和喜欢。人究竟为什么喜欢别人或为别人所喜欢呢？人与人之间产生吸引力的基本假设：他人的出现对我们而言有奖赏意义。人际奖赏包括直接奖赏和间接奖赏。直接奖赏是指他人提供给我们的所有显而易见的愉悦，包括赞赏、认可、鼓励、喜爱、物质利益等。间接奖赏是指他人提供给我们很多不易觉察的因素的影响，这些因素与人们外在的亲切、俊美的长相或怡人的个性有间接的关联。

自我扩张理论认为，当他人的存在可以为我们提供不一样的观念、生活经验、社会地位等资源时，越能满足我们自我扩张的动机，而那些能够为我们带来更多自我扩张机会的个人，对我们也更具有奖赏意义。即人们更愿意与那些能让自己有更多成长的朋友交往，人们容易被那些能让自己成为更好的自己的人吸引。

社会心理学家在人际吸引领域的研究发现，人际吸引力主要包括个人吸引力和相互吸引力两大类别。其中个人吸引力来自外貌、才能和人格品质；相互吸引力来自熟悉度、相似性、互补性等方面。

1. 个人吸引力

（1）**外貌**。容貌、体态、服饰、举止、风度等个人的外在因素在人际交往中的作用是很大的。尤其是在交往的初期，好的外貌容易给人良好的第一印象。外貌也能产生光环效应，即人们倾向于认为外貌出众的人也具有其他的优秀品质，虽然实际上未必如此。

（2）**才能**。一般来说，人们比较喜欢聪明能干的人，特别是有某些特长的人。同时，能力或才华与外貌具有互补性。一个相貌一般的人，如果才华出众，或者具有某方面的特长，其能力因素就会产生人际吸引，相貌劣势可以被他人忽略或接受。才能一般会增加个人的吸引力，但如果这种才能对别人构成社会比较的压力，让他人感受到自己的无能和失败，那么才能不会对吸引力有帮助。有研究表明，有才能的人如果犯一些"小错误"，会增加个人的吸引力。

（3）**人格品质**。人格品质是影响吸引力的最稳定因素，也是个人吸引力最重要的因素。1968年，美国学者安德森进行了关于影响人际关系的人格品质的经典研究，结果发现，排在前面、被喜爱程度高的6种人格品质是真诚、诚实、理解、忠诚、真实、可信，它们或多或少、或直接或间接同真诚有关；排在后面、被喜爱程度低的品质，如说谎、假装、不老实等也都与真诚有关。安德森认为，真诚受人欢迎，不真诚则令人厌恶。朱海燕等人对网络交往中的人际吸引现象进行了研究，得出了有趣的结论：幽默风趣和相似性是最影响网络人际的积极因素，理想网友最应具有的人格品质是随和性，其次是责任性。可见，一个人想要在人际交往中成为受欢迎的人，需要从提高人际魅力出发。当然，有一些人格品质是公认受欢迎的，但每个人在选择什么样的朋友上，也有个体的差异性。

2. 相互吸引力

（1）熟悉度。交往双方熟悉或交往频率高能增加互相喜欢的程度。美国心理学家扎琼克在1968年曾进行过交往频率与人际吸引的实验研究。他将被试者不认识的12张照片随机分成6组，每组2张，按以下方式展示给被试者：第一组照片展示1次，第二组照片展示2次，第三组照片展示5次，第四组照片展示10次，第五组照片展示25次，第六组照片不做展示。在被试者看完全部照片后，扎琼克再出示全部照片，要求所有被试者按自己喜欢的程度将照片排序，结果发现一种极明显的现象：照片被看的次数越多，被选择排在前面的概率也越大。可见，彼此接近、常常见面，的确是人们建立良好人际关系的必要条件。

（2）相似性。人们往往喜欢与自己相似的人交往。这里所说的相似性不是指客观上的相似性，而是人们感知到的相似性。曾有一项关于人际关系的实验：研究者让互不相识的17名大学生住在同一间宿舍里，对他们的亲密化过程进行了近4个月的追踪研究。结果发现，在见面初期，空间距离近的大学生成为好伙伴；随着时间的推移，在信念、价值观、个人品质上相似的人逐渐成为好朋友。例如，网络上的网友自发建立"抑郁同伴群""失恋症候群"等，这些网友有相似的经历，彼此同病相怜，更能互相理解，互相提供情感支持。

（3）互补性。人们喜欢那些与自己个性品质相反的人。选择与自己个性品质相反的人交往可以起到双方互补的作用，相互满足需要。互补性看似与相似性是矛盾的，但从角色作用的观点看却是一致的。例如，支配型男性和顺从型女性在对男女关系中男女角色的看法上是一致的，他们认为男性应起支配作用，女性应当顺从。

> 延伸阅读
>
> 心理效应：人际交往中的微妙现象

✎ **自助训练**

我的人际优势清单

　　请你在课后采访5位好朋友，请他们告诉你他们最欣赏你身上的哪些人格品质，这样你就可以得到一个他人反馈的关于你自己人际优势的清单。完成采访任务，整理好清单后，请你回顾在此项采访过程中，你有哪些感受？对自己有哪些发现？

_____

_____

_____ 。

二　人际信任：开放的冒险之旅

★ 案例

你什么时候有被世界温柔对待的感觉？

　　我上初中时，有一次自行车突然掉链，于是停下来折腾了很久，这时候一个学姐走到我面前，问了我一句："需要帮忙吗？"从此，我就立志考上她所在的高中，虽然我不知道她的名字，也忘记了她的长相，模糊了她的声音，但是我记得那身校服。两年之后我如愿考进了那所高中。

信任是可以传递的，被陌生人信任，这使我感受到世界的善意和温柔，也使我多了一份前行的力量。虽然当年的她已经成为记忆，但那份信任传递的力量还在激励着我。

1. 什么是人际信任

人际信任是个人在人际互动过程中建立起来的对交往对象的言语、承诺及书面或口头陈述的可靠程度的一种心理期望。早在《论语》和《吕氏春秋》等传统典籍中就有对人际信任的解释和记载，如"民无信不立""人而无信，不知其可也"。研究者认为人类所表现出的互相信任存在生物进化的基础，是人类在社会进化过程中产生的一种双赢的心理机制。

2. 人际信任的影响因素

人际信任产生于人际互动中，是一个动态的过程，会随着时间而变化，人际信任水平对大学生的人际关系有重要的影响。关于人际信任影响因素的研究中，哈丁指出信任过程受到信任者本身、被信任者特点及二者之间关系的影响和制约。通常人们更容易信任自己熟悉的人，对未来持乐观态度的人更容易信任他人，积极的过往人际经验也使人更易于信任他人，而人际信任水平高的人敢于敞开心扉，开启人际拓展的冒险之旅，他们的人际关系通常良好。

人际依恋也是影响人际信任的重要因素。心理学家经过长期观察研究发现，生命最初的人际关系来自孩子与养育者之间的情感联结，即亲子依恋，其质量影响个体人际关系的形成与发展。早期的依恋经历对社会功能的影响是"终其一生"的。一般认为，安全型依恋的个体对于周围环境的安全感水平较高，可以积极探索，他们在成人后具有高自尊，有更高的人际信任，往往享有信任而持久的人际关系，善于寻求社会支持，并具有良好的与他人分享感受的能力。

扩展阅读

人际依恋理论

有人从人际交往中获得乐趣，有人却在人际交往中体验到痛苦。依恋理论揭示了其中的原因。依恋理论认为，早期亲子关系的经验形成了人的"内部工作模式"，这种模式是人的一种对他人的预期，决定了人的处世方式。如果读者想了解更多关于人际依恋理论的内容，请扫描旁边的二维码。

扫一扫

人际依恋理论

3. 如何提升人际信任能力

（1）有选择性地自我暴露

当一个人开始自我暴露时，这便是信任关系建立的标志；而对方以同样的自我暴露水平做出反应，这是接受信任的标志。人际关系越好，双方对彼此的信任程度和接纳程度就越高，自我暴露得也越多。可以说，自我暴露是人际关系信任水平的标志，但自我暴露也伴随一定的风险，所以自我暴露的内容和程度要有选择性地进行，要看交往的对象而定。

（2）理解他人的真实需求

我们要站在他人的立场，理解他人的真实需求，在他人需要的时候给予恰当的帮助。如果一个人喜欢梨，你给他一车苹果又能怎样？个人在理解事情的时候，要对他人行为进行多角度的思考与观察，避免片面的主观臆断，这样双方之间的信任感自然会得到提升。个人只有真正地理解他人，才能架起与他人之间信任的桥梁。

（3）对人对己诚实守信

我们要注重自身诚信行为，诚实守信是获得信任的前提。我们一旦许诺对方，则要做好充分的准备，尽量去兑现承诺。实在不能兑现承诺时，我们就要暂时承受信任度降低的后果，而后再设法恢复、重建信任。我们对外界的信任，是对自己的信任向外投射的结果。我们对自己的诚实，日积月累，就会变成对他人的诚实。

（4）勇敢迈出信任的步伐

我们无论是信任别人还是被别人信任，都是需要勇气的。在这个世界上，没有绝对值得信任的人和事，只要有信任，就伴随一定程度的风险。心理健康的人，会模糊处理这一问题，只要有大部分的把握，就选择完全信任，并在此基础上做该做的事情；而心理健康欠佳的人，则会过分看重没有把握的那极小的部分，使自己变得迟疑不定、患得患失。

⚑ 课堂活动

信任之旅

活动指导语：2人一组，一位扮演"盲人"，可以戴上眼罩或闭上眼睛；另一位扮演"拐杖"。"盲人"蒙上眼睛后，原地转3圈，再在"拐杖"的帮助下，沿着指导者选定的路线行进，可以在室内，也可以拓展到室外，最终回到出发地。活动过程中，不能有语言交流，"拐杖"只能用手势、动作帮助"盲人"。互换角色，再来一遍。全部活动结束后，各组可以互相讨论交流。

讨论交流可以围绕以下问题进行。

（1）对于"盲人"：你看不见后是什么感觉？活动过程中你的体验是什么？你对于自己和他人有什么新的发现？

（2）对于"拐杖"：你是怎样帮助同伴的？活动过程中你的体验是什么？你对于自己和他人有什么新的发现？

人际信任量表

指导语：使用以下标准表明你对下列每一陈述同意或不同意的程度（见表6-1）。

表6-1

完全同意	部分同意	同意与不同意相等	部分不同意	完全不同意
1	2	3	4	5

1. 在我们这个社会里，虚伪的现象越来越多了。

2. 与陌生人打交道时，你最好小心，除非他们拿出可以证明其值得信任的依据。

3. 除非我们吸引更多的人进入，否则这个行业的前途将十分黯淡。

4. 阻止多数人触犯法律的是恐惧、社会廉耻或惩罚，而不是良心。

5. 考试时老师不在现场监考可能会导致更多的人作弊。

6. 通常父母在遵守诺言方面是可以信赖的。

7. 联合国永远不会成为维持世界和平的有效力量。

8. 法院是我们都能受到公正对待的场所。

9. 如果得知公众听到和看到的新闻有多少已被歪曲，多数人会感到震惊的。

10. 不管人们怎样表白，最好还是认为多数人主要关心其自身的幸福。

11. 尽管在报纸和电视中均可看到新闻，但我们很难得到关于公共事件的客观报道。

12. 未来似乎很有希望。

13. 如果真正了解到国际上正在发生的政治事件，那么公众有理由比现在更加担心。

14. 多数获选官员在竞选中的许诺是诚恳的。

15. 许多重大的全国性体育比赛均受到某种形式的操纵和利用。

16. 多数专家有关其知识局限性的表白是可信的。

17. 多数父母关于实施惩罚的威胁是可信的。

18. 多数人如果说出自己的打算就一定会去实现。

19. 在这个竞争的年代里，如果不保持警惕，别人就可能占你的便宜。

20. 多数理想主义者是诚恳的并按照他们自己所宣扬的信条行事。

21. 多数推销人员在描述他们的产品时是诚实的。

22. 多数学生即使在确定不会被发现时也不会作弊。

23. 多数维修人员即使认为你不懂其专业知识也不会多收费。

24. 对保险公司的控告有相当一部分是假的。

25. 多数人诚实地回答民意测验中的问题。

该量表由心理学家朱利安·B. 罗特（Julian B. Rotter）于1967年编制，收录于戴晓阳编制的《常用心理评估量表手册》，测查内容包括各种处境下的人际信任，涉及不同社会角色（包括父母、推销员、审判员、一般人群、政治人物及新闻媒体）。

计分方式：本量表共有25个条目，其中13个条目反向计分，分别是1、2、3、4、5、7、9、10、11、13、15、19和24，即答案为"1"则计5分，答案为"5"则计1分，依次类推。

结果评定：25个条目的得分之和即为被试者的总分，反映了被试者人际信任的总体状况，得分高者人际信任度也高。

第三节 孤岛突围
——大学生人际关系的促进

本节视频

★案例

独行侠小飞

小飞是一名大二男生，是一个喜欢独来独往的人，在一次心理课堂上却一下子让全班同学记住了他。老师布置了一个关于"你的人际网络系统"的课堂练习，并请同学们当场分享。小飞的分享非常特别，他的人际网络系统里只放了一个人，就是他自己。在他看来，与人交往是没有意义的，一个人做事效率会更高；生命有限，时间宝贵，要用有限的时间去做更有意义的事。同学们知道小飞这个想法后，感觉他是个以自我为中心的人，太过自负和自私，因此，大家都远离了他。班级推荐入党积极分子，小飞也落选了。小飞单独找到心理老师倾诉心中的困惑，他不明白为什么大家都孤立自己。

在心理老师的帮助下，小飞意识到自己的错误，并打算积极改正。

人际网络的重要性不仅是其实用价值，还包括精神价值。美国作家柯达曾说过："人际网络非一日所成，它是数十年来累积的成果。如果你到了 40 岁还没有建立起应有的人际关系，麻烦就大了。"

一 秘密武器：大学生人际交往技巧

1. 人际奖赏：赞美的技巧

人际奖赏在人际交往中也是一个决定因素，而赞美可以让彼此在人际互动中获得奖赏，从而促进人际和谐与合作共赢。赞美，在人际交往中可以拉近人际的距离，是一种较为直接的有效表达方式。真诚的赞美不但会使被赞美的人产生心理上的愉悦，而且可以使赞美的人经常发现别人的优点，从而使自己对人生持有乐观、欣赏的态度。心理学家威廉·詹姆斯说："人性中最本质的愿望，就是希望得到赞赏。"

赞美要发自内心：虽然人们都喜欢听赞美的话，但并非任何赞美都能使对方高兴。能引起对方好感的赞美，只能是那些基于事实、发自内心的赞美。相反，你若无凭无据、虚情假意地赞美别人，对方不仅会感到莫名其妙，还会觉得你油嘴滑舌、诡诈虚伪。

赞美要具体化：对他人的赞美应从具体的事入手，善于发现别人哪怕是最微小的长处，并不失时机地予以赞美。赞美用语越翔实、具体，说明你对对方越了解，对他的长处和成绩越看重。让对方感到你的真挚、亲切和可信，你们之间的距离就会越来越近。

🚩 **课堂活动**

击鼓传球赞美他人

活动规则：音乐起，指导者将一个小球传给教室中的一名同学，大家开始在教室中自由地传球，音乐停，球在谁的手中，谁第一个发言。拿到球的人，对传给你球的人说出你的赞美和欣赏，告诉对方，他/她的哪些性格或行为表现令你欣赏。接着，传球继续，拿到球的人依次表达对他人的赞美。

2. 我心同你心：提高共情能力

共情能力是能够理解别人的想法、感受，并将这种理解和体会反馈给对方的能力。例如，当你身边的好朋友因为失恋而痛苦伤心时，你也开心不起来，而是为她难过和悲伤，这就是共情。共情能力不仅仅是个体心理活动的表现，也是一个生理过程的表现。很多时候，人们会说别人无法感受自己的行为，其实不是的，当他打哈欠时，身边的人可能会被感染，也会打哈欠；当他展现笑脸时，身边的人也会不由自主地展现笑脸。当我们看到他人伤心难过时，内心也会升起相似的感受；当我们看到他人在运动场上肆意奔跑时，我们也能感受到酣畅淋漓的快感。人为什么会感同身受？研究发现，是大脑中的镜像神经元被激活了。镜像神经元是一种感觉-运动神经元，称为大脑中的魔镜，使我们不知不觉地抓住他人的意图，了解他人的情绪。由于镜像神经元的存在，我们更能理解他人的意图和行为，或感受他人正在产生的体验，这正是共情产生的生理基础。而共情能力有助于我们建立和发展良好的人际关系。荷兰格罗宁根大学的凯塞斯博士认为，共情能力高的人有特别活跃的镜像神经元系统。

心理自测

积极共情能力量表

研究发现，共情能力高的人，他们的人际关系质量更高，对人际关系更满意，更能体验到亲密感和信任感，他们的幸福感也更高，他们能够从分享他人的积极情感中获益，他们会有更多的积极情绪，对生活的满意度也更高。此外，共情能力能够提升人们的个人资源（如韧性），让人们更好地迎接生活的挑战和机遇。

共情能力也是可以通过训练而提高的能力，方法如下。

（1）个人愿意

你是否真的愿意去理解他/她？去关注他/她所说的？去体会他/她的感受？如果是，那么恭喜你，你已经迈出了提高共情能力的第一步。

（2）倾听

倾听是共情能力的基础。个人只有了解了对方在说什么，才能更好地理解对方，因为自己的想法往往会阻碍自己理解对方。

当你的朋友向你诉说一件最近遇到的烦心事时，你只需要静静地倾听，不要发表自己的意见，用"嗯""哦""这样"等简单的方式回应你的朋友，表明你在听。等朋友诉说结束后，你可以向朋友反馈你所听到的内容，看看他的反应如何，如果他愿意继续跟你谈论，那么恭喜你，你的倾听能力提高了。

（3）关注情绪

非言语信息往往比言语更能准确地告诉人们对方的真实感受，因此，你需要学会准确地识别情绪，以便更好、更真实地理解对方，快速地抓住对方想表达的重点。

（4）换位思考

你尽可能地站在他人角度来考虑问题。设想如果自己处于对方的情境，会怎么想、怎么做、有什么样的感觉，用对方的思维来考虑问题。要做到这一点，你需要真正地去了解对方的处境、遭遇、背景等。

（5）将你的理解和体会反馈给对方

你在理解别人的想法和感受后，还应该学会反馈。你要将积极正面的情绪带给别人，这样不仅可使自己的人际关系质量更高，而且自己的主观幸福感也会更高。

自助训练

共情能力训练

你可以与几个同学、室友或朋友一起来做这个练习。

（1）提前准备若干张写有情绪名称的卡片，如喜悦、愤怒、哀伤、抑郁、愧疚、委屈、伤心、害怕、担心、焦虑等。

（2）大家围坐一圈，每人抽一张卡片，只能自己看卡片上的词语，不要让其他人看到。

（3）每个人围绕自己抽到的卡片上的情绪词语，依次讲一个发生在自己身上的故事，在这个故事中，自己清晰地体验到了这种情绪。

（4）在一个人讲完故事后，其他人可以反馈以下3个方面的信息：①当自己听完他讲的故事时，自己有哪些感受；②自己猜他抽到的词语是什么；③自己说些什么，能够让对方体验到被理解。

（5）反馈者对于故事表达的情绪与讲故事者进行核实，讲故事者也可以就哪种反馈最能打动自己进行再反馈，在互动中检验彼此的共情能力。

3. 适度曝光：主动表达的技巧

正如前面介绍的自我暴露效应（也称曝光效应），在人际交往中，人们只有通过表达与分享才能建立互动的机会，只有通过人际互动才会加深彼此的关系，因此，表达彼此的真实想法、感受，对于建立良好的人际关系是需要的。

（1）培养表达的意愿

由于性格的差异，有的人在人际交往中偏主动型，有的人偏被动型的；有的人喜欢倾听，有的人喜欢表达。这固然没有对错之分，但对于偏被动型的人或喜欢倾听的人，适当地表达自己是自我灵活性的一种体现，是建立进一步关系的前提。要培养表达的意愿，个体需要从内心认可表达的价值，明白表达与分享是具有开放性的表现，对促进人际关系来说是必不可少的。

（2）进行表达的行动

表达的行动又分为两类：一类是表达自己的想法和感受，另一类是对他人的想法和感受的反馈。不论是表达自己，还是反馈他人，要清楚地表达想法，要思路清晰、言之有物；而表达感受，需要一定的情绪觉察力，以及之前讲到的共情能力。

下面列举了一些主动表达的建议。

① 当你感受到内心想要说话的意愿，而又冒出不表达的理由时，请勇敢地表达，在这样的时刻，多行动少思考。

② 把握表达的主线，让表达更有条理。

③ 表达的内容较多时，可以分几个小点来说，如列出1、2、3。

④ 关注人际互动中的眼神、表情、姿态等非言语信息，从而更好地理解与表达感受。

⑤ 表达要循序渐进，要与人际关系发展的不同阶段相对应。在人际关系发展的早期阶段，不适合进行过于深入的表达。随着人际关系的深入，表达也逐渐深入。

4. 情感升温：积极行动的技巧

有这样一个例子，可以很好地说明积极行动的重要性。在一场生动的心理学课上，授课老师站在讲台上说：“现在布置一个任务给大家。”说完他从口袋里拿出事先准备好的钢笔，问大家：“从我手上拿走这支笔，有几种方法？”正当大家叽叽喳喳讨论时，突然一个人走过来，二话没说，伸手就把笔拿走了。这时大家恍然大悟，原来把笔拿走只有一种方法——行动。同样，想拥有良好的人际关系，积极行动才是关键。积极行动可以让你在人际关系中拥有更好的体验。积极行动有以下几种。

（1）开拓行动

结交朋友会让人们更快乐。心理学家迪纳与塞利格曼曾在一群大学生中做过一项研究，结果显示，在感到快乐和不忧郁的大学生中，有10%的人有一个共同特征，就是都有亲密的朋友与家人，并花时间与他们共处。迪纳总结说："想要追求快乐，就应该培养社交技巧，建立亲密的人际关系，获得人际支援。"大学生应该多参加班级、学校的活动，扩展自己的人际交往范围。在与朋友交往的过程中，大学生应该真诚地表露自己，同时对他人的真诚表露给予回应。大学生要把建立良好人际关系的愿望转化为行动。

（2）充值行动

你知道情感账户吗？当然这是一种隐喻，但不论你是否意识到，在人们初次相识时，彼此之间就开设了账户。柯维博士指出："透过人际关系的存款，你可以建立自己与他人的安全感和信任感，也激发出正直、创造、自律等品质。"每个人心里都有一个账户，每一次你让对方开心，做了一些让对方高兴的事，就是在对方的账户里存款；每次你让对方哭、受挫折、痛苦，就是在你的账户中提了款。大学生要常常记得为自己友谊的情感账户充值。

充值方式如下：
① 共享优质的美好时光；
② 默默为他/她做一件事，不计回报；
③ 记住他/她的生日；
④ 和他/她分享你的痛苦和喜悦；
⑤ 在他/她需要的时候陪伴他/她。

（3）感恩行动

感恩是一种积极的人格特质，有利于人们建立和谐的人际关系。积极心理学的研究表明，感恩与幸福感和人际关系有密切关系。

5. 协商共赢：处理冲突的技巧

人际冲突是一个信号，提示人们发生了矛盾，需要人们进行处理。冲突的发生也是要求改善现状的一个信号，对于冲突的良好解决，有时候反而可以促进彼此的关系。冲突的结果不一定只是胜负之分，还可以是双方均得到满足的共赢局面，这就需要人们掌握必要的处理人际冲突的技巧。

（1）澄清并界定问题

倾听对方的真实想法和感受，找到彼此冲突的焦点在哪里，明确地界定问题，这是解决人际冲突的第一步。界定问题真正的挑战就在于澄清问题的本质，达成共识，明确通过解决问题可以达成怎样的目标。

（2）学会换位思考，理解对方的需要

发生人际冲突不是交往中的双方的目的，目的在于冲突背后的心理需要。在冲突中的个体，都想要表达自己的需要，而看不到对方的需要，这是冲突发生及持续的重要原因。学会换位思考之后，很多复杂的问题迎刃而解。古人有言："己欲立而立人，己欲达而达人。"当人们能够换位思考，能够体会到他人的需要时，就多了一份包容和理解，能够推己及人，就能够心平气和地坐下来协商解决方法了。

✎ **自助训练**

空椅子

找一个安静的地方，放两把椅子，你先坐在一把椅子上，想象冲突的对方坐在另一

把椅子上，然后将你对对方的各种不满、意见、情绪和指责等都向"对方"毫不隐讳地表达出来；在你发泄完后，你又坐到另一把椅子上，想象自己就是对方，对面的椅子上坐着自己，你再从对方的角度来一一回答你刚才提出的责难，并宣泄不满的情绪。

经过这样的换位之后，你可以学会从对方的视角去看问题。

（3）寻求可能的解决方法

双方面对面地真诚交流，共同思考解决问题的方法，协商出双方都认可的解决方法，并达成共识。在这个过程中，有争论是正常的，争论的目的是讨论不同的解决方法的可行性和彼此的接受度。双方可以充分地讨论不同解决方法的优缺点和彼此的需求，直到协商出最终的解决方案。

✎ 自助训练

冲突这件小事

请同学们在独处的时候找一个安静的空间，完成下面的自助练习，这对你正确处理人际冲突会有所助益。

我经历的一个冲突情景是_____。

面对冲突时我会感到_____。

我看到冲突背后自己的需要是_____。

我猜测对方的需要是_____。

最终的解决方法是_____。

在我完成这个练习后，我的发现是_____。

6. 学会拒绝：拒绝的技巧

大学生在日常人际交往中难免会遇到不符合自己意愿的要求，为了不委屈自己，要学会拒绝。能否恰当、得体、不伤害地拒绝他人无疑是对个人人际交往能力的一种考验。拒绝的能力往往与自信紧密联系，缺乏自信和自尊的人常常为拒绝别人而感到不安，而且有一种认为别人的需求比自己的更重要的心理倾向。下面分享6个拒绝的建议。

（1）**简单回应**。如果你要拒绝，就应坚决而直接。你可以使用短语拒绝，如"感谢你看得起我，但现在不方便"或"对不起，我不能帮忙"。尝试用你的身体语言强调"不"，无须过分道歉。

（2）**区分拒绝与排斥**。记得你是拒绝请求，而不是排斥一个人。你不需要感到愧疚。你有拒绝的权利，就像他们有权利要求你帮助一样。有时拒绝别人是为了让他们学会为自己负责。

（3）**不要在有情绪时拒绝**。要让自己冷静下来，确保拒绝是一种理性的选择，而不是受到情绪的影响。

（4）**要委婉地拒绝**：真正有不得已的苦衷时，如能委婉地说明，以婉转的态度拒绝，别人还是会感动于你的诚恳。

（5）**要有礼貌地拒绝**：拒绝的时候，要面带微笑，态度庄重，让对方感受到你对他的尊重、礼貌，这样就算被你拒绝了，对方也能欣然接受。

（6）要有代替地拒绝：别人跟你说的这件事你帮不上忙，但你可以用另外一个方法来帮助他，这样一来，他还是会很感谢你的。

> **课堂活动**
>
> **情境训练之拒绝的技巧**
>
> 　　指导语：下面是3个不同的情境，请同学们基于这些情境，进行角色扮演。同学们可以自由发挥，体会如何恰当地拒绝对方。
>
> 　　情境1：马上要考试了，你想要复习，但朋友失恋了，要求你陪他/她。
>
> 　　情境2：你晚上有课，社团会长给你布置了一项工作，要求今天晚上就要做完。
>
> 　　情境3：快考试了，你最好的朋友想让你在考试中帮他作弊。
>
> 　　每个情境扮演完后，请扮演者分享拒绝他人时或者被拒绝时的体验，其他同学可作为观众对于不同的拒绝技巧进行讨论。讨论内容：怎样拒绝/主动沟通更好？在拒绝他人时，如何做到既不伤害对方的感情，又不会让人觉得生疏？

二　心理边界：大学生人际困扰与调适

　　个体心理学的创始人阿德勒曾说过："一切烦恼皆来自人际关系。"不管是亲子关系，还是朋友关系，或者恋人关系，体验到舒适感，既能彼此共享亲密空间，又有自己的独立空间，保持合适的距离，这是一份好的关系的特征。然而，现实中，不同的人对于关系的距离会有不同的需求。试想一下，你在关系中是否有过下面这样的体验呢？

　　①你的父母是否曾对你说"我们这样做全都是为了你"而忽略你的想法？

　　②对于朋友的频繁要求，你是否很难说不？

　　③在与恋人交往的过程中，你是否想与对方拉近距离或者拉远距离？

　　如果你有上面的体验，说明你在人际中存在一定的心理边界方面的困扰。"心理边界"这个概念是心理学家埃内斯特·哈曼特提出的，他给出的定义："如果自我是一座城堡，那么心理边界便是城堡的护城河，而且护城河的宽度由你自己决定"。心理边界是指每个人在心理上创造的界限，通过这个边界，人们分清自己的内在世界和外在世界，保护自我。健康的心理边界应该是清晰的，有弹性的。从人格的发展过程来看，心理边界的基础是早期的亲子依恋关系。在人类最初的人际关系中，当婴儿需要照顾时，养育者如果不能及时回应，婴儿最初就会努力找寻，表现得更容易紧张和过度依赖，希望在人际关系中有亲近的距离，希望得到对方充分的情感关注，担心关系破裂或疏远；当养育者与婴儿之间的互动已经形成，婴儿对于养育者的不能及时回应已经习以为常时，他们就不再期待人际的亲近，习惯了关系中的较远距离和疏远，这就会成为他们人际关系的最初体验，这种体验会形成成年后人际关系的雏形。如果养育者与孩子之间有较为安全的依恋关系，鼓励孩子的独立性，允许孩子发展自我意识，协助孩子完成个体分离化，孩子就可以建立起良好的心理边界。心理学的研究表明，90%的人际关系问题是由于个体心理边界不适当引起的。适当的边界感，有助于建立长久愉悦的关系；不适当的边界感，则会毁掉一切关系。

　　在大学生心理咨询的案例中，以及大学生的日常生活中，常常出现这样的情况：有些学生不知道该如何与他人建立关系；有些学生不敢在人际交往中敞开心扉；有些学生刚开始与他人建立关系时，就把对方当作可以无话不谈的亲近朋友，毫无保留地分享自己，把他人吓跑；有些学生总是看别人不顺眼，常常与他人发生冲突；还有些学生遇到了交往困难，就选择逃避。

在这些人际困扰的背后，本质上是心理边界不恰当。其中包含两种典型的类型：心理边界模糊——依赖型、心理边界僵硬——回避型。

1. 依赖型人际困扰及调适

> **★案例**
>
> **关系中的流沙——抓得越紧越留不住**
>
> 大二的依依来到学校的咨询室里，带着满脸的焦虑，一坐下来就滔滔不绝地讲述这个学期感受到的烦恼。依依说自己本来是后知后觉的人，但也隐隐感觉到好朋友青青在有意疏远自己。大一的时候两人可是形影不离的好友，吃饭、上课、逛街都是一起，大二时课程多了起来，两个人选的课程也有所不同，因此不能总是黏在一起了。但依依一直把青青作为最重要的朋友，而青青除了自己，还和班级里的其他同学走得很近，依依的内心是有一些不平衡的。前几周青青赶一个项目，因要和其他同学一起讨论项目方案而拒绝了依依的邀约，为此，依依十分生气，责怪她们讨论项目方案怎么不叫上自己。然而，自从那次不愉快之后，青青好像有意地避开自己，依依内心越发焦虑，想要搞明白到底怎么了。为此，依依坐卧不安，不愿意接受自己那么重视的朋友离自己越来越远。

案例中的依依表现出的人际困扰正是依赖型。这种类型的人在行为上总是希望拉近与对方的距离，容易模糊人际界限，希望有更紧密的联结，一旦对方并没有如自己期待，就产生生气、委屈等情绪，他们自身的喜怒哀乐在很大程度上受到他人如何对待自己的影响，长此以往，这种期待往往会让对方感觉到疲惫或者被束缚，很可能导致关系进入"要求-回避"模式。

对于依赖型人际困扰，个体应该如何调适呢？

（1）把握合适的人际界限

合适的人际界限是指在人际关系中，个体清楚地知道自己和他人的边界，既保护自己的个人空间不受侵犯，也不侵犯他人的个人空间。个体可以通过以下方法建立合适的人际界限。

① 学会独处。心理学家温尼科特认为：拥有独处的能力，是一个人情感成熟的重要标志之一。学会独处可以让自己安于当下，获得内心的平静。

② 培养独立的个人兴趣、爱好。当一个人在自己的世界里也能找到寄托和快乐时，便不需要依赖他人来获得快乐。

③ 不过分要求和依赖他人。即使双方是朋友，也需要尊重对方的想法，允许对方有自己的个人空间。

④ 分清别人的事和自己的事。这是自我心理成熟的标志。个体只有能够正确区分自己和他人之间的分界线，才能在人际关系中保护自己。

（2）增强内心的安全感

依赖型的人之所以对人际关系比较敏感，担心对方会离开自己，是因为他们内心缺乏安全感，在关系中总想要检验自己是否重要。个体与其向外界索取来确认安全感，不如增强自己内心的安全感。

提升安全感的方法有以下几种。

① 多给予自己正面、积极的自我暗示，欣赏和接纳自己。

② 允许自己小范围内的冒险和失控，比如，尝试自己从来没有做过的事。

③ 努力投入学习，提高能力，提升自我价值感。

一个人只有逐渐建立了内心的安全感，相信自己，才会信任别人，从而允许在关系中彼此都可以做自己，找到让彼此都舒服的距离。我自清风，蝴蝶自来。

2. 回避型人际困扰及调适

★案例

有意回避与人交往，是否注定要被淘汰？

我与同学总是保持距离，始终信守君子之交淡如水，不愿和别人有过于亲密的交往。我性格内向，从心底里和行动上一直不愿与外界有过多交往，只希望自己一人安安静静地做自己的事。期末评优时，我的得分很低，也不奇怪，我和大家都不熟，也不愿花时间去交往，这个结果也是可预见的。然而，随着年级的升高，越来越多的科目开始布置小组作业，需要与人合作完成，遇到这样的情况，我总是拖延，不愿意主动与他人联系，我越来越觉得自己是团体中最被动的一员。有一天，我听到组员这样评论我："这样的人在我们小组中也不主动，可是最后大家一样的分数，太不公平了。"听到这样的评论，我也不免心中烦闷。这样的我，是否注定要被淘汰？

回帖1：这样的行为确实不太能融入现在的社会，会阻碍自己的发展。虽然本性难移，但还是要努力改变。

回帖2：读书时可能凭自己用功就行，但现在做项目都需要团体合作，这样肯定不行，人际交往很重要。

回帖3：这说的好像是我，难道注定是被淘汰的命运？

★案例

大学里的独行侠

小林，性格十分内向、孤僻，不善言谈，很少与人交往。

入大学一年多来，他和班上的同学很不融洽，跟同宿舍的人曾经发生过几次不小的冲突，关系相当紧张。后来他竟擅自搬出宿舍，独立在外租房住。从此，他基本上不和班上同学来往，集体活动也很少参加，与同学的感情淡漠，疏于来往。辅导员在深度辅导中得知，他父母常年在外地打工，他从小跟着爷爷奶奶长大，他独立生活能力很强，习惯了独来独往的生活。在辅导中，他坦言自己没有一个能相互了解、相互信任、谈得来的知心朋友，虽然也常常感到特别孤独，但已经习以为常，他并不愿意做出任何调整。

正如上述案例中的"我"及小林，有一部分大学生，因为内心对于人际交往比较回避，或者是性格过于内向，或者是成长环境带来的人际冷漠，他们在现实中缺乏交往的愿望和兴趣，他们遇到的人际困扰属于回避型人际困扰。他们自我封闭、孤芳自赏，但又特别敏感，心理承受力差，独来独往，不愿抛头露面，不愿与人交往，在关系中故步自封，不敢主动与他人建立联系，显得比较被动和疏离。在高速发展的信息化社会，这部分大学生似乎显得不那么合群。是跟着内心的感觉走还是顺应社会的大趋势？是保持内心的宁静还是勇于突破自我？这是每个大学生不容回避的问题。

对于回避型人际困扰，应该如何调适呢？

（1）接纳和理解自己

回避型的人在人际交往中的退缩或者回避行为，必然会给其适应环境和自我发展带来一定的困扰，可能导致沮丧、自责、抑郁等负性情绪，对此，要从接纳自我开始调适。接纳自我，是指接纳自己在人际交往中的回避行为，理解自己要回避的不是人际的温暖与美好，而是曾经被伤害的感受。回避只是为了让自己不受伤害的自我保护机制，它会带来一定的安全感，但同时也会限制自身获得更多资源的机会。接纳和理解自己，意味着不批判，看到行为背后的需要，并且允许自己在人际交往中适当冒险，允许自己去体验人际交往带来的温暖与美好。

（2）提高人际自我效能感

回避型的人对于人际交往经验通常是比较缺乏的，或者体验更多的是失败的交往经验，以至于他们在人际交往中的自我效能感是不足的，这阻碍了他们的正常交往行为。因此，在接纳自我的基础上，提高人际自我效能感，可以使回避型的人建立起人际交往的信心。班杜拉最早提出自我效能感理论，其对自我效能感的定义是"人们对自身能否利用所拥有的技能去完成某项行为的自信程度"。后来有人把这个理论用在人际交往上，提出人际关系自我效能感的概念，并围绕这个概念开展了研究。有研究者对大学生进行问卷调查发现，大学生的人际关系自我效能感总体水平不高。

那么，如何提高人际关系自我效能感、增强交往中的自信呢？乔治·P. 霍仑贝克和道格拉斯·T. 霍尔既是心理学教授，又是心理咨询师。他们所做的研究说明，我们的自信感来自5种信息源：真实经历、他人经历、社会比较、社会劝说和情绪唤起。根据自信感的信息源，人际关系自我效能感的提高也有章可循：①回忆以往成功交往的经验；②学习他人在人际交往中的优秀表现；③与自己相似的朋友对比；④主动寻求朋友的指点和鼓励；⑤保持积极的情绪状态。

本章思考题

521宿舍的晶晶因为外在的竞争一度与室友拉开了距离，自尊心过强的她一方面独来独往，另一方面又渴望融入大家，具体情况请参看本章引导案例"宿舍那点事"。如果你是晶晶，你该怎么办呢？如果你是晶晶的室友，你又该如何做呢？

本章重点知识梳理

本章推荐资源

第七章

爱情密码

——大学生健康恋爱及性心理的培养

　　爱情是大学生憧憬和向往的，恋爱和性也是大学生极为关注的话题，恋爱对大学生来说既是幸福的来源，也是心理困扰的来源。王琨的调查结果显示，有2/3的大学生谈过恋爱，有65.62%的大学生在恋爱出现波折时会心烦意乱、生活受影响。杨振斌等人的个案研究发现，恋爱问题是诱发大学生自杀的重要原因之一。大学生对性的观念越来越开放，对性心理和生殖健康等方面的知识需求较高。本章将带领大学生走进恋爱和性，帮助大学生提升恋爱关系的质量，有效应对恋爱与性相关的困扰。本章学习目标如下：

- 了解大学生恋爱心理发展的规律特点；
- 了解性心理的发展和大学生性心理的特点；
- 掌握提升恋爱关系质量的方法；
- 掌握大学生恋爱和性心理问题及其调适方法。

什么是爱？

有一天，话剧社刚排演完威廉·莎士比亚的《罗密欧与朱丽叶》，大家就七嘴八舌地开始探讨关于爱情的话题。这个话题是被小美先挑起的。小美问佳琪："你为什么跟张帅在一起啊？"

佳琪："跟张帅在一起很开心啊，跟他在一起还有一种被照顾的感觉，而且他特别懂我。"

小美又问张帅："你喜欢佳琪什么？"

张帅："喜欢就是喜欢，一看到佳琪就心动，她就是我心中的女神。"

佳琪："得了得了，别只问我们了，你呢？说说你和江南到底怎么回事儿？"

小美："也没什么了，就是觉得江南这人很踏实。江南属于那种一旦认定了一个人，估计一辈子都不会变心的人，他说会一辈子对我好。不知道怎么回事，我就是很相信他。"

第一节 爱情解码
——恋爱心理概述

本节视频

对于什么是爱，在你身边是否每个人对爱情的看法都不同，每个人需要的爱也不同呢？究竟什么是真爱？大学生恋爱的特点有哪些？一段好的恋爱关系包含哪些要素？怎样去提升恋爱的质量，拥有良好的亲密关系，为未来的婚姻做准备？本节将一一进行解答。

一 什么是爱情：爱的本质

什么是爱情？有人说爱是牺牲，有人说爱是奉献，有人说爱是索取，还有人说爱是浪漫的、是有激情的、是永恒的。究竟什么是爱情？

1. 斯滕伯格爱情三元素理论

美国心理学家斯滕伯格运用定量分析与定性分析相结合的研究方法，在进行大量文献综述和实证研究的基础上提出了爱情三元素理论，阐释了爱情的本质。按照这一理论，爱情有3个元素，分别是激情、亲密、承诺，如图7-1所示。

（1）激情

激情是基于浪漫、身体吸引基础上的性冲动与性兴奋，是爱情中的性欲成分，是爱情的主要驱动力，也是爱情中的情绪成分。激情能引起浪漫恋爱、体态吸引，以及爱情关系中的其他现象。它包括一种激烈地渴望与另外一个人成为一

图 7-1　爱情的 3 个元素

个统一体的状态。在爱情关系中，性的需要是引起这种激情体验的主导力量。"喜欢就是喜欢，一看到佳琪就心动，她就是我心中的女神。"从张帅的描述中可以看到爱情中激情的部分。

（2）亲密

亲密是指在爱情关系中能促进亲近、联结等体验的情感，它能引起亲近和温暖的情感体验。这是爱情中的情绪成分。它包括以下内容：①改善所爱的人的福祉的愿望；②与所爱的人在一起体验到快乐；③对所爱的人高度关注；④在需要帮助时首先想到所爱的人；⑤双方互相理解；⑥分享自我；⑦接受来自所爱的人的情感方面的支持；⑧对所爱的人提供情感方面的支持；⑨能与所爱的人进行亲密的沟通交流；⑩重视对方在自己生活中的价值。斯滕伯格提出的这一元素也广泛存在于较深的友谊关系中。"跟张帅在一起很开心啊，跟他在一起还有一种被照顾的感觉，而且他特别懂我。"从佳琪的描述中可以看到爱情中亲密的部分。

（3）承诺

承诺是爱情中的理智成分，它对情绪和动机是一种控制因素。承诺包括将自己投身于一份感情的决定及维持感情的努力。具体来说，承诺包括两方面：短期方面，是指一个人做出了爱另外一个人的决定；长期方面，是指那些能维持爱情关系（比如婚姻）的担保、投入、忠心、义务感或责任心。但是，这两方面不一定同时具备。一个人做出爱的决定并不一定意味着对所承诺的人忠守；同样，忠守也不一定意味着做出决定。无论是在时间上还是在逻辑上，大多数的情况都是决定成分优先于忠守成分。承诺这一元素大体上相当于我们常说的"山盟海誓""天长地久""忠贞不渝"之类，但不是指具体的行为，而仅指认知和态度方面。"也没什么了，就是觉得江南这人很踏实。江南属于那种一旦认定了一个人，估计一辈子都不会变心的人，他说会一辈子对我好。不知道怎么回事，我就是很相信他。"从小美的描述中可以看到爱情中承诺的部分。

激情、亲密与承诺组成了爱情三角形的3个顶点，成为对爱情进行描述的维度，圆满的爱包含这3个元素，在此基础上，爱情可以分成8种类型，如图7-2所示。表7-1列出了爱情的8种类型中激情、亲密、承诺的程度。而且，在基本三角形之外还有各种复杂的三角形，根据它们能够准确地预测关系的满意度和关系质量。

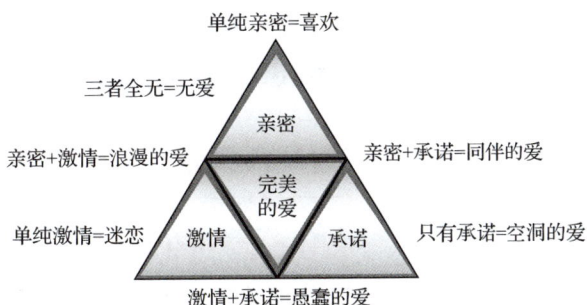

图 7-2　爱情的 8 种类型

表7-1　8种爱情类型的成分解析

类型	激情	亲密	承诺
无爱	低	低	低
喜欢	低	高	低
迷恋	高	低	低
空洞的爱	低	低	高
浪漫的爱	高	高	低
同伴的爱	低	高	高
愚蠢的爱	高	低	高
完美的爱	高	高	高

2. 爱情的脑科学

很多人开玩笑说爱情会让人上瘾，爱情会让人变傻，在爱情中自己无法控制自己，这些说法有道理吗？科学家发现爱情真的会让人"上瘾"和"变傻"，也会让人难以控制自己。付阳等人总结了爱情的神经生理机制相关的研究结果，对爱情及其相关行为的脑功能成像研究发现：爱情主要激活奖赏环路，尤其是腹侧被盖区和尾状核，这提示爱情与成瘾行为有共同的神经机制，爱情会让人"上瘾"；爱情会抑制与社会判断、负性情绪有关的脑区活动，如外侧前额叶皮层、后扣带皮层、杏仁核等的活动，这提示恋爱真的会让人"变傻"。爱情并不是一种单一情绪，而是一种类似于金钱奖赏的激励动机；同时爱情会降低人们对所爱对象的社会判断力。爱情还会导致人体内多种激素和神经递质的变化，包括皮质醇、多巴胺、5-羟色胺、后叶催产素和加压素、神经生长因子等，这么多激素和神经递质在恋爱中发生了变化，难怪有人会说："在爱情中我真的难以控制自己。"这也让我们能理解失恋会多么痛苦，对一部分人来说，并非想走出失恋的阴影就能很快走出来。

海伦·费舍尔等人基于前人的研究，提出了基于神经内分泌的爱情三阶段理论。爱情分为3个阶段，分别如下。

（1）**性欲阶段**，个体主要被性激素（雄激素和雌激素）所驱动。

（2）**吸引阶段**，个体主要被肾上腺素、多巴胺和5-羟色胺所驱动。

（3）**依恋阶段**，个体主要被催产素和加压素两种垂体后叶激素所驱动。

不同激素分泌水平的增加会引起不同的行为反应。例如，肾上腺素增加主要引起个体遇到心上人时产生冒汗等生理反应；多巴胺增加，个体在行为上的表现是精力增加、睡眠或者食物的需要降低、注意力集中，并能够在关系的细节中寻找到快乐；5-羟色胺变化导致的行为表现是有关爱人的想法不断涌入个体的思维；催产素是一种性爱过程中会释放的激素，在性关系后，情侣的依恋关系会增强；后叶加压素是在性爱后释放的激素。这些行为特性显示，性欲、吸引和依恋分别基于截然不同但相互关联的大脑系统，而且它们以特殊的方式相互作用。

扩展阅读

女性通过"气味"选择另一半——汗味儿T恤衫实验

我们为什么对有的人会一见钟情，对有的人却很讨厌？是什么主宰了我们对一个人的感觉？是靠视觉吗？不完全是，请看心理学家做的实验。

1995年，瑞士伯尔尼大学的克劳斯·维德坎博士在进行"汗味儿T恤衫"实验后发表论文说："女性在选择恋爱对象的时候，最初的标准是通过嗅觉去分辨对方的免疫系统。"

如果读者想进一步了解详情，请扫描旁边的二维码收听老师的讲解。

扫一扫

女性通过"气味"选择另一半

二　建立关系不容易：大学生恋爱的发展过程

在埃里克森人格发展八阶段理论中，大学生正处于成年早期，这个阶段的发展任务是获得亲密感，避免孤独感，体验爱情的实现。大学生需要探索和学习建立亲密关系的过程，具体来说包括：了解自己的需求，学习如何与异性沟通与交往、如何建立亲密关系、如何解决亲密关系中的冲突、如何解决亲密关系相关的各种困扰等。在恋爱过程中，有许多需要大学生在这个阶段去学习、成长和发展的部分。

大学生的恋爱需要经过哪些发展阶段呢？王禧的研究发现，大学生建立亲密关系的过程主要有以下4个阶段及行动策略。

1. 试探–确立期

这段时期主要是伴侣关系中主动追求的一方在萌生好感之后，采取行动策略使双方突破单纯的"朋友关系"，逐步向"伴侣关系"过渡。这个阶段的主要策略如下。

策略一：利用"重要他人"，比如，向对方室友打听消息。

策略二：运用身体语言，通过身体碰触试探好感。

策略三：意志坚定，多次表白，穷追不舍。

策略四：情境空间利用，提议去温馨浪漫的地方约会，制造浪漫的氛围。

2. 确定–感情升温期

这段时期主要指的是伴侣双方通过采取行动策略，完成从"朋友关系"到"伴侣关系"的正式转换，并在这个阶段开始建立亲密关系，感情得到升温。这个阶段的主要策略如下。

策略一：仪式的互动，通过"牵手""拥抱"与"亲吻"正式"在一起"。

策略二：自我表露，比如，表露将来两人的发展、规划及对家庭的期待和憧憬等。

策略三：赠送礼物。

策略四：讨好"重要他人"，比如，请对方的好朋友吃饭。

3. 冲突期

关系并非都是一帆风顺的，在感情升温期，可能两人非常甜蜜，冲突比较少，但经历过这一阶段后，接下来就是冲突期。这个阶段的主要策略如下。

策略一：转移话题。转移话题、改变言语活动是退出冲突的一个主要方式。这个方式极其重要的一个特征是使双方都不至于由于屈服而丢面子，也省去了由于让步而进行协商的细节，可以说是结束冲突最便捷的方式，但它并非一直有效，也有回避问题之嫌疑。

策略二：暂时隔离。在双方情绪比较激动的时候暂时搁置问题，等情绪平静时再解决。

策略三：道歉。在恋人间发生冲突后，一方进行道歉的步骤一般如下：一是陈述事实，即"我犯了什么错"；二是说明理由，即"我为什么会犯这个错"；三是提出改正措施，即"我将采取什么措施以不再犯同样的错"。

策略四：投其所好。比如，买束花请求对方原谅。

策略五：协商。在伴侣双方发生严重的意见分歧时，不能强硬地要求对方顺从或妥协，而是应该通过理智的思考与沟通，在协商中解决问题。

策略六：寻找社会支持。比如，在自己因为恋爱问题心情不好时，找自己的好朋友倾诉。

4. 平稳期

这段时期主要指的是伴侣双方在经历了磨合与冲突，形成较为稳定的亲密关系之后，采取行动策略使亲密关系能够继续维持。这个阶段的主要策略如下。

策略一：共同活动，比如，吃饭、散步、购物、旅游等。

策略二：依靠手机维持亲密感，比如，在双方无法见面时，通过手机沟通。

策略三：给予承诺。

三　滋养的关系：良好亲密关系的要素

★案例　这样的爱能持续多久？

赵刚和女朋友美玲确立恋爱关系还没到一个月，问题就来了。美玲希望赵刚可以多陪陪自己，而赵刚因为课余还有兼职和社会实践，没有那么多的时间陪美玲，他想为未来的发展做更多准备，这样才能给美玲更好的保障，所以拒绝了美玲几次。为此，美玲一个星期没有理赵刚。赵刚希望美玲能够理解自己，可以多花一些时间在学习上，美玲却认为这是考验赵刚是否爱自己，爱一个人就意味着愿意为其付出，满足自己的要求。赵刚好不容易才把美玲给哄好了，但没多久两人又因为另一件事情闹起了别扭。

有一天晚上美玲饿了，要赵刚给自己买夜宵。赵刚刚洗完澡，正准备赶第二天要交的作业，于是就拒绝了美玲的要求，让美玲自己去买，或者吃点饼干。于是美玲又不满了，责备赵刚一点都不关心她，追到她之前每天早上给她买早餐，每天晚上买夜宵，随叫随到，没想到追到她之后态度大变，不像以前那么在乎她了。

赵刚现在也迷惑了。纵然自己很喜欢美玲，但是这种爱能持续多久，他自己也不知道。

弗洛姆在《爱的艺术》一书中总结如下。

不成熟爱情的原则：我爱，因为我被人爱。成熟爱情的原则：我被人爱，因为我爱人。

不成熟的爱宣称：我爱你，因为我需要你。成熟的爱：我需要你，因为我爱你。

美玲对赵刚的爱就是一种不成熟的爱。那么成熟的、良好的爱情关系包含哪些要素呢？弗洛姆认为成熟的爱包含以下5个基本要素。

1. 给予

爱情是一种积极的而不是消极的情绪，即爱情首先是"给予"而不是"索取"。给予就是付出，给予是力量的最高表现。恰恰是通过给予，人才能体验到自己的力量、富裕和活力。给予比索取能给人带来更多的愉快，这不是因为给予是一种牺牲，而是因为人通过"给予"展现了自己的生命力。

给予不仅仅包含物质的，更多的是一个人内心有生命力的东西，比如，与人分享自己的欢乐、兴趣、知识、悲伤，总之，是一个人身上有生命力的东西。给予，不仅丰富了他人，而且丰富了自己。

弗洛姆认为人应该用爱去换爱，用信任换取信任。如果你想欣赏艺术，你必须是一个有艺术修养的人；如果你想对他人施加影响，你必须是一个能促进和鼓舞他人的人。

打算以爱的形式给予的人不应该把对方看作自己帮助的对象，而应该同对方建立一种真正的、创造性的亲密关系。

2. 关心

爱的本质是创造和培养，爱情和劳动是不可分割的。人们爱自己劳动的成果，人们为所爱之物而劳动，关心则是这种劳动的实践。

3. 责任心

责任心的含义是"一个完全自觉的行动"，是"我"对另一个生命表达出来或尚未表达出来的愿望的答复。"有责任心"意味着有能力并准备对这些愿望给予回答。

4. 尊重

如果没有尊重，那么责任心就有可能变成控制别人和奴役别人的主观倾向。尊重对方不是惧怕对方。尊重的含义是实事求是地正视对方和认识对方独有的个性。"我"希望一个被"我"爱的人能以他自己的方式和为了他自己去成长、发展，而不是服务于"我"。爱一个人，就应该接受他本来的面目，而不是要求他成为"我"希望的样子。爱情是自由之子，永远不会是控制的产物。

5. 了解

人们只有认识对方、了解对方，才能做到真正尊重对方。如果不以了解为基础，关心和责任心都会是盲目的，而如果不是从关心的角度出发去了解对方，那么"了解"便是一句空话。了解作为爱的一个方面，不能停留在表面，要深入事物的内部。"我"只有用他人的眼光看待他人（即站在对方的立场考虑），而把对自己的兴趣退居二位，"我"才能真正了解对方。

关心、责任心、尊重和了解是相互依赖的，在恋爱心理成熟的人身上，人们可以看到这些要素的集中表现。

除了上面的5个基本要素，信任也是良好亲密关系中非常重要的。安全感是人最基本的需求，如果在关系中不能彼此信任，建立安全感，关系迟早会破裂。需要注意的是，关系中的信任是相互的，它有两层含义，一是自己的行为不能破坏关系，要让对方信任自己；二是信任对方。

> **行动指南**
>
> ### 恋爱中的道德规范
>
> 恋爱作为一种人际交往，也必然要受到道德的约束。恋爱是建立幸福婚姻家庭的前奏，恪守恋爱中的道德规范关系到未来婚姻家庭生活的幸福。恋爱中要遵守哪些道德规范呢？请读者扫描旁边的二维码听听课程思政微课吧。

四 爱情与婚姻：从心动到承诺

> **案例**
>
> 佳琪的表姐结婚了，佳琪刚参加完表姐的婚礼回到学校。在婚礼上，佳琪看了一段视频，对此感触颇深。这是表姐和表姐夫制作的两人从相知、相爱、克服一些困难到

共同承诺进入婚姻的一段视频，佳琪很感动，于是在宿舍里和室友们一起分享。木兰问佳琪："你想和张帅结婚吗？"

佳琪说："我还没想那么远的事儿呢，不过看了我表姐的视频，感觉结婚并不是一件容易的事情，他俩也是克服了好多困难才最终走到一起的，也许将来我俩会结婚吧。"

"我感觉结婚离我好遥远，我不确定将来是否会结婚，如果找不到对的那个人，我宁愿一个人过一辈子。"晶晶说。

"即使有那么一个人，我也不结婚，结婚有什么好的啊，这年头谈结婚伤感情，我在网上经常刷到这样的文章，没说婚事时俩人感情很好，一谈到结婚，就因房子、彩礼而谈崩。谈结婚跟谈买卖似的，还是趁年轻多享受一下生活吧，可以谈恋爱，但是我坚决不结婚！"晶晶接着说。

"我母胎单身，谈恋爱都够麻烦了，别说结婚了，还是一个人过自由自在，想怎么过就怎么过，实在感到孤独了还可以养一只猫。"小奇说。

近年来，青年在婚恋观念和婚姻行为上发生了显著变化，呈现出初婚年龄推迟、结婚率下降，以及婚恋问题日益突出的趋势。国家统计局第七次人口普查数据显示，近年来国人的初婚年龄大幅推迟。2020年，我国平均初婚年龄为28.67岁，较2010年的24.89岁增加了3.78岁。全国的结婚率从2013年到2020年持续下滑。同时，与大学生群体婚恋问题相关的负面事件频繁出现，通过大众传媒传播引发了大学生对婚恋的担心和忧虑。部分大学生对婚姻的态度越来越消极，"懒婚""恐婚"等成为社会关注的热点话题。作为大学生，究竟该如何看待婚姻，在大学期间可以为此做些什么准备呢？

1. 婚姻是什么

婚姻是人与人之间一种特殊的社会关系，是一项法律制度，是法律所规定的、将男女双方结合为法律上统一体的伴侣关系。婚姻不仅仅是两个人的结合，它还涉及情感、责任、权利和义务。我们可以从以下几个角度来理解婚姻。

（1）**法律角度**：婚姻是受法律约束的契约关系，规定了双方的权利和义务，如财产分配、继承权等。

（2）**社会角度**：婚姻是社会稳定的基础，通过家庭单位的形成，促进社会秩序和延续。

（3）**文化角度**：婚姻在不同文化中有不同的表现形式，但通常涉及仪式和习俗，反映特定社会的价值观。

（4）**个人角度**：婚姻是情感和承诺的体现，伴侣通过婚姻表达对彼此的忠诚和支持。

确实，婚姻比恋爱复杂得多，不仅仅需要考虑两个人的感情问题，现实中谈婚论嫁涉及的事务会更多。婚姻是恋爱的坟墓吗？婚姻并不是爱情的终点，而是爱情进入了一个新的阶段。恋爱时的激情和浪漫可能会随着时间逐渐转化为更深层次的亲密感、责任感和陪伴。婚姻中确实会遇到各种挑战，但正是这些挑战让两个人有机会共同成长，进一步巩固彼此的感情。

2. 当代青年人的婚恋观

共青团中央中国特色社会主义理论体系研究中心课题组，在2021年发表了一份调查报告——《青年婚恋意愿调查：面对婚姻，年轻人在忧虑什么？》。该报告指出，越来越多的年轻人徘徊在婚姻殿堂之外。调研中，对于"你将来会谈恋爱吗"这一问题，12.8%的受访者选择

"不谈恋爱"，26.3%的受访者表示不确定。对于"你将来会结婚吗"这一问题，25.1%的受访者选择"不确定"，8.9%的受访者选择"不会结婚"，即有34%的受访者不认为结婚是一件理所当然的事。此外，有近三成受访者从未谈过恋爱。调研发现，作为未来10年结婚的主力军，"Z世代"青年结婚意愿呈现下降趋势。联合国人口司预测，到2030年，我国20～29岁人群中处于婚姻状态的人所占比例为69.2%，将比2013年下降8个百分点。进一步分析发现，女性的结婚意愿明显低于男性。女性表示"不结婚"和"不确定是否会结婚"的人数占43.92%，比男性多出19.29%。女性表现出更加强烈的婚姻犹疑态度。而在对恋爱态度的调查中，并未发现这种性别差异。这说明在婚姻这件事上，女性的态度更加谨慎。

是什么原因让年轻人在婚姻殿堂外徘徊呢？调研发现有以下5个原因：

（1）基于个体主义价值观，部分年轻人过于重视对个人价值感的追求。

（2）基于互联网碎片化认知，部分年轻人对婚恋产生灾难化思维。

（3）由于现代生活时空挤压，部分年轻人对寻找合意伴侣产生无力感。

（4）囿于婚育高成本，部分年轻人对婚姻风险采取理性规避的态度。

（5）基于"母职惩罚"，部分女性对婚姻产生抗拒与犹疑。

3. 树立正确的婚恋观

（1）既要看世界的"A面"，也要看世界的"B面"，改变对婚姻的灾难化思维

互联网信息的海量化、碎片化特征，导致部分个体深度思维能力弱化，鉴别信息能力下降，形成对事物的知觉偏差和刻板印象。伴随互联网的发展和普及成长起来的"Z世代"青年，其对于婚恋的认知在很大程度上来自网络。他们零散化和非系统的婚恋知识、碎片化思维一旦与生活中的负面经验、大众传媒中的负面报道耦合，就会形成对婚恋的非理性、灾难化思维，进而出现"恐婚"现象。

互联网平台通过算法推荐用户感兴趣的内容，忽略不同观点，导致信息单一化，形成信息茧房。在一些应用程序（Application，App）中，用户越是关注某方面的信息，App就越会给用户推送相关的信息，用户会认为自己看到的是真实的世界，从而形成认知偏差，导致对婚姻产生不合理的有偏思维，比如，"结婚不会有好结果""只要一谈婚论嫁就是鸡飞狗跳""婚姻的本质就是交易"。要打破信息茧房就要先觉察到互联网对人信息获取的影响，你可以试着改变一下搜索关键词，将形容婚恋负面的关键词改为正面的关键词，你将看到世界的另一面。

（2）放下完美主义的期待

世界上不存在完美的爱情，也不存在完美的婚姻，完美主义的期待会让人错失很多与另一半美好"相遇"的机会。你可以试着接受以下观点。

① 爱情是甜蜜的，婚姻中却充满了"油盐酱醋茶"。

② 婚姻并非童话，而是两个不完美的人共同成长的过程。婚姻中必然会出现矛盾和挑战，它们是不可回避的一部分。

③ 婚姻不是解决所有问题的答案，伴侣也无法满足所有需求。学会接受伴侣的缺点和自己的缺点，并认识到婚姻需要双方共同努力和妥协。

④ 婚姻的意义在于共同成长，而非追求完美。通过沟通、理解和包容，双方可以在关系中不断进步，而不是一味地追求理想化的状态。

⑤ 观察现实中的健康婚姻，了解双方如何应对问题，而不是被影视作品中的完美关系所误导。

（3）责任感的建立和培养

婚姻是两个人的共同责任，双方都需要为家庭的经济、情感和生活琐事分担责任。责任感体现在日常细节中，如守时、兑现承诺、关心伴侣感受等。婚姻是长期的承诺，责任感体现在对关系的持续投入和维护中。

（4）提升个人婚恋素养

综合研究者的观点，大学生应具备的婚恋素养包括判断能力、表达能力、拒绝能力、接受能力和发展能力等，这些能力可以帮助大学生长期形成健康、积极的亲密关系模式。本章的第二节会详细阐述这部分内容。

第二节　爱情的花开花落
——恋爱的困扰与应对

本节视频

案例

我理想中的"他"

有天晚上，521宿舍的4个女孩子开始讨论自己理想中的"他"。

小奇打开了话匣子："校园歌手大赛2号选手好帅啊！我就喜欢那样的。"

"长得好看又不能当饭吃，我喜欢学霸，喜欢懂得比我多的人，起码得让我在某些方面很佩服才行。"佳琪说道。

"是，你就挺佩服张某人的吧，哈哈哈！"小奇打趣道。

"我理想中的他要跟我有共同语言、共同爱好才行。"木兰说。

"那是什么样的人呢？"小奇问。

"我喜欢古典文学，喜欢听古典音乐，喜欢看话剧，起码对方能跟我一起做这些事情吧，以前有个男生喜欢我，陪我去看话剧的时候居然睡着了，跟志不同道不合的人在一起真的没有意思。"

"有道理！对了，晶晶，你喜欢什么样的人？"小奇问道。

"我啊，我认为感觉最重要，看不对眼什么都免谈。"晶晶说。

"什么叫有感觉啊？"小奇追问。

"我也说不清楚，反正要让我跟他在一起觉得很甜蜜，想到他就很温暖，他愿意为我做任何事情。"晶晶补充道。

一　如何开始爱：恋爱开始前的自我探索

1. 我喜欢什么样的人

就像521宿舍4个女孩子讨论的一样，在开始恋爱前，很多人都想过这样的问题：我喜欢什么样的人？我和什么样的人在一起比较有感觉？什么样的人适合我？我是否要跟他/她在一起？我们以后是否会幸福？现在请想一想，如果你要找恋人，你最看重对方的3个特质是什么？这可以帮助你探索自己的价值观及什么对你来说是重要的。521宿舍的4个女孩子给了4个不同的答案，对于喜欢的他/她，每个人心目中的答案可能也是不同的。

2. 如何选择恋人

在选择恋人方面，千人千面，各人有各人的喜好。在如何选择恋人方面，有的人认为应该像木兰一样，要找志趣相投、志同道合的人；有的人则像佳琪一样，想找个和自己互补，能让自己钦佩的人。本书给大学生的一个建议是，选择核心价值观相似的人做恋人，即文化上的"门当户对"，而非核心价值观不同的人。核心价值观，简单来说就是个人判断事情时依据的是非标准，遵循的行为准则。你可能会好奇：在关系中哪些价值观属于核心价值观呢？

大量研究发现，在夫妻关系中冲突主要集中在家务、父母相处、夫妻情感、金钱、子女教育这几个方面。因此，这里建议大家在考虑价值观时要包括以下这几个方面，如对家庭、婚姻、孝敬老人、家务、金钱等的看法。

当然，并不是如果核心价值观不一致，两人将来就一定不会幸福，这取决于两人处理差异的态度。两人差异的部分正好是恋爱关系中非常有魅力的地方，我们会因为相同而相遇，因差异而成长，差异会让人看到不同的风景、得到不同的学习和成长。如果恋爱关系中的双方愿意去了解对方，愿意去学习，愿意去改变，即使差异很大，也会为感情加分。

3. 怎样开始恋爱

当你发现自己喜欢上某个人，想要和对方成为恋人时，你会怎么做呢？在亲密关系中，其实有一些"吸引力"法则，究竟哪些行为或特质会影响人的吸引力呢？

（1）接近

在大多数情况下，恋爱关系都始于与周围人的交往，与人交往不一定会爱上他/她，但要爱上他/她，必须见到他/她。你可以想一下，上了大学后你认识了哪些人？哪些人是你的新朋友？很可能这些人或者朋友就是你周围的人，比如，室友、社团中认识的人、上课经常坐在一起的同学等。如果你想谈恋爱，需要做的第一步就是与人交往，接近你想要接近的人。

（2）外表吸引力

我们见到别人时，最先会注意到什么？很可能是一个人的外貌。一些研究发现，人对外貌有偏见，外貌具有吸引力的人被认为是有趣的、善于交际的，在生活和爱情方面更有可能获得成功。对于什么是美，人们并没有一个统一的标准，每个人心目中对美的定义是不同的。即使这样，如果你想开始恋爱，也需要对自己的外貌做适当的管理，并不是要成为一个万众瞩目的美女或者帅哥，而是要干净、整洁，精心装扮自己，给对方留一个好印象。

（3）相互性

喜欢是相互的。如果你喜欢一个人，你要尽可能地让对方知道你喜欢他/她，如果他/她也喜欢你的话，会增大约会成功的概率。同时，你也可以根据对方的反应来判断对方是否喜欢自己。

（4）相似性和互补性

人究竟是喜欢与自己相似的人，还是喜欢与自己互补的人？其实研究者也没有得出定论，有的研究发现人喜欢与自己相似的人，有的研究发现人喜欢与自己互补的人。这里我们的建议是核心价值观相似，非核心价值观互补，如果你喜欢一个人，你要尽可能多地了解他/她的价值观，也让对方尽可能多地了解你的价值观。

最后，如果你找到了心目中的他/她，那么就向他/她表白吧！

吸引力：相似还是互补？

4. 如何辨别爱

有一天佳琪接到高中同学嘉敏的语音，嘉敏说自己在关系中实在受不了了，想向佳琪倾诉一下。原来嘉敏半年前恋爱了，对方叫小明。刚开始恋爱的时候，小明对嘉敏非常关心，但随着时间的推移，他的控制欲逐渐显现。小明要求嘉敏每天向他汇报行踪，甚至规定她不能参加任何有异性参与的社交活动。嘉敏起初觉得这是小明在乎她的表现，便顺从了他的要求。

然而，小明的控制逐渐升级。他要求嘉敏随时回复他的消息，如果回复慢了，就会质问她"是不是不在乎他"。他还经常查看嘉敏的手机，删除他认为"不合适"的联系人。嘉敏感到窒息，但每次提出异议，小明都会以"我这是为你好""你太单纯了，不懂社会的复杂"为由，让她感到内疚。

嘉敏的朋友们逐渐疏远了她，因为她无法参加任何集体活动。她的学业也受到影响，因为她总是担心小明会生气。最终，嘉敏感到孤立无援，但她无法下定决心结束这段关系，因为她害怕小明的愤怒和威胁。

佳琪听完之后感觉很愤怒，回想自己和张帅的恋爱过程，虽然张帅很在意自己，但从来不会翻看自己的手机，也不会限制自己的自由。她告诉嘉敏，这样的关系绝对不正常，一定要想办法和小明分开。

网络上出现的一些极端事件让大学生群体对关系也进行了反思，"NPD"[①]"PUA"[②]等词备受大学生关注，大学生迫切想知道如何判断一段关系是否健康并值得维持。一段关系是健康的关系还是"有毒"的，究竟如何才能识别呢？

如果你处在一段关系中，请问自己以下3个问题。

①关系是有条件的吗？还是无条件的？

②它是否让你感到安全、平等、尊重和支持？

③这个关系主要是关于地位、性或物质的吗？

健康的关系是无条件的、平等的、尊重的和支持的，健康关系中的吸引是多方面的、真实的和真诚的。不健康的关系可能是有条件的、控制性的或不尊重的，让人感到不安全（见表7-2）。例如，嘉敏的关系中充满了控制，是典型的不健康的关系。

表7-2　健康和不健康关系对比

健康的关系	不健康的关系
无条件	有条件、控制性的
安全、尊重、平等和支持	不安全的、不尊重的、不平等的
吸引是多方面的	吸引基于地位、性、物质等

① NPD，Narcissistic Personality Disorder，自恋型人格障碍或自恋人格失调。核心特征：以自我价值感夸大、缺乏共情能力为核心的人格障碍；常伴随特权意识与情感操控行为。

② PUA，Pick-up Artist，搭讪艺术家，定义原指提升社交技巧的方法，现多指通过精神打压实施情感操控的手段。

二　如何经营爱：爱的5种语言

★案例

爱要怎么"谈"？

小美恋爱了，对方是本系的师兄江南，他对小美很好。可是佳琪不觉得小美是在谈恋爱。江南约小美吃饭，小美却喜欢和自己的同学或者话剧社的好友吃饭，经常拒绝江南。江南是个腼腆的人，不知道问题出在什么地方，久而久之就减少了和小美的联系。

佳琪曾经问小美究竟喜不喜欢江南。小美觉得自己喜欢江南，但就是不知道该如何谈恋爱。小美也很想和江南在一起，她认为江南很沉稳，对自己一心一意，和他在一起很有安全感、很踏实。但两人的生活基本上就是教室、食堂和宿舍三点一线，这个恋爱谈得很无趣。究竟恋爱该怎么谈？这让小美和江南都感到很困惑。

从案例中可以看到，小美和江南的恋爱，只有恋爱的名，没有恋爱的实际行动。在恋爱过程中，究竟有哪些爱的行动可以维持高质量而长久的亲密关系呢？

作为一名婚姻辅导专家，盖瑞·查普曼博士每天都会遇到各种各样来自配偶间的抱怨。"为什么杂志上有那么多教人向配偶示爱的方式，人们还是对爱无比苦恼？"这促使盖瑞·查普曼博士不得不深入研究其中的症结。经过20多年的研究，他发现并非这些示爱的方式有什么不好。纵然示爱的方式有1万种，用错了地方，也是毫无用途。在他看来，每个人需要的爱的语言都能归为5种：肯定的言辞、精心的时刻、接受礼物、服务的行动和身体的接触。

爱语1：肯定的言辞。

心理学家威廉·詹姆斯说过，人类最深处的需要，就是感觉被人欣赏。对于那些安全感低、有自卑情绪的人，如果恋人能给一些鼓励的话语，往往会激发出他们极大的潜力。肯定的言辞的关键词：鼓励、肯定、仁慈、谦和。

在一个管教严厉的家庭中，孩子无论多么努力，父母的夸奖都很吝啬，孩子成年后，会有比较严重的自信危机，其需要的主要爱语是肯定的言辞，对其而言，被欣赏与赞美，胜过其他奖励。

另外，肯定的言辞不是向对方施加压力。如果女友并不希望减肥，而男友却说"你一定能变得更瘦"，这就不能算肯定的言辞。恋人要在对方心甘情愿去做一件事时，送上对方需要的肯定的言辞。

✎自助训练

给予恋人肯定的言辞

如果恋人需要的爱语是肯定的言辞，那么你可以采取以下行动。

（1）准备一张卡片，写上"言辞是重要的"，贴在你的书桌上。

（2）写下每天你对他/她说的肯定的言辞，坚持一周后，和他/她一起看看你的记录。你可能会发现：你说得很好或者很差。

（3）定一个目标，比如连续1周，每天对恋人说不同的赞赏的话。寻找恋人的优点，并告诉他/她你多么欣赏那些优点。

（4）当你感到用词贫乏时，留心报刊中那些肯定的言辞。

（5）写一封情书给他/她。

（6）在他/她的朋友面前赞美他/她。

扩展阅读

破坏婚姻关系的四大"杀手"

戈特曼博士对婚姻进行了多年的研究，他甚至可以凭借对一对夫妻几分钟的沟通观察来预测他们将来是否会离婚，预测的准确率高达90%以上。他发现破坏婚姻关系的四大"杀手"：一号"杀手"是指责，二号"杀手"是轻蔑，三号"杀手"是防卫，四号"杀手"是冷淡。如果你想进一步了解详情，请扫描旁边的二维码收听老师的讲解。

扫一扫

破坏婚姻关系的
四大"杀手"

爱语2：精心的时刻。

什么是精心的时刻？答案：给予对方全部的注意力。你是否留意过，一起用餐的男女，刚开始恋爱的情侣和已婚多年的夫妇非常不同：前者彼此注目，后者则各自看自己的手机。哪些情况能称得上精心的时刻？例如，双方全神贯注地交谈，一顿只有你们两人的烛光晚餐，手拉手散步等。活动其实是次要的，重要的是双方花时间"锁住"对方的情感。现代社会，由于手机的功能深入人们生活中的方方面面，很多时候即使两个人约会，也是各自拿着手机，处理各自的事务，人在心不在，真正要做到精心的时刻其实不容易。

自助训练

给予恋人精心的时刻

如果恋人需要的爱语是精心的时刻，那么你可以采取以下行动。

（1）一起散步，问对方："你童年最有趣的事是什么？"

（2）请恋人列一张单子，写上他/她喜欢跟你一起做的5种活动。在接下来的5个月，每个月做一种。

（3）问问他/她，他/她最喜欢在哪儿和你聊天，什么时候……也许下次交谈，你们就会在喜欢的地方一起谈心。

（4）想一种他/她非常喜欢而你却很少过问的活动，比如，看世界杯、逛街……告诉他/她，接下来的这个月里，你希望和他/她一起参与一次。

（5）每天找些时间，与对方分享当天的趣闻。

（6）在未来的一段时间，安排一次只有你们两个人的旅行。

爱语3：礼物。

礼物是爱的视觉象征。它可以是买来的、自己做的或是找到的。礼物是一件提醒对方"我还爱着你"的东西。这里指的礼物，并不是价值贵重的礼物，而是一种对对方的心意，用心的礼物不管是否贵重都是好礼物。贵重的礼物只能满足人的物质欲望或者满足人在物质上的不安全感，而用心的礼物则能真正满足人被爱的需求。

自助训练

送给恋人自己精心准备的礼物

（1）尝试早上送恋人一块巧克力，晚上送恋人一束鲜花……观察恋人的反应。如果恋人又惊又喜，恭喜你，恋人需要的爱语就是接受礼物。

（2）亲自动手制作礼物。也许它只是回家路上拾到的一块石头，纹理粗糙，其貌不扬。为它配一个小盒子，在盒子里面放一张字条："它就像我，等着你去打磨。"

（3）选择一星期，每天都送给恋人一件礼物。可以肯定的是，你的恋人一定会记住这段日子。

（4）存储"礼物点子"。只要你的恋人无意中说出"我喜欢……"，就把它悄悄记下来。

（5）一定不能忘记一些特殊的日子，比如，相恋纪念日、生日等。

爱语4：服务的行动。

服务的行动是指做恋人想要你做的事，表明你对恋人的爱。当男女热恋时，为对方服务是自愿的，甚至费尽心机。但是热恋之后很多人变得完全不同了，比如，有女生抱怨"追我的时候，他每天都给我发短信，但现在经常是我发短信给他，他都爱答不理的。"

爱语5：身体的接触。

身体接触是人类沟通感情的一种微妙方式，也是表达爱的有力工具。需要说明的是，性只是这种爱语的方式之一，牵手、亲吻、拥抱、抚摸都是身体的接触。对有些人来说，身体的接触是他们需要的爱语之一。认知神经科学的研究发现，当一个人遭受电刺激时，其恋人的抚摸可以降低其痛苦程度。

✎ 自助训练

给予恋人身体的接触

如果恋人需要的爱语是身体的接触，那么你可以采取以下行动。

（1）见面的时候，给对方一个拥抱。

（2）散步的时候，拉着恋人的手。

（3）恋人在伤心和难过的时候，可以拍拍恋人的肩膀，或者抱抱恋人。

（4）和朋友在一起时，当着他们的面抱一下你的恋人，或将手搭在恋人的肩上。你一定会得到恋人的双倍情绪高分——因为你就是在向恋人表示："尽管有这么多人，我还是得说'我爱你'。"

扩展阅读

如何经营异地恋

由于各种原因，一部分大学生会进行异地恋，很多人认为异地恋难以修成正果。的确，异地恋给恋爱双方带来了更多的挑战，恋爱双方可能会有更多的不安全感、疑虑和担心。以下一些建议可能会帮到异地恋的恋人：保持更高频率的沟通；注重给彼此安全感；花心思进行爱的表达；保持定期高质量的见面；设立共同的目标。如果你想进一步了解详情，请扫描旁边的二维码收听老师的讲解。

扫一扫

如何经营异地恋

三　如何结束恋爱：友好和平地分手

在恋爱关系中，当你想要结束这段关系时，你可以按照以下建议进行思考和行动。

（1）想清楚为什么要分手，分手有什么好处、坏处。

（2）在谈分手前，先考虑对方的个性、两人交往的深度、对方可能做出的反应等，思考自己提出分手的态度、方式、理由。

（3）分手前尽量给对方一些信号，让对方有充分的时间进行心理的准备，并参与决定。单方面就决定宣布，对对方是不公平的。

（4）提出分手的态度要温和而坚决。

（5）提出分手的时间和地点要慎选。分手的时间最好选白天，因为晚上情绪比较难控制。分手的地点最好选公开、安静、有旁人但不会干扰你们谈话的地方。

（6）要勇敢面对，不要逃避责任，不要说"我们从未爱过"这种自欺欺人的话。

（7）在顾及对方感受和尊严的情况下，真诚地、具体地说出为何分手。

（8）多从自己的角度去讲。避免责备对方人不好、脾气不好等，强调是自己的原因，是自己的选择。

（9）分手后，保留一段感情的真空期，让彼此更清楚情感界限。

（10）做出决定后，不要出尔反尔，行动不要拖泥带水。

四　如何从失恋的阴霾中走出来：学习面对失恋

恋爱是两个人选择的结果，不是靠一方努力就一定能维持的，所以有恋爱就一定有失恋的风险。有的人在失恋后会自责、内疚，有的人则久久不能放手和释怀。失恋后，大部分人会出现 4 个阶段的失恋哀伤反应，具体如下。

阶段 1：初分手时情绪、行为反应强烈。强烈的情绪及行为反应主要在分手后的 1～7 天内出现，由于关系突然断裂，个体容易产生程度强烈的极端情绪，比如感觉懵了，一直哭，感到撕心裂肺的难受等。

阶段 2：情绪低落、行为减少或转移注意力痴迷其他事情。这个阶段大约为分手后 2 周到 1 个月的时间。比如，个体感到很颓废，什么都不想做，就想哭，上课听不进去，找同学打了一个月游戏，用各种活动把自己填满等。

阶段 3：寻找与对方的连接。这个阶段大约为分手后半年到一年的时间。比如，个体产生重新挽回感情的想法，重新加好友，要求见面，止不住想对方，想有没有复合的可能等。

阶段 4：放下感情、适应并准备开始新的生活。这个阶段大约在分手一年后，失恋者不再期待已经结束的感情和放弃挽回感情的可能性，逐渐可以将上一段感情放下了，能够走出来。

这几个阶段的哀伤反应都是正常的哀伤过程，如果你正在经历失恋，请不要强迫自己立马从失恋的阴影中"走出来"，或者是忘掉"那个人"，你可以参考以下的建议。

（1）如果是被动分手，你需要这样思考和行动：①在对方提出分手后要保持冷静，先听听对方怎么说，别从"我被甩"的角度看事情；②不要拒绝沟通，要勇敢地争取机会做坦诚的讨论；③不要死缠烂打，这会令对方更加讨厌自己，使自己更难受、更痛苦；④痛苦别自己承担，这种哀伤是需要一定时间和措施去处理的，找亲近的人

失恋的自我调节

分担你的悲伤和压力，抒发自己内心的感受，找到感情定位；⑤不要急着再次恋爱，避免在混乱的情绪中让新恋人成为替代品；⑥分手初期最好不要和对方见面；⑦不要因被动分手而自卑，爱情是选择的结果，不是你的错。

（2）如果自己陷入失恋的痛苦中，你需要这样思考和行动：①正视现实，改变自己的认知，意识到感情是双方的事，不是一方的对与错，每个人都有爱或不爱的权利，应该尊重对方的选择；②换位思考，不要把错误都归结于对方，要设身处地为别人着想，也不要过分自责，要总结自己的错，争取不再犯相同的错；③合理化，可以反思昔日与恋人相处过程中的问题，尝试去理解对方和自己；④情感宣泄，不要过分埋藏和压抑痛苦，可以找人倾诉，甚至大哭一场；⑤给自己一段时间，不要迅速再找一段恋情，因为个体的行为模式相对固定，应对方式仍如往昔，你应有一段时间来处理情绪，吸取教训；⑥如果你发现自己持续地情绪低落（持续超过两周）、不和周围的人联系、有轻生的念头、睡眠不好、对感情和生活感到绝望，则需要特别重视，因为你很有可能因为失恋而陷入抑郁状态，这时你应主动寻求专业的帮助，比如，寻求心理咨询师或者精神科医生的帮助。

五 如何拒绝爱：充满善意地拒绝

当你遇到不是理想恋爱对象的人示爱时，不能简单地拒对方之千里。拒绝爱时，要注意以下5点。

如何处理三角恋

（1）**选择恰当的时机，在双方情绪稳定时提出。**不在对方有极端情绪和行为时提出，如果对方有极端情绪和行为，可以暂缓提出拒绝。

（2）**使用策略，巧妙地说明原因。**这里建议最主要的策略是充满善意、真诚地拒绝，可以用"我"开头，充满善意地表达自己的想法，比如"对不起，我们真的不合适"，避免指责对方或者攻击对方的弱点，比如，"你这人脸皮怎么这么厚啊""你身高太矮了"等；另一个策略是在拒绝的时候可以强调不做"男女朋友"，但可以做普通朋友，比如"对不起，我真的很想和你做朋友，我想我们能成为好朋友，但我们真的不适合做男女朋友"。

（3）**不逃避责任。**要自己承担起拒绝的任务和责任，最好自己亲口和对方沟通，以示尊重。

（4）**不拖泥带水，态度明朗，表达清楚。**有的人拒绝人的时候非常委婉，表达的信息很模糊，容易让人产生误解，最好能明确地表达自己的态度和决定。

（5）**言行一致。**在拒绝他人的时候，言行一致非常重要，如果言行不一致，也容易让人误解，比如头一天被拒绝了，第二天又主动约饭。这会让对方疑惑：他/她是真的想拒绝我吗？

✎ 自助训练

"谢谢你的爱"——善意地拒绝他人

操作：将班级同学分成若干小组，注意男、女同学比例。每个小组分别由两名同学轮流扮演表达爱情的人（角色A）与谢绝爱情的人（角色B），其他同学做观察员，讨论扮演角色B的同学的表达能力，并对他（或她）的不足给予帮助。

活动要求如下。

（1）小组内的每一位同学都至少扮演角色A一次、扮演角色B一次。

（2）小组内评比：扮演角色B的同学的言辞是否可以有效地谢绝爱，并且使扮演角色A的同学不感到尴尬？

第三节　夏娃的诱惑
——大学生性心理概述及问题调适

本节视频

一　羞答答的玫瑰静悄悄地开：性心理和性心理健康

1. 性心理和性心理健康

性心理是指在个人性生理成熟的基础上所形成的与性特征、性欲、性行为有关的心理状况和心理过程。简言之，就是与性生理、性行为有关的心理现象。性生理是性心理发展的生物学基础，性生理发育的障碍或缺陷，会使性心理的发展出现偏差。大学生正处于性生理发育成熟、性心理逐渐趋向成熟的时期。

性心理健康是指个人具有正常的性欲望，能够正确认识性的有关问题，并且具有较强的性适应能力，能和异性进行恰当的交往，在免受性问题困扰的同时，还能增进自身人格的完善，促进自己身心健康发展。

世界卫生组织对性心理健康所下的定义：通过丰富和完善人格、人际交往与爱情方式，达到性行为在肉体、感情、理智和社会诸方面的圆满与协调。性心理健康是人类健康不容忽视的重要组成部分，近年来越来越受到人们的重视。

2. 性心理健康的标准

性心理健康的标准包括以下7点。

（1）**正确认识和接纳自己的性别**。一个性心理健康的人，能正视自己的性心理发育、性心理变化，能在所处的社会环境中正确评估自己，能客观地评价自己和他人，并乐于承担相应的性别角色。

（2）**具有正常的性欲望**。性欲望是能够获得性爱和性生活的前提条件。具有正常的性心理首先是具有性欲望，如果没有性欲望就不会有和谐的性生活，就会影响性心理健康。性欲望的对象要指向成熟的异性个人，而不是其他物品等替代物。

（3）**性心理和性行为符合年龄特征**，即性生理和性心理的发展要保持统一。

（4）**正确对待性变化**。人在生长和发育过程中，性生理因素、性心理因素和性社会因素是交互呈现的，个人在其中要建立自我同一性才能保持三者的和谐状态。三者的和谐状态要求个人能够正确地对待性生理成熟所带来的一系列身心变化，在出现性冲动后，能够正确释放、控制、调节，使之符合社会规范的要求等。

（5）**对性没有犹豫、恐惧感**。个人能够把性作为生活的一部分而科学地对待，不存在对性的恐惧和怀疑。

（6）**和异性保持和谐的人际关系**。在交往过程中，保持独立而完整的人格，做到互相尊重，互相信任。

（7）**正当、健康的性行为，符合社会伦理道德规范**。

📕 课堂活动

秘密问题游戏一

从表7-3所示的词汇中找出你认为与性有关的词汇，匿名写在一张纸条上。老师将全班同学的纸条收上来后，每个同学再从中任意抽取一张纸条。

表7-3 词汇表

1. 快乐	2. 好玩	3. 污秽	4. 生育	5. 恐惧
6. 爱	7. 美妙	8. 信任	9. 羞耻	10. 不满足
11. 委身	12. 忠贞	13. 尴尬	14. 压力	15. 例行公事
16. 表现	17. 欢乐	18. 实验	19. 释放	20. 难为情
21. 舒服	22. 无奈	23. 罪	24. 厌恶	25. 内疚
26. 无助	27. 享受	28. 压抑	29. 乏味	30. 满足
31. 美丽	32. 征服	33. 沟通	34. 禁忌	35. 亲密
36. 融洽	37. 遗憾	38. 自卑	39. 自信	40. 和谐

讨论：5~6人为一组，小组内讨论交流对于纸条上别的同学所写下的与性有关的词汇的看法。

活动总结：通过秘密问题游戏，同学们可以放下防卫，去探讨一些私密的话题。

二 独自承受：大学生常见的性心理困扰

1. 性冲动和性幻想带来的困扰

偶尔或适度的性幻想是性发育过程中出现的正常现象，它代表性知觉的觉醒和性意识的萌发，一般是有益无害的。不管怎样，一个人的性幻想并未构成行为，所以不必过分自责，不要认为是卑鄙见不得人的事。事实上，性幻想对于减少人的紧张与焦虑乃至性压抑都是有益的。如果个人频繁出现性梦或性幻想，就会影响休息、睡眠和体力的恢复，严重的还会导致神经衰弱，给身心健康带来不利的影响。当性幻想变成一种强迫性思维时，人就会陷于深深的苦恼中。如果一个人整天沉溺于性幻想，则会干扰学习，对心理发育造成危害，产生性障碍。

延申阅读

青春期性心理发展的时期

2. 性自慰焦虑

性自慰本身并不会带来害处，它是"标准的性行为的一种"。美国性研究专家马斯特斯和约翰逊对性自慰和性交做了比较，发现二者基本一致，认为没有理由把性自慰当作有害身心健康的异常性行为看待。在大学生不能用性交行为来释放他们内心积聚起来的性冲动能量的情况下，性自慰是他们唯一可以采取的主要性行为。性自慰的危害并不在于性自慰本身，而在于对性自慰的担忧、恐惧、羞愧和罪恶感。对性自慰的错误认识，既是大学生烦恼的真正原因，也是大学生变得难以节制的心理原因。王兵的一项对大学生的研究发现，大学生的性自慰发生率为56.7%，其中男性性自慰率为82.1%，女性为34.2%。不少大学生在接受性知识教育和咨询后，明白性自慰是正常的、无害的，并且性自慰并不是个别人的行为，心理的负担卸了下来，性自慰的欲望和行为反而减少或容易调节了。

3. 性心理偏差行为

性心理偏差行为是指青少年在性发育过程中的不适应行为，如迷恋黄色视频、轻度性别认同困难等，一般不属于性心理障碍，但对这些不适应行为应给予有效的干预。如果大学生出现这些性心理偏差行为，如沉迷于黄色视频，则要采取转移注意力的方法予以纠正，比如，转向参加文体活动等。大学生应该丰富兴趣爱好，培养大胆开朗的个性，增强性道德观念和意志品质，其中关键的一步是对异性脱敏。通过咨询和自身的努力，存在性心理偏差行为的人往往能有效地改变。

三　生理需要与精神需要：当爱遇上性时

性是很多大学生都很好奇的问题，也是很多处于热恋中的恋人很难避免的问题。大学生该如何对待性呢？

1. 大学生婚前性行为现状

徐加伟等人针对1120名大学生进行的调查研究显示：大学生对发生婚前性行为持反对态度的仅占20.0%，有21.3%的人发生过性行为，其中男生（27.5%）的性行为发生率高于女生（17.6%），首次发生性行为的年龄在（18.97±1.85）岁，仅40.2%的人坚持每次使用安全套，超过90%的被调查学生认为开展生殖健康和预防性病教育活动很有必要。该研究还发现，对性与生殖健康相关知识掌握越全面的大学生，越不容易产生高危性行为的意向；对性与生殖健康相关态度越积极的大学生，也越不容易产生高危性行为的意向。

黄梅香等人针对1550名大学生进行的调查研究显示：大学生的性观念相对开放，仅有15%的大学生不认可婚前性行为，性行为发生率为14.5%，意外妊娠的报告率为发生过性行为者的10.1%。

2. 树立自主、健康和负责任的性观念

大学生健康的性心理有两个标准：一是能正确认识和处理自己的性行为带来的后果，并能有社会责任感；二是在婚姻前提下的性生活符合男女平等、科学、卫生的原则。建议个体在面对性的问题前，仔细思考以下问题。

（1）婚前性行为是否与我的价值观一致？ 性行为是否为我自主决定的行为？我们每一个人对自己的身体都有自主决定权，在面对任何胁迫的、不自愿的场景时，你都有权利说"不"。比如，面对性骚扰，男友/女友提出的性要求，也有可能是边缘性性行为（抚摸身体、亲吻等），如果，你不自愿，都可以说"不"。

（2）我是否懂得健康（安全）性行为的重要性？ 如果发生不健康（不安全）的性行为，个体可能会怀孕、得妇科疾病，感染性传播疾病，甚至是感染艾滋病，还会导致心理的紧张、恐惧和担心。因此，在发生性行为时，健康（安全）是第一位的，要注重自我保护，比如，不随意与人发生性行为，进行性行为时戴安全套等，这些措施都可以对个人健康（安全）进行很好的保护。

（3）对待性行为，我是否能负起相应的责任？ 负责是针对发生性行为的双方，比如，面对可能的怀孕、感染疾病等风险，双方是否能为自己负责、能为对方负责等。

3. 科学释放性冲动

处于青春晚期的大学生，需要学习如何科学释放性冲动。大学生可以从以下3个方面释放性冲动。

（1）培养艺术爱好。艺术是释放性冲动的一个很好的方式，在音乐中可以歌唱爱情，从美术作品中可以欣赏人体，文学作品可以描绘刻骨铭心的爱。

（2）通过劳动和运动释放性能量。劳动和运动有助于释放性冲动，缓解性压抑。

（3）鼓励自己和异性交往，脱敏对异性的冲动。比如，可以鼓励自己参加集体活动，学习交谊舞等，多与异性接触，习以为常，对异性的性冲动便会随之减少。

如何避免性冲动

四　楼道里的怪人：大学生常见性心理障碍及应对

★案例

楼道里的怪人

有一天，小美神神秘秘地对佳琪说："你知道吗？据说最近在教学楼的楼道里出现变态狂了。"

佳琪追问："变态狂？什么情况？"

小美说道："听我们班的小倩说，她同学在楼道里遇到一个人，太变态了，冲着她同学露出自己的下体，把她同学给吓坏了，一边尖叫一边跑开了。你说变态不变态？"

佳琪很惊讶："真有这样的变态狂啊？太变态了吧，他不会伤害人吧？"

小美道："那谁知道呢，据说不止一个女生遇到了，反正小心点吧。"

1. 性心理障碍概述

性心理障碍泛指行为人关于两性行为的心理和行为明显偏离正常，并以这类性偏离作为性兴奋、性满足的主要或唯一方式的一种精神障碍。

对于如何评价性行为的正常或异常，是难以做出确切回答的，因为至今还没有判断性行为正常与否的绝对标准。性行为的正常与异常的区别是有条件、相对的，下面列出二者区别的要点。

（1）凡是符合社会所公认的社会道德准则或法律规定，并符合生物学需要的性行为，可看作正常的性行为，否则可看作异常的性行为。

（2）某些特殊性行为可使性对象遭受伤害，患者本人也为这种行为感到痛苦，或在某种程度上蒙受伤害，如受到严重指责、地位名誉受到损害，甚至遭受惩罚。这些特殊性行为可看作异常的性行为。

（3）长时间反复、持续发生的一种极端变异方式的性行为是异常的性行为。性行为由正常到异常可以看成一个连续体，其两极是正常和异常，其中间存在的正常变异方式属于正常的变异，只有明显的、极端的变异形式才被看作性变态的类型，比如小倩同学遇到的"变态狂"。

2. 性心理障碍的种类

（1）**性身份障碍：** 指个体所体验或行为表现出来的性别与其生物性别不一致，导致该个体主观痛苦，并希望通过使用激素或变性手术的手段得到自己渴望的另外一种性别。在临床上，性身份障碍可以分为性别改变症（易性症）、双重异装症和童年性身份障碍。

遇到性心理障碍的人怎么办？

（2）**性偏好障碍：** 泛指以个体性心理和性行为明显偏离（常态），并以这种偏离性行为方式作为性兴奋、性满足的主要或唯一方式的一种精神障碍，包括恋物症、异装症、露阴症、窥阴症、摩擦症、恋童症、性施虐症与性受虐症、恋尸症和恋兽症等。

本章思考题

有同学会问这样的问题：在大学期间我应该谈恋爱吗？我想谈恋爱，可是想到未来，又觉得这种爱特别虚幻，两个人最终能否走到一起都是问题，那还有必要谈恋爱吗？还是等毕业了再谈？

你怎么看大学期间谈恋爱的问题？

本章重点知识梳理

本章推荐资源

第八章

发现情绪的力量

——大学生情绪管理

　　春日踏青，夏日赏荷，秋日品月，冬日听雪，美丽的风景会带给人们放松和愉悦的体验；母亲注视孩子时的由衷欣赏，久别重逢的朋友把酒言欢，恋人之间的情不自禁的亲吻，真挚的感情总是带给人们触动心灵的抚慰，让人们体验到幸福感。与此同时，快节奏的现代社会，也会让人们体验到情绪的另一面，忙碌的学习、生活、交往中有其精彩，但也有压力，常伴喜、怒、哀、乐各种情绪。情绪状态无声无息地左右我们的生活，影响我们和我们身边的人。关注自己的情绪，并会科学地管理，是一门学问，更应该成为人生的必修课之一。本章学习目标如下：

- 了解情绪的本质和种类，了解情商，了解情绪的功能；
- 了解大学生常见情绪问题，了解情绪的生理和心理机制，学会识别、探索和管理情绪；
- 掌握情绪的转化方法，学会养成积极情绪。

扫一扫

引导案例

佳琪的心事

521宿舍的佳琪从记事以来到大学，这一路走来可谓一帆风顺，没有经历大风大浪，有温暖的家，有从小玩到大的朋友，学习也很顺利，她一直很努力地做一个好学生。但是她总觉得生活中缺少了点什么，具体缺少什么呢，她也说不上来，只是一种直觉吧。什么时候开始了这种思考呢？或许是在参加了毕业生交流座谈会，看到师兄师姐不同的差别和去向后；或许是在读了李开复的《世界因你而不同》之后；或许是在更愿意关注内心，更习惯向内思考之后。

上周系里组织部分低年级大学生参加了一个毕业生交流座谈会，师兄师姐的发言让佳琪感触很深。细细碎碎的心情积累到极点，莫名的烦躁与悲伤包裹了她，犹如一石激起千层浪，往日的平静不再，发呆的时间变长了，她更愿意一个人待着。她不知道自己怎么了，真的是自己太敏感了吗？自己该怎么打破当下的状态呢？

动画：佳琪的心事

第一节　读懂你的心
——情绪概述

本节视频

一　心情晴雨表：情绪的概念

案例中的佳琪无疑正在经历情绪的波动，而且并不是单一的情绪，烦躁、悲伤交织在一起，或许还有焦虑、害怕等，是多种成分并存的复杂情绪。这些情绪显然打破了她以往的平静，那个单纯、快乐的状态现在消失了，目前这种不确定甚至有点煎熬的情绪状态不知会持续多久，会把她带到哪里去。设想一下，如果你可以思考和活动，却没有感觉，生活将会怎样？如果你可以做一个选择，你是愿意做一个远离现实、永远开心的人，还是做一个痛苦而清醒的人呢？显然情绪对我们至关重要。也许你认为情绪只是一种感觉——"我感到很快乐"或"我觉得很悲伤"，但我们需要对这个重要概念下一个更广泛的定义。

当代心理学家将情绪界定为一种躯体和精神上的复杂的变化模式，包括生理唤醒、感觉、认知过程及行为反应，这些是对个人知觉到的独特处境的反应。情绪也可以说是个人受到某种刺激，在内心活动过程中所产生的心理体验。人类在认识外界事物时，会产生喜与悲、乐与苦、爱与恨等主观体验。外界事物带给个人的刺激可以分为外在刺激和内在刺激两种。外在刺激如和煦的阳光和阴雨绵绵的天气，无际的草原和喧嚣的城市，获得奖学金和收到欠债通知；内在刺激如生理变化（内分泌、器官功能失常），记忆、联想等心理变化。

1．情绪的成分

情绪具有心理和生理反应的特征。我们无法直接观测内在的感受，但是我们能够通过其外显的行为或生理变化来进行推断。情绪包括以下3种成分：在认知层面上的主观体验，在生理层面上的生理唤醒，在表达层面上的外部表现。当情绪产生时，这3种成分共同作用，构成一个完整的情绪体验过程。

（1）主观体验

情绪的主观体验是人的一种自我觉察，即大脑的一种感受状态。人有许多主观感受，如喜、怒、哀、乐、爱、惧、恨等。人们对不同事物的态度会使自己产生不同的感受。人对自己、对他人、对事物都会产生一定的态度，如自己受到不公平对待时感到愤怒、同情朋友的遭遇、事业成功时感到愉悦、考试失败时感到悲伤。这些主观体验只有个体内心才能真正感受到或意识到其不同，如高兴和恐惧的内在感受不同，痛苦和惊奇的内在感受不同。

（2）生理唤醒

人在情绪反应时，常常会伴随一定的生理唤醒，如激动时血压升高，愤怒时浑身发抖，紧张时心跳加快，害羞时满脸通红。脉搏加快、肌肉紧张、血压升高及血流加快等生理变化，均属于生理反应过程，常常是伴随不同情绪产生的。

芬兰的阿尔托大学、图尔库大学及坦佩雷大学3所院校的科学家对700名志愿者进行了"情绪对生理变化的影响的实验"，研究人员要求参与者感受自己经历某一特定情绪时身体的反应，根据身体的状况，在人体模型中标示出体内产生变化的区域。在标示时，红色表示身体的某些区域被激活，感觉更加灵敏；蓝色则代表被抑制，感觉变得迟钝。研究人员根据志愿者在经历某些情绪时身体的反应，绘制了人体的"情绪地图"，如图8-1所示。研究人员发现，在感受不同的情绪时，胸部区域和头部区域的变化是最为明显的。愤怒是直冲身体顶端的情绪；焦虑会袭击胃部；快乐常常充满在胸部；爱会贯穿全身；悲伤与抑郁时大部分区域显示为蓝色，提示感觉被抑制。

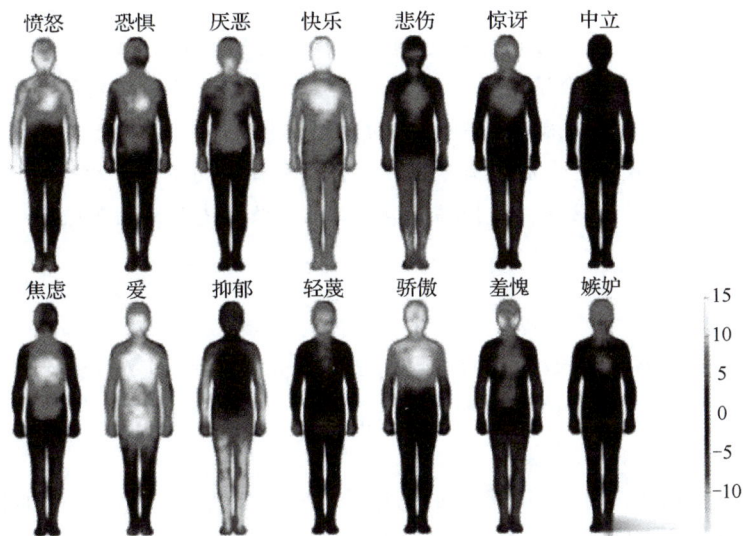

图 8-1　情绪地图

（3）外部表现

情绪作为一种内心体验，一旦产生，通常会伴随相应的非言语行为，如面部表情和身体姿势等。一些心理学家在研究人类交往活动中的信息表达时发现，表情起到了重要的作用，如人悲伤时会痛哭流涕，激动时会手舞足蹈，高兴时会开怀大笑。情绪所伴随出现的这些相应的身体姿态和面部表情就是情绪的外部表现，它们经常成为人们判断和推测情绪的外部指标。但由于人类心理的复杂性，有时人们的外部表现会出现与主观体验不一致的现象，比如，在一大群人面前演讲时，明明心里非常紧张，却要做出镇定自若的样子。表情可以分为面部表情、姿态表情和语调表情3类。

2. 情绪的脑机制

人类大脑的中间层是边缘系统，负责喜、怒、哀、乐等基本情绪的产生，因此俗称情绪脑，是人类的情感中心；处于最外层的大脑皮层是负责高级认识的理性脑。情绪脑的功能就像筛选所有感官信息的"滤波器"，掌控快乐、悲伤、恐惧、愉悦等情绪，能帮助大脑迅速地将接收到的信息分为正向、负向等类型，使大脑能更快做出反应，随时做出有利于个体的决策。《认知觉醒：开启自我改变的原动力》一书中提到，与情绪脑相比，理性脑虽然高级，但由于出现时间较晚、发育成熟的时间晚、运行速度较慢且耗能等原因，理性脑对大脑的控制能力很弱。当情绪过于强烈时，情绪脑更为活跃，而理性脑功能降低，从而影响人们的心理机能。这时，人们无法控制自己的想法，人们会发现自己"太情绪化"，甚至"不理性"。

情绪脑和理性脑几乎同时接收外界信息，它们要么合作，要么竞争，以控制人们的思维、情绪和行为。它们之间的合作或竞争决定了人们的感受，决定了人们和世界的关系及和他人的关系。当情绪脑和理性脑矛盾不断时，人们无法开心；当情绪脑和理性脑合作时，人们会感觉到内在的平静。

扩展阅读

心理学实验：快乐和痛苦的情绪中枢

人为什么会感到快乐？为什么会感到痛苦？这是因为我们碰上了令人高兴的事或痛苦的事。除了这个原因，心理学家还发现了一些别的原因。其中一个很重要的发现就是，刺激脑的某些部位也能产生快乐或痛苦的情绪。原来，在我们的大脑里有专门分管快乐和痛苦的情绪中枢。

如果读者想了解详细信息，请扫描旁边的二维码收听老师的讲解吧。

扫一扫

心理学实验：快乐和痛苦的情绪中枢

3. 大学生的情绪特点

大学生处于青春期晚期，在生理发育趋向成熟的同时，心理也经历急剧的变化，这一时期称为"疾风骤雨期"，这一时期的大学生在情绪上也表现出明显的特点。

（1）情绪体验的冲动性

大学生情绪体验强烈，对任何事都比较敏感，有时一旦情绪爆发，自己则难以控制，甚至表现为一定的盲目狂热和冲动。性成熟导致的性激素分泌旺盛，影响着下丘脑的兴奋性，而大脑皮层的调节作用一时还不能适应这种状况，导致大脑皮层和皮层下之间出现不平衡状态，从而影响情绪的表现，这是情绪冲动性的生理基础。在日常生活中，在处理同学关系、师生关系的矛盾时，在对待学业、生活中的挫折时，少数学生易走极端，给自己及他人带来伤害。

（2）情感体验更加深刻和丰富

随着自我意识的不断发展和各种需要、兴趣的扩展，大学生的情绪体验更加丰富、敏感、细腻和深刻，进而表现为带有社会内容的情感体验。

（3）情绪表现的内隐与掩饰性

大学生的情绪表现，虽然有时也会喜形于色，但已经不像青少年时期那样坦率直露，不少大学生常会将自己的情绪隐藏和掩饰，导致外在表现与内在体验并不一致。这无形中给大学生的人际交往带来障碍，使一些大学生出现孤独和苦闷的情感困惑。

二 心情色彩：情绪的种类

情绪有多少种类，你计算过吗？你最常有的情绪是什么呢？

1. 基本情绪与复合情绪

关于情绪的种类，长期以来说法不一。从生物进化的角度来说，情绪可分为基本情绪和复合情绪。我国古代有喜、怒、忧、思、悲、恐、惊的七情说，美国心理学家普拉切克提出了8种基本情绪：悲痛、恐惧、惊奇、接受、狂喜、狂怒、警惕、憎恨。人们一般认为，基本情绪有4种，即快乐、愤怒、恐惧和悲哀。

快乐是指一个人在盼望和追求的目的达到后所产生的情绪体验。由于需要得到满足，愿望得以实现，心理的急迫感和紧张感解除，快乐随之而生。快乐有强度的差异，从愉快、兴奋到狂喜，这种差异和所追求的目的对自身的意义及实现的难易程度有关。

愤怒是指人在所追求的目的受到阻碍、愿望无法实现时产生的情绪体验。愤怒时，人的紧张感增加，有时不能自我控制，甚至出现攻击行为。愤怒也有程度上的区别，一般的愿望无法实现时，人只会感到不快乐或生气，但当遇到不合理的阻碍或恶意的破坏时，愤怒会急剧爆发。这种情绪对人的身心的伤害也是明显的。

恐惧是人企图摆脱和逃避某种危险情境而又无力应付时产生的情绪体验。恐惧的产生不仅由于危险情境的存在，因此还与个人排除危险的能力和应对危险的手段有关。一个初次出海的人遇到惊涛骇浪或者鲨鱼袭击时会感到恐惧无比，而一个经验丰富的水手对此可能已经司空见惯，泰然自若。婴儿身上的恐惧情绪表现较晚，可能与他们对恐惧情境的认知较晚有关。

悲哀是指人在心爱的事物失去时或理想和愿望破灭时所产生的情绪体验。悲哀的程度取决于失去的事物对自己的重要性和价值。悲哀时带来的紧张的释放，会导致人哭泣。当然，悲哀并不总是消极的，它有时能够转化为前进的动力。

在以上4种基本情绪的基础上，可以衍生出众多的复合情绪，如厌恶、羞耻、悔恨、嫉妒、喜欢、同情等。

2. 积极情绪与消极情绪

众多情绪按照性质划分，可以分成两大类——正面情绪和负面情绪。你可以将平日的情绪收集分类，记录下来。你记录自己和观察别人的情绪以后，一共收集到多少种情绪？按照积极情绪和消极情绪来归类的话，是归到积极情绪的种类多还是归到消极情绪的种类多？请你结合下面的心理自测评估一下吧！

心理自测
积极和消极情绪量表

延申阅读
人类进化：情绪的功能

> 🚩 **课堂活动**

体验情绪的力量——海浪与水草

两人一组，一人扮演海浪，一人扮演水草。海浪代表外在环境的力量，水草代表个人对于环境作用的反应。

（1）海浪用手掌发力，冲向水草，水草随着海浪的力量摇摆。

（2）海浪可以尝试发起不同强度的力量，水草跟随海浪的力量体验外在力量带来的冲击。

（3）互相交换角色体验。

（4）分享活动过程中的感受。

三 情商养成：情绪管理能力

> ⭐ **案例**
>
> #### 大学生的情商进阶之路
>
> 小王和小刘是一对校园恋人，在关系建立初期，小刘经常被小王的直白言语弄得哭笑不得，两人的日常对话常常是以下这样的。
>
> 小刘："今天天气很冷，我肚子不太舒服。"
>
> 小王："记得多喝热水。"
>
> 小刘："我难道不知道吗……"
>
> 小王："人一天要喝1000～1300毫升水，温度低时补充热水可以迅速提升体温。"
>
> 小刘："我哭了……"
>
> 自从小王上了心理学的课程后，小刘惊喜地发现小王有了变化，小王更能注意到自己的情绪了，更善解人意了，彼此的关系也更和谐了。虽然日常生活没有太大变化，但彼此的互动已经悄悄发生了变化。
>
> 小刘："今天天气很冷，我肚子不太舒服。"
>
> 小王："那你是不是很难受，需要我做点什么？"
>
> 小刘："你觉得呢？"
>
> 小王："呵呵，快下楼，我已经在食堂买了热饮给你。"
>
> 小刘："被温暖了。"

近年来，"情绪价值"成为公众舆论普遍关注的一个流行词，主要是指通过语言输出或行为实践带给对方心理满足。案例中小王的表现可谓提供了情绪价值。情绪价值本质上归属于情绪管理能力。

在日常生活中，常常会有各种各样的事情引发我们的情绪反应。我们虽然无法抑制自己的情绪反应，但是能通过控制自己的思想和行为管理自己的情绪。

情绪商数（emotional quotient，EQ），通常简称为情商，是一种自我情绪控制能力指数，由美国心理学家约翰·梅耶和彼得·萨洛维于1990年提出，起初并没有引起全球范围内的关注。1995年，《纽约时报》的科学记者丹尼尔·戈尔曼出版了《情商：为什么情商比智商更重要》一书，引起了全球性的情商研究与讨论，该书传播了情商的概念并声称它至少像传统的"智力"一样重要。丹尼尔·戈尔曼因此被誉为"情商之父"。跟智商（IQ）不一样，情商可经人指导而改善。一个人的成功，智商的作用只占20%，其余80%是情商的作用。《异类》的作者追踪研究了很多天生智商高的人，这些人的智商通常在140以上，俗称天才。结果发现，这些天才长大后并没有获得如研究者期望的伟大成就，大多数的天才只是循规蹈矩地活着，在普通的公司上班，在正常的轨道上生活，有的甚至还在杂货店打工，或从事体力劳动；而相比天才，那些智商处于中上等、徘徊在110～130的人们，获得成功的概率更高。

丹尼尔·戈尔曼接受了萨洛维的观点，认为情商包含5个主要方面，具体如下。

了解自我：监视情绪时时刻刻的变化，能够察觉某种情绪的出现，观察和审视自己的内心体验。它是情商的核心，个体只有认识自己，才能成为自己生活的主宰。

自我管理：调控自己的情绪，使之适时适度地表现出来，即能调控自己。

自我激励：能够依据活动的某种目标，调动、指挥情绪。它能够使人走出生命中的低潮，重新出发。

识别他人的情绪：能够通过细微的社会信号，敏感地感受到他人的需求与欲望，认知他人的情绪，这是与他人正常交往、实现顺利沟通的基础。

处理人际关系：调控自己与他人的情绪反应的技巧。

高情商的主要特征之一就是能恰当地控制情绪，个体要学会在情绪将要失控的时候让自己平静下来，用理性管理自己的情绪。

心理自测

情绪智力量表

| 第二节 | **幸福的追寻**
——积极情绪及培养 | 本节视频 |

★案例

3件开心的小事

"滴滴滴"，佳琪收到张帅的短信："开心3件事——打篮球大汗淋漓，话剧社主席团换届我毛遂自荐了，中午和你一起吃饭。"那边张帅也收到了佳琪的短信："开心3件事——做英语阅读全对；和老同学网上聊天；中午和你一起吃饭。"每天晚上10点左右入睡前的这段时间是佳琪最期待最幸福的时间，她和张帅有个约定，10点整的时候两人同时按"发送"键，把提前编辑好的这一天最开心的3件事分享给对方。这个习惯是从一个多月前开始的，有一天，班级心理委员拿来了一张学校心理咨询中心的宣传单，标题是"幸福是一种习惯——记录每天最开心的3件事"。佳琪本来没当回事，谁知几天后张帅说要送给自己一个礼物，要创造属于两人的美好回忆，于是他们约定晚上同一时刻发送"开心3件事"的短信。刚开始的时候，两人对于在一天中找3件开心的事有点不习惯，但他们还是好奇地当作游戏坚持下来，后来渐入佳境，好像开心的事越来越多，越来越容易发现，而且自己竟然可以预测对方的开心事，好神奇。原来幸福可以这么具体，幸福是可以营造的。

案例中张帅和佳琪进行的心理小游戏"记录每天最开心的3件事"是积极心理学领域经过实验验证能有效增加积极情绪的方法之一，不仅可以个人实施，而且可以朋友之间互相分享；不仅可以增进对自我和他人的了解，还能传递正能量。

一　观念转变：从消极到积极

对于过去一个世纪的心理学研究，人们所熟悉的词汇是病态、幻觉、焦虑、狂躁等，而很少涉及健康、勇气和爱。在我们身边不乏这样的经历，当你告诉对方你是一名心理学的研究生时，在大多数情况下对方可能会说："学心理学不错，可以帮别人排忧解难。"其实，这种思想是在严重受到消极心理学的影响之下产生的。在过去100多年中，似乎大多数心理学家的任务是理解和解释人类的消极情绪与行为。其实，对积极情绪的关注可以改善人们对于幸福感的体验。心理学学者洛萨达提出，不管是团队还是个人，当积极情绪和消极情绪的比例大于2.9013（积极：消极约等于3：1）时，团队或者个人就会积极向上，反之，则会比较消极低沉。无论是在工作、婚姻、生活中，都是如此。《积极情绪的力量》一书指出，积极情绪与消极情绪的最佳配比要大于3：1，即一旦个体产生了1份负面的情绪，就至少应该体会3份积极情绪来抵消它。《持续的幸福》一书指出，在职场中，积极情绪与消极情绪的最佳配比为3：1，在家庭中，积极情绪与消极情绪的最佳配比为5：1。这些结论对于人们进行情绪管理是非常有启发意义的。

以马丁·塞里格曼和奇克森特米哈伊在2000年1月发表的《积极心理学导论》为标志，越来越多的心理学家开始涉足此领域的研究，矛头直指过去一个多世纪中占主导地位的消极心理学模式，逐渐形成一场积极心理学运动。积极心理学的研究对象是普通人，它要求心理学家用一种更加开放的、欣赏性的眼光去看待人类的积极品质：潜能、动机、能力、美德、创造力、幸福感等。积极心理学从传统心理学研究生命中最不幸的事件，转变为研究生命中最幸福的事件，或者说从关注人类的疾病和弱点转向关注人类的优秀品质。

二　与幸福有关：积极情绪的发现

致力于研究积极心理学的芭芭拉·弗雷德里克森教授提出关于积极情绪的扩展和建构理论，她认为，积极情绪能够拓展人的瞬时知行能力，建构和增强人们的个人资源，扩展瞬间思维活动序列。"把你自己想象成春天里的一朵花，你的花瓣聚拢，紧紧围绕着你的脸。如果你确实还可以看到外面，也只有一点点光线。你无法欣赏发生在你身边的事情。然而，一旦你感受到阳光的温暖，情况就变了。你开始变得柔软。你的花瓣放松，并开始向外伸展，让你的脸露了出来，并拿掉了你精密的眼罩。你看见的越来越多。你的世界相当明确地扩展着，可能性不断展开。"这段诗意的话描述了积极情绪扩展和建构理论最核心的内容，你的积极情绪如同那使得花开、使得花灿烂的阳光一样，给你的人生带来更多的可能性与开放性。

美国卡耐基梅隆大学的科恩博士进行了一项有趣的研究，他发现积极情绪可以提高人们对普通感冒的抵抗力。研究者招募了334名身体健康的志愿者参加。首先，这些志愿者需要在3周之内7个随机挑选的晚上接受电话访谈。志愿者在电话中向研究者描述他们这一整天的感受，描述对3类积极情绪（欢欣、舒适、平静）和3类不良情绪（抑郁、焦虑、敌意）的感受程度，并用0~4分进行评定（0分表示完全没有感受，4分表示充分感受）。结果发现，在积极情绪上，得分低的人患感冒的可能性是得分高的人的3倍；而在不良情绪上，得分的高低对是否感冒没有影响。

经研究证实的引发愉快心情的因素有体育活动、音乐、接受礼物、良好的室内环境、好的天气、少量饮酒、亲密的身体接触（拥抱、亲吻等）、社交聊天。

🚩 **课堂活动**

感恩拜访练习

闭上眼睛，请你想出一个依然健在、言行曾让你的人生变得美好的人。你从来没有好好感谢过他，但下个星期你就会去见他。想到谁了吗？

感恩可以让我们的生活更幸福、更满足。在感恩的时候，我们对人生中美好事物的回忆能让我们身心获益。同时，表达感激之情也会加深我们与别人之间的关系。不过，有时候我们说"谢谢"说得很随意，使感谢几乎变得毫无意义。在这个称为"感恩拜访"的练习中，你可以用一种周到、明确的方式体验如何表达你的感激之情。

你的任务是给这个人写一封感谢信，并亲自递送给他。这封信的内容要具体，大约有400字。在信中，你要明确地回顾他为你做过的事，以及这件事如何影响你的人生。让他知道你的现状，并提到你是如何经常想到他的言行的。信要写得动人心弦。

写完这封感谢信后，打电话给这个人，告诉他你想要拜访他，但是不要告诉他此行的目的。见到他后，慢慢地念你的信，并注意他和你自己的反应。如果你在念的过程中被对方打断，请告诉他，你真的希望他先听你念完。在你念完每一个字后，你们可以讨论信的内容，并交流彼此的感受。

在下次上课的时候，5～6人为一个小组，小组成员分享彼此的感受。

三　情绪的巅峰：何为心流

20世纪60年代，美国心理学家奇克森特米哈伊曾对美术家、西洋棋手、攀岩者、作曲家、运动员等人进行了仔细观察，他发现这些人在所从事的活动中，全神贯注地工作，时常遗忘时间和周遭环境。这些人在从事他们的职业活动时是出于某种乐趣，这些乐趣来自活动的过程，这些活动外在的报酬极小或是不存在。这种通过全神贯注所产生的体验称为心流体验。人们在从事具有挑战性但可掌控的任务时，会受其内在动机的驱使，同时他们会经历一种独特的心理状态。奇克森特米哈伊将其称为一种最佳的体验，一个人完全投入某种活动中，无视其他事物存在的状态。这种体验带来莫大的喜悦，使人愿意付出非常大的代价来从事它。

个体要想达到心流状态，必须在任务的挑战程度和技能水平中建立起平衡，如图8-2所示。如果任务太难或太简单，心流就不会出现。技能水平和挑战程度必须相符并且处于较高水平，如果技能水平和挑战程度都很低但是相符，那么个体就会产生毫无兴趣、冷淡的感受。

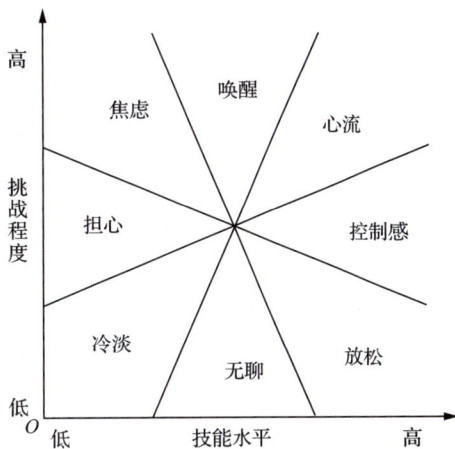

图 8-2　影响情绪状态的挑战程度-技能水平图

四　向幸福出发：积极情绪的培养

有一天，小狮子问它的妈妈："幸福在什么地方？"狮子妈妈说："幸福就在你的尾巴上。"于是，小狮子不停地追着自己的尾巴，它追了一整天也追不到。它把这个情况告诉妈妈。狮子妈妈笑着说："其实你不用刻意寻找幸福，只要你一直往前走，幸福便会自然而然地跟着你。"由此而言，幸福似乎不仅仅是一个结果，更是一个追寻的过程。对我们而言，幸福在哪里呢？幸福到底应该如何去衡量呢？

幸福不仅仅是一种感觉，也不是一种简单的快乐，它有更为丰富的内涵。PERMA理论给人们提供了关于幸福的可参考的解释框架。PERMA理论是由"积极心理学之父"马丁·塞利格曼在《持续的幸福》一书中提出的。他认为幸福有5个元素：积极情绪（positive emotions）、身心的投入（engagement）、人际关系（relationship）、有意义的生活（meaning）、成就（accomplishment），如图8-3所示。

PERMA
积极情绪　身心的投入　人际关系　有意义的生活　成就

图 8-3　PERMA 理论

积极情绪是快乐（或愉悦）的元素，包含主观幸福感的所有常见因素：高兴、狂喜、舒适、温暖等。人的思维能力是受情绪影响的。同样地，思维能力也是情绪的外在反映。比如，让同等智商水平的学生根据出示的卡片上的名称，选择按下相应的按钮，结果显示，情绪好的学生，其反应速度更快。这说明积极的情绪有助于激发人的思维能力，从而有助于创造力、想象力的培养。

北卡罗来纳大学心理学教授芭芭拉·弗雷德里克森在她的专著《积极情绪的力量》中列出了积极情绪的10种形式：喜悦、感激、宁静、兴趣、希望、自豪、逗趣、激励、敬佩、爱。她专门探讨了增加由衷的积极情绪的5种方法。

1. 找到生命的意义

在你的日常生活中，你要更加频繁地寻找积极的意义。人们在日常生活中所面对的情况并非一无是处，因此，在生活中发现好的方面及由衷地强调积极意义的机会，是始终存在的。消极情绪并非来自人们遭遇的不幸，而是来自人们如何看待不幸。当你将不愉快甚至是悲惨的境况以积极的方式重新定义时，你就提高了自己的积极情绪。

研究亲人亡故后人的情绪波动的科学家发现，体验到交织在悲伤中的某些由衷的积极情绪的人从哀伤中恢复得更快。有的人通过回顾亡故的亲人的良好品质来培育自己的积极情绪；有的人通过珍惜来自健在的亲人的关照来提升自己的积极情绪；有的人则通过恢复自己的日常生活或帮助他人来重新点燃自己的积极情绪。

2. 梦想未来

提高积极情绪的简单方法之一，就是更加频繁地梦想你的未来。为自己构想最好的将来，将美好未来形象化，能够让你把自己每天的目标和动机与自己的梦想相契合。

3. 利用优势

调查结果表明，每天都有机会做自己最擅长的事情的人，更容易在工作与生活中取得成功。确定自己的优势，并据此重新制订你的工作与日常生活流程，重塑自己。由此产生的积极情绪的提升，既明显又持久。这是积极心理学早期的重大研究成果之一。

4. 与他人在一起

没有人能孤立地实现自己的全部潜能。通过与他人相处，人们可以获得更多的积极情绪。每个欣欣向荣的人都与密友及家人有温馨又可信赖的关系。与枯萎凋零者相比，欣欣向荣者每天与自己亲近的人相处的时间更多。

无论你是否性格外向，每天都要与他人建立联系。科学实验表明，当你和别人在一起的时候，即使你只是假装外向，你也会表现得更大胆、健谈、自信、积极主动和充满活力，进而从中获得积极情绪。科学研究还表明，培养对他人的关爱，培养自己的温和性情和同情心，你也会从中获得更多的积极情绪。

5. 享受自然环境

一个人获得积极情绪的环境因素中，自然环境可能与社会环境一样重要。因此，在明媚的好天气外出也是提高你的积极情绪的简单方法。在春季和初夏，每一个在好天气里在户外至少待上20分钟的人，都表现出了积极情绪的增长和更加开阔的思维。

心理学研究机构提供的大量数据表明，人类的情绪会触动和改变他们生活中的许多方面。人类所拥有的对自身情绪的控制能力远超过自己的想象，所以，人们有能力促进自身的成长，使自己达到较佳的机能水平，并按照自己选择的方向来掌握和驾驭自己的生活。

心理自测

心理幸福感测试

第三节　做情绪的主人
——大学生的消极情绪管理

本节视频

★ 案例

情绪的表达

辅导员在参加了学校心理咨询中心举办的培训后，准备在这个月底召开一次心理主题班会，请521宿舍的同学一起出谋划策。班会的主要内容是，大家结合实际生活，谈谈自己的情绪及自己是如何管理的。521宿舍晚上召开卧谈会，大家开始了一场内部讨论。

小奇："要我说，就让大家谈谈最近的心情，最好说点高兴的事。"

佳琪："要是想不到高兴的事怎么办？感觉大家每次说到心情，总有不太好的情绪。"

晶晶："是啊，特别是期中考试马上要进行了，班里有一种压抑和紧张的气氛弥漫，你们没感觉到吗？"

小奇："啊？谈学习压力会不会让人情绪更不好啊？搞不好班会气氛会很压抑啊！"

佳琪："但我觉得一次成功的班会就是要让大家讲心里话啊！不一定要刻意回避，就像我前一段时间心情不好，不是和你们分享后我才走出来的吗？木兰你怎么不说话，你快说说啊！"

木兰："表达出不好的情绪其实也是疏通情绪的一种方法。我觉得说出来也是一种表达。"

晶晶："我赞成。我们来想想以什么样的形式进行吧。"

喜、怒、哀、惧都是人的正常情绪，情绪管理并不是让我们不要消极情绪了，而是提倡从觉察情绪开始，学会表达情绪、转化情绪、用适合自己的方法来达到情绪的平衡。如同案例中筹备心理主题班会，大学生可以通过这样的方法表达情绪，分享情绪。当你愿意打开心门，讲出自己的心情时，你已经走在了情绪管理的正确道路上了。

一　识别情绪：大学生常见的消极情绪

我国第三本心理健康蓝皮书《中国大学生心理健康状况调查报告》显示：有45.28%的大学生有焦虑风险，有21.48%的大学生有抑郁风险。

1. 焦虑

焦虑是大学生常见的情绪状态，是一种类似担忧的反应或是自尊心受到潜在威胁时产生担忧的反应倾向，是个体主观上预料将会有某种不良后果而产生的不安感，是紧张、害怕、担忧相混合的情绪体验。当大学生在学习、工作、生活各方面遭遇挫折或担心需要付出巨大努力的事情来临时，便会产生这种体验。焦虑对大学生的影响是复杂的，既可以成为大学生成才的内驱力，起促进作用，又可以起阻碍作用。

大学生常见的焦虑有自我形象焦虑、学习焦虑与情感焦虑。自我形象焦虑是担心自己不够漂亮、没有吸引力、体态过胖或矮小等，也有人因为粉刺、雀斑等影响自我形象而引起焦虑。这类焦虑主要与自我认知有关，个体需要通过调整自我认知来重新接纳自我，建立新的自我形象。学习焦虑在学生的情绪反应中最为强烈，需要引起大学生的重视。情感焦虑多数是由于恋爱受挫而引发自我否定，认为自己不具备爱人与被爱的能力，因而过度担心，引起焦虑。

2. 抑郁

抑郁最明显的症状是压抑的心情，抑郁的个体常对所有活动失去兴趣，渴望一个人独处。抑郁伴随着个体认知的改变，这些认知改变可以是一般性的，比如注意力不集中、记忆力衰退或者很难做出决定，个体在思考中可能有更多的心境转变，消极地看待世界、自我和未来。因此，抑郁的人很难回忆起美好的过去，常常不适当地责备自己，认为他人更消极地看待自己，对未来感到悲观。抑郁还伴随着身体症状，如常常乏力，起床变得困难，严重时睡眠方式发生改变，睡得太多或者早晨醒得太早，并且不能再次入睡。抑郁的人也可能出现饮食紊乱，吃得过多或过少，随之而来的是体重激增或剧减。抑郁是一种持续时间较长的低落、消沉的情绪体验，它常常与苦闷、不满、烦恼、困惑等情绪交织在一起。

一般来说，抑郁情绪多发生在性格内向、孤僻、敏感多疑、依赖性强、不爱交际、生活遭遇挫折、长期努力得不到报偿的人身上。那些不喜欢所学专业，或有人际关系处理不当、失恋等问题的个体也会产生抑郁情绪。

案例

一位大学生的求助信

老师！

你好！我想和你谈谈自己心理上存在的一些问题。刚上大学时，我有些不习惯，不过我的适应能力还算好，不觉得很生疏。我与班里的同学相处得比较好，大家对我的印象还不错，可是我总觉得自己压力很大，干什么事情总是没有精神，情绪很不稳定。尤其是临近考试这几天，我看到大家都在看书，我就不想看书，觉得很难受，甚至有点痛恨他们在看书。我也和从前的同学说过我现在的情况，他们劝我说，大学和高中是不同的，没有必要被别人左右，不要管别人如何学习，你只要有自己的学习方法就可以了，在自己原来的基础上尽最大的努力提高自己。可是我发现我控制不了自己的情绪。

我经常一个人行动，如上课、自习、吃饭，我觉得一个人很自在，不受约束。当然我不是很孤僻，我也和大家交流，只是习惯了独处。我们宿舍5人，两人一对，正好剩我一个。我们平时相处得也不错，也没有什么矛盾，我们宿舍还是院里的四星级宿舍。我发现自己有个问题，当我情绪不好的时候，就想吃东西，常常一个人在这个食堂吃完，又跑到另一个食堂去吃，再到超市买一大堆零食回宿舍吃。我觉得自己近乎疯狂，不可理喻。我就想让胃撑满，有时近于疼痛，好像这样我会得到快感和满足。当我不停地吃东西时，我也知道这样不对，但就是无法控制自己，我就想不停地吃下去。

我发现这种发泄方式带来了更多的问题。首先是钱的问题，在上个学期，我买的东西还不是很贵，购物次数也不是很多，自己还有些自制力。但是这个学期我发现自己变本加厉，买的东西越来越贵，购物次数越来越多，好像东西越贵才越刺激，自己才越满足。但我家庭条件并不好，我觉得对不起父母，很自责。但越是这样，我就越想放纵自己。好像有两个我在作斗争，一个让我恢复理智，另一个让我奢侈，让我放纵。而我总是屈服于后者。

另一个问题是我长胖了。我知道这是女孩子很敏感的问题，我也不例外。其实我很注重自己的外表，希望自己精干，但是我现在长胖了5千克。我常常在晚上吃东西，不睡觉，有时候还偷偷摸摸，一直到吃完为止，或者直到肠胃实在受不了才去睡觉。第二天，在我清醒之后，我会照镜子，看看自己圆滚滚的肚皮，我会想我到底干了些什么，我怎么这样，我好像不是我了，不想接受自己的样子。可是下一次我又克制不住自己。

我以前尝试过节食减肥，的确瘦了不少，但是我没能坚持下来。我的胃已经出现问题，一吃多了就吐，估计是胃炎。可我还是常常控制不住自己。

我把精力放在与学习无关的事上，我的生活不规律，学习不规律，饮食不规律。我觉得生活一团糟，对什么都没有信心。我觉得我对不起很多人，对不起所有对我有期望的人，父母、同学、师长，包括我自己，我是不是太差劲了？我很难过，也很害怕，但是不知该如何做……

这位大学生存在以抑郁、焦虑为主要特征的情绪问题，具体表现：情绪不稳定，难以控制自己的情绪，兴趣减退，体重剧增，消极的自我观念，注意力不集中。通过面谈及对她以往生

活经历的追踪，发现核心问题仍然是情绪问题，表现为通过吃来缓解心理压力与焦虑，尽管她已经认识到问题，但是她控制不住自己。

3. 愤怒

愤怒是由于客观事物与人的主观愿望相违背或因愿望无法实现时，人们内心产生的一种激烈的情绪反应。心理学研究表明，愤怒可以导致心跳加快、心律失常、高血压等躯体性疾病，同时还会使人的自制力减弱甚至丧失，思维受阻，行为冲动，甚至干出一些后悔不迭的事或造成不可挽回的损失。

精力充沛、血气方刚的大学生，在情绪发展上表现出易激动、动怒的特点。有的大学生因一句刺耳的话或一件不顺心的小事而暴跳如雷；有的大学生因人际协调受阻而怒不可遏、恶语伤人；有的大学生因别人的观点或意见与自己相左而恼羞成怒；有的大学生因一时的成功，得意而忘乎所以；有的大学生因暂时的挫折或失败而悲观失望，痛不欲生。这种情绪对大学生的影响是极其有害的。有人说："愤怒以愚蠢开始，以后悔结束。"

当然，除了焦虑、抑郁和愤怒，还有许多种情绪，你可能都体验过，管理情绪的第一步就是识别这些情绪，觉察它们的出现和发展变化规律。

✎ 自助训练

给情绪降温

当你觉察到情绪要失控时，可以选择离开或暂停谈话，并尝试以下方法来平静心情。

（1）深呼吸，直至冷静下来。慢慢地、深深地吸气，让新鲜的空气充满你的肺、你的肚子、你的大脑乃至你的全身。

（2）自我对话。比如，对自己说："我正在冷静。"或者说："一切都会过去。"

（3）试着去跑跑步或快走一会儿，或是去健身房，专注地运动，迅速转移注意力。

（4）洗个热水澡，洗澡能让身体放松下来。

（5）想一想愉快的事情，让自己恢复自我掌控感。

二　探索情绪：影响情绪的内在冰山模型

情绪不是孤立存在的，它与个体的行为、认知、期待、渴望等都有密切的关系，想要了解情绪，就需要了解情绪背后的心理机制，我们可以参考萨提亚提出的冰山理论来探索情绪（见图8-4）。

冰山理论将人的自我比喻为一座冰山，我们外在的言行举止仅仅是冰山的一角，而更大、更深层的是隐藏在水面以下的复杂情感、独特观点、内心期待、深藏的渴望及自我。下面用大二学生小张的案例来解读影响情绪的内在冰山模型。

行为：小张在期末考试前几天频繁失眠、食欲下降，对室友说话语气急躁；去自习室学习总是集中不了注意力，但仍然坚持每天去。

应对方式：尝试面对困难，用去自习室的行动来应对考试压力。

感受：焦虑（没有复习好，要考砸了），担心（上次挂科被父母责怪），羞耻感（自己前一段时间沉迷游戏）。

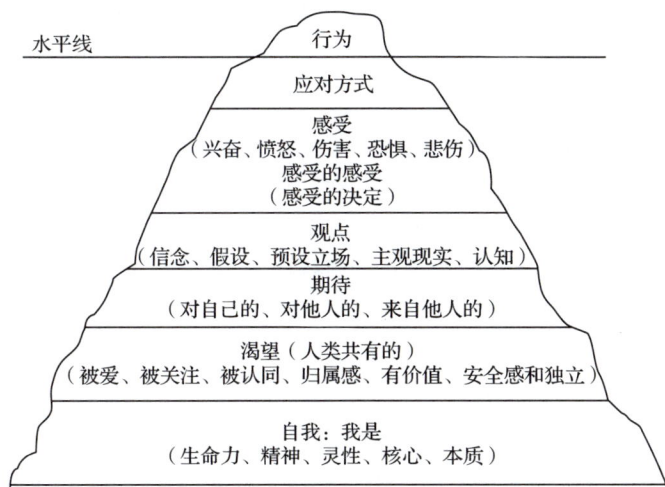

图 8-4 影响情绪的内在冰山模型

观点：一系列灾难化思维（这次考砸了就会挂科→拿不到奖学金→毕业找不到好工作）。

期待：自己能投入学习，取得好成绩。

渴望：自己是有价值的，能够获得父母的认可。

自我：我是一个有追求的人。

影响情绪最底层的就是自我，"我是有所追求的"，这种能量让自我充满对未来的渴望；渴望自己有价值，被父母关注和认可；期待能够获得好的成绩，得到父母的肯定；考试压力又让自己对自己有所怀疑，产生一系列负面观点；负面的观点导致负面的感受，而情绪对行为的影响的特殊之处在于，它既有冰山隐于水面之下的心理体验部分，又有显于水面之上的应对方式的表现部分；小张能在压力带来的焦虑、担心等体验中，尝试直面困难，在行为上坚持去自习室，已经非常难能可贵了。如果小张能够学会更多情绪管理的方法，则对其应对目前的困难会有较大的帮助。

当你负性情绪较多时，不妨找一个独处的环境，"聆听"自己的情绪，深入体会自己正经历的感受是什么：是内疚、怨恨、害怕、惊讶，还是哀伤？人的情绪不是单一产生的，常常是几种情绪混杂在一起。这时，你要仔细分辨一下：究竟哪种情绪是你目前最主要的，并留意自己此时的身体反应。然后，你需要与情绪"对话"，觉察情绪背后的信息。

焦虑——帮助我们对潜在的危险保持警觉，提高我们的注意力和专注力。

恐惧——让我们警醒，充分意识到问题的危害性，全力以赴应对危险。

愤怒——让我们了解自己最在意的事情，激发情绪反应的力量，为抗争积蓄能量。

罪恶感——让我们自省，不做不可为的事情。

自卑感——提醒我们与他人比较还有差距，从而激励自己不断超越自我，变得强大。

扩展阅读

焦虑情绪管理三步走

在生活和学习中，焦虑情绪是一种常见的情绪。方晓义团队对我国150665名8～18岁儿童和青少年展开的全国性横断面调查发现，焦虑是学生抑郁和产生自杀意念最为重要的影响因素。当我们有焦虑情绪时，该怎么办呢？这里介绍几个步骤，可以帮助你有效管理焦虑情绪。

扫一扫

焦虑情绪管理三步走

第一步：认识到焦虑情绪的作用——焦虑的生存意义是什么？

第二步：了解情绪的本质——"哨兵"和"信使"。

第三步：寻找合理的解决办法——焦虑就是答案。

你可以扫描旁边的二维码，听听更详细的解读。

三　管理情绪：消极情绪的自我调适

《红楼梦》里的林黛玉不仅才华出众，而且纯洁、真诚，自幼羸弱多病，多愁善感。"花谢花飞花满天，红消香断有谁怜""一年三百六十日，风刀霜剑严相逼""试看春残花渐落，便是红颜老死时"，这些诗句无不令人伤感悲怀。在"风刀霜剑严相逼"的贾府，她不会像薛宝钗那样曲意逢迎、八面玲珑，而是经常郁郁寡欢，茶饭不思，夜不能寝，泪水涟涟。从情绪心理角度看，正是她内心的抑郁情绪造成了她的悲剧。

古希腊哲学家说，做自己情绪的奴隶比做暴君的奴隶更不幸。当我们面对愤怒、抑郁、悲伤、焦虑等消极情绪时，我们可以做的事情是积极调适。自我调适技巧分为认知类和行为类。

失控的情绪像钉子

心理自测

情绪调节量表

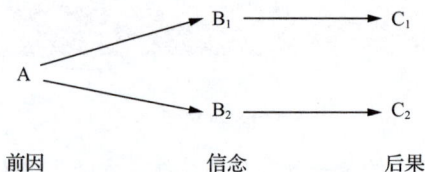

1. 认知类自我调适技巧

（1）理智调适法

如果说情绪是奔腾的"洪水"，那么理智就是一道坚固的"闸门"。理智调适法就是用理性的意识管理非理性，属于认知行为疗法。其中，认知行为疗法的基础理论——情绪ABC理论（见图8-5）的创始者埃利斯认为：正是由于我们常有的一些不合理的信念才使我们产生情绪困扰，如果这些不合理的信念长久持续，还会引起情绪障碍。情绪ABC理论中，A表示诱发性事件；B表示个人针对此诱发性事件产生的一些信念，即对这件事的一些看法、解释；C表示自己产生的情绪和行为的结果。通常，人们会认为诱发事件A直接导致了人的情绪和行为结果C，发生了什么事就引起了什么情绪体验。然而，你有没有发现，同样一件事，对不同的人会引起不同的情绪体验。比如，有两个大学生，英语六级考试都没通过，一个人无所谓，而另一个人伤心欲绝。有一个人，几年前跟朋友合伙做生意，运货的船突然遭遇海上风浪，他们所有的财富随之坠入海底。他从此灰心丧气，愁眉不展，怨天尤人。可是，他发现他的朋友居然活得有滋有味，于是就去问朋友，朋友说："我虽然损失了金钱，但我拥有了更多时间陪伴家人。"

$$A \nearrow \begin{array}{l} B_1 \longrightarrow C_1 \\ B_2 \longrightarrow C_2 \end{array}$$

前因　　　　　信念　　　　　后果

图 8-5　情绪 ABC 理论

（2）乐观面对法

乐观面对生活的人，通常热爱生活，即使遭遇挫折、失败，他们依然能够保持积极向上的情绪。大仲马说过，人生是一串无数的小烦恼组成的念珠，乐观的人总是笑着数完这串念珠。古希腊哲学家苏格拉底和几个朋友住在一间面积只有七八平方米的房子里，友人认为他居住的条件太差了，他说："和朋友们住在一起，随时可以和他们交流感情，是值得高兴的事啊！"几年后，他一个人住，又有人说他太寂寞了，他又说："我有很多书啊！一本书就是一个老师，我和那么多老师在一起，怎么不高兴呢?"之后，他住楼房的一楼，友人认为一楼的环境差，他却说："你不知道啊，一楼方便啊！进门就到家，朋友来也方便，还可以在空地上种花、种菜。"后来，他又搬到顶楼，有人说住顶楼没好处，他说："好处多啊！每天爬楼锻炼身体啊！顶楼光线也好。头顶上没干扰，白天晚上都安静。"

（3）自我暗示法

自我暗示法主要通过语言来引起或抑制人的心理和行为。自我暗示对人的情绪乃至行为有奇妙的作用，既可用来松弛过分紧张的情绪，又可用来激励自己。当遇到愤怒、忧愁、焦虑、困难、挫折时，不妨心中默念一些鼓励自己的话，比如"别人能行，我也一定能行""一切都会过去""别人不怕，我也不怕"。这种积极的心理暗示在很多情况下能驱散忧郁和怯懦，使自己恢复快乐和自信。

2. 行为类自我调适技巧

（1）注意转移法

保持一些爱好，在心情不好时，做一些自己喜欢的事，如看书、看影视剧、听歌、唱歌、做运动等，让自己心情愉快。音乐疗法是注意转移法中比较常用的方法。音乐疗法主要是让有压力的人欣赏不同的乐曲，使他们从不同的负面情绪中解脱出来。除了听歌，唱歌也能够起到同样的作用，特别是放声高歌，可以带走紧张、激动的情绪。歌的旋律、词的激励，唱歌时有节律地呼吸和运动，都能够缓解紧张情绪。除此之外，运动、旅游、散步或做一些体力活，都可以把消极情绪产生的能量释放出去。运动可以释放多巴胺，而多巴胺上升可以使人感到快乐。

（2）合理宣泄法

向他人倾诉、在适当的场合哭、大声喊叫、写日记等，都是将情绪由内而外宣泄出去的方法。人们把压力表达出来比压抑或者回避压力更有益于心理健康。曾有一项研究，要求被试者连续5天写出自己的压力来源或跟朋友诉说压力来源。结果显示，只写不说的一组被试者焦虑症状降低得更多，而总是跟朋友絮叨烦心事的一组被试者，焦虑症状降低得不如另一组明显。不过诉说的减压效果也取决于对方所提供的情感支持和自己对于压力的反省能力。

（3）自我放松法

人长期处于高度紧张状态会使自身免疫力降低，从而引起生理和心理疾病，这称为心理问题的躯体化反应。学会自我放松则可以缓解情绪带来的身心疲劳，恢复身心的平静。自我放松法包括深呼吸放松法、渐进式肌肉放松法、想象放松法等。最简单且可以操作的放松就是：闭上眼睛，身体放松，慢慢地吸气，然后憋住5秒，再慢慢呼气，再憋住5秒，如此反复，注意力集中到吸气和呼气上。

✎ 自助训练

渐进式肌肉放松法

　　在做这个练习前请做好以下准备：找一个安静且不被打扰的地方，找一把舒服的椅子。准备好了就可以扫描旁边的二维码，跟随老师的指导语进行练习。

　　练习结束后，请把你的感受记录下来。

扫一扫

音频

_____

_____。

？ 本章思考题

　　话剧社的小美习惯用吃东西来减压，刚开始还好，的确可以迅速转移注意力，缓解了压力，可是贪食带来的更多问题让她很沮丧。小美去了学校的心理咨询中心寻求帮助，咨询老师并没有直接让小美戒掉贪食的习惯，而是让她先找以往有什么成功的改善情绪的方法。小美有些疑惑，难道吃东西这种方法是可行的吗？除此之外，还有哪些更好的方法呢？

　　如果你是小美的同学，你会怎么回答这两个问题呢？

本章重点知识梳理　　　本章推荐资源

第九章

逆境突围

——大学生压力管理与挫折应对

有一首歌唱得好:"不经历风雨怎么见彩虹,没有人能随随便便成功。"有一首诗写得好:"成功的花,人们只惊羡她现时的明艳!然而当初她的芽儿,浸透了奋斗的泪泉,洒遍了牺牲的血雨。"如同月有阴晴、太阳有影子,成功与压力、欢乐与挫败本是一枚硬币的两面,相伴而生。当代大学生面临来自学业、人际、未来发展等方方面面的压力,每个人对压力的认知不同;当代大学生在充满竞争性的环境中也可能遭遇挫折,每个人面对挫折采取的防御机制也不同。对压力管理和挫折应对的相关知识进行学习,有助于大家从认知、行为、人格层面上更好地应对压力和挫折。本章学习目标如下:

- 了解压力的定义、压力的来源及压力的影响;
- 了解挫折的定义和来源,了解不同的防御机制,理解挫折背后的意义;
- 学会从认知、行为和人格层面应对压力与挫折。

一份休学申请引起的关注

这个周末，521宿舍的4位同学展开了热火朝天的卧谈会。这缘于一份风靡网络的休学申请，而该申请的提出者正是与她们同系、高她们一个年级的学长"太阳"。"太阳"是中文系有名的才子。

小奇："校内网你们都看了吗？'太阳'晒了他的休学申请，洋洋洒洒数千字，不愧出自我们系才子之手。"

佳琪："真想不到，入学典礼时学长还作为代表发言呢。听学姐说他是因为忙于创作而落下了很多功课，要休学继续搞创作呢。"

晶晶："你们说学校会批准吗？他的理由听起来很充分，可是休学去搞课外活动对吗？"

木兰："只能说他很有自己的想法，是对是错谁又能判断呢。"

小奇："从自我营销的意义上，我敢说他成功了。"

佳琪："也许真的是不能兼顾吧，学习、就业、考试，我们大学生的压力都很大，只是他勇敢地说出来了，并付诸行动。我支持他！"

小奇："你们知道吗？国外大学生中有一种很流行的减压方式，名字叫'哈佛式裸奔'。"

木兰："呵呵，我们还没那么前卫。我们期中考试后集体去踏青，放松一下如何？"

案例中的"太阳"因忙于创作而落下了很多功课，面临学业压力，他采用的应对方式是休学，给自己更多的时间来兼顾创作与学业。人在压力之下，会有不同的表现和应对。人们的身体具有一种自平衡系统，这种天生的自我保护系统往往可以帮助人们识别压力、应对压力。木兰提议的集体踏青就是一种常规的压力应对方法。大学生要想成功应对压力，首要任务就是要了解压力是什么。

第一节　不能承受之重
——压力概述

本节视频

一　身体和心理信号：压力的定义及生理和心理反应

1. 压力的定义

压力（stress）这个概念首先由加拿大心理学家谢尔耶提出。他认为压力是产生于个人无能力、无资源应对外在需求时的一种非特定的生理反应。

理性情绪行为疗法的创立者艾利斯认为，应激情境本身很少作为压力而存在，压力来自人类的内部认知系统，与个人的认知系统及价值系统相关，如果适当修正自我的完美主义，大半的压力情绪即可减轻。

我国学者黄希庭认为，心理学上所说的压力有3种含义：一是现实存在的具有威胁性的刺激，即压力源；二是人对压力事件的反应，即压力反应；三是威胁性刺激带来的一种被压迫的主观感受，即压力感。

压力和意义无法分割。对于不在乎的事情，你不会感受到压力；不经受压力，你也无法开创有意义的生活。

2. 压力的生理和心理反应

人在压力状态下会出现一定的生理反应和心理反应，这些身体和心理信号提示人们要关注自己的压力水平。

压力的生理反应，主要表现在自主神经系统、内分泌系统和免疫系统等方面，如心率加快、血压增高、呼吸急促、激素分泌增加、消化液分泌减少、出汗等。谢尔耶在20世纪50年代以白鼠为研究对象，进行了多项有关压力的实验研究，指出压力状态下的身体反应分为3个阶段，如表9-1所示。

表9-1　压力状态下的身体反应阶段及其特征

阶段	特征
警觉	因刺激的突然出现而情绪紧张和注意力提高，体温与血压下降，肾上腺分泌增加，身体进入应激状态
抗拒	身体企图对任何受损的部分加以维护复原，因此产生大量调节身体的激素
衰竭	压力存在太久，应付压力的精力耗尽，身体各功能突然缓慢下来，以适应能力的丧失

压力的心理反应包括积极反应和消极反应两类。压力的积极反应体现在：在压力适中的情况下，压力可以激活个体的潜能，使个体能以更积极、更有效的状态投入所面临的压力情境，更好地完成任务。压力的消极反应体现在：当压力过大时，个体表现出的认知、情绪和行为反应，具体如表9-2所示。

表9-2　压力的消极反应

不同反应	具体表现
认知反应	注意力下降、难以专心，容易分心；记忆力、分析能力和逻辑思维能力下降，容易思维阻塞、遗忘等
情绪反应	精神紧张、焦虑、不安、烦恼；易怒、攻击性增强；恐惧、无助、悲观失望、自责等，情绪控制力下降，工作成就感降低
行为反应	学习、生活的兴趣下降；活动计划性、目标感降低，经常顾此失彼、被动应付；存在回避倾向，不愿与人交流，想要一个人待着

压力的生理反应和心理反应有明显的性别差异。美国的一项研究显示，面对压力，男性多以生理疾病的形式表现，如心肌病和溃疡，而女性多表现在情绪上，如焦虑、沮丧等。面对压力，男性和女性大脑的反应不同：男性左脑血液充足，启动"战斗/逃跑"机制，他们想要独处；女性启动情绪机制，更想找人聊一聊。

扫一扫

心理压力的 10 种
无声信号

心理自测

压力知觉量表

二　外在与内在：压力源概述

1. 压力源分类

压力源是引起压力的具体人和事，大致包括非人为的压力源和人为的压力源两种。非人为的压力源又称"自然逆境"，如地震、泥石流、台风、海啸等自然因素，不以人的意志为转移；人为的压力源又称"社会逆境"，如经济压力、社会竞争、就业压力、人际压力等。压力源还分为重大压力事件和日常生活琐事。

压力源也可以按照内外来分。外压力源是指学习、就业、贫困、人际关系、情感等各方面的客观事件，而这些客观事件是否成为真实感受到的压力，还要看个体内在的抗压素质。压力的大小，是由压力源事件的客观性和自我感觉的主观性两种因素共同决定的。在这两个重要因素中起主导作用的还是人们的主观态度。用公式表达就是：压力的大小=压力源/承受力。同样一个事件，不同的人承受力不同，他们感受到的压力大小是不一样的。当然，生活事件大小的不同给人带来的压力感受会有所不同；而人对压力的承受力，则决定了压力事件最终的影响力。

内压力源分为挑战性压力源和阻碍性压力源。挑战性压力源所带来的压力，个体认为能够克服，它对自己的工作绩效与成长具有积极意义。阻碍性压力源所带来的压力，个体认为难以克服，它对自己工作目标的实现与职业生涯的发展具有阻碍作用。研究证明了个人在面对挑战性压力源时，更多采取问题解决导向的应对策略，如通过提高努力程度或调整工作态度来克服此类压力，从而提高了工作满意度。还有研究发现，挑战性压力源与个体的创新行为有密切关系。

2. 当代大学生的压力源

信息化时代带来的社会科技和经济的飞速发展，对当代大学生提出了更多的挑战；初入大学的环境适应、来自学业的挑战和对未来发展的期待加剧了大学生的压力。大学生自身正处于由青春晚期向青年期的过渡阶段，这标志着他们将逐渐走向独立和成熟，即将承担社会责任。不管是外在环境，还是大学生自身生理心理的发展变化，都使大学生要承受来自各方面的压力。

赵洽好等人基于实证研究将大学生的压力源分为四大类，分别为发展困扰型压力源、个人管理型压力源、消极事件型压力源、人际交往型压力源。每个类别下又有具体的项目，如表9-3所示。

表9-3　大学生的压力源清单

压力源类型	具体项目
发展困扰型压力源	① 无法合理规划学习时间； ② 学习状态欠佳； ③ 学习方向不明确； ④ 课业负担重； ⑤ 复习备考时间不够； ⑥ 成绩不理想； ⑦ 考研问题； ⑧ 已有技能尚不足以实现梦想； ⑨ 缺乏清晰的职业规划； ⑩ 对未来的不确定性充满担忧； ⑪ 做事拖延

续表

压力源类型	具体项目
个人管理型压力源	① 不满意自己的长相； ② 不满意自己的身材； ③ 皮肤不好； ④ 重视发型； ⑤ 气质不佳； ⑥ 缺乏魅力； ⑦ 缺少经济规划
消极事件型压力源	① 社团事务繁杂； ② 纠结于社团的留任问题； ③ 与父母存在代沟； ④ 家庭关系不和； ⑤ 亲人身体不适； ⑥ 身体健康状况差； ⑦ 兼职与学习无法良好平衡
人际交往型压力源	① 社会交际圈受到限制； ② 交际能力差； ③ 人际关系不好； ④ 缺少异性朋友； ⑤ 缺少真心朋友； ⑥ 单身

🚩 **课堂活动**

解析我的压力源

请你从表9-3中圈出5个对你影响较大的压力源，并将其填写在表9-4中，完成对自己的压力源解析。

表9-4　压力源解析

压力源	压力源分类	大学生压力源类型	我的应对方法
示例：做事拖延	内压力源（挑战性压力源）	发展困扰型压力源	设定最后的期限；积极自我对话；记录行为进度

三　有益与有害：关于压力的认知

压力对人们的影响比我们想象的更为复杂。神经科学家布鲁斯·麦克尤恩认为压力有3种不同的情况：良性压力、耐性压力及毒性压力。压力对人类的影响是有益的还是有害的，并没有一致的结论，但是关于压力的认知发挥了重要作用。

1. 压力有益论：压力可以提高个人的潜能

压力通常被认为对人体有害，可引起各种疾病，如神经衰弱、溃疡等，但适度的压力其实可以激发人们的潜能，让人们高效率地完成任务，帮助人们更好地应对生活的挑战。理想压力水平可以激发人的热情、敏锐度，让人充满干劲，从而获得较好的绩效。那些在考场上超常发挥的学生、在实践项目中表现出色的学生、在运动场上尽情挥洒的学生，都是将压力调适到了适度水平。压力水平与绩效的关系如图9-1所示。

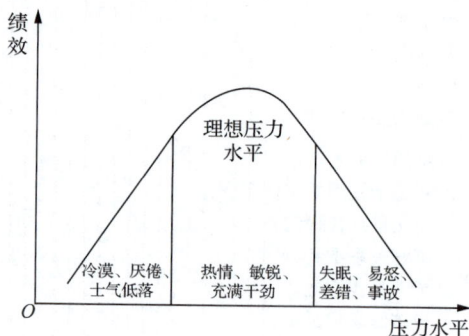

图 9-1　压力水平与绩效的关系

2. 压力有害论：压力过大影响健康

如果压力超过了人们的承受限度，会带来严重的后果，影响人们的身心健康。研究发现，无论是长期的心理压力，还是短期的心理压力，都会影响免疫系统的活力。心理压力可能会让人处于情绪低落、焦虑、恐慌、不耐烦、易激惹等情绪状态，行为表现可能是学习成绩、工作效率下降。压力过大还可能会导致睡眠问题、饮食失调、免疫力下降及身心疾病等。压力过大造成的影响如图9-2所示。

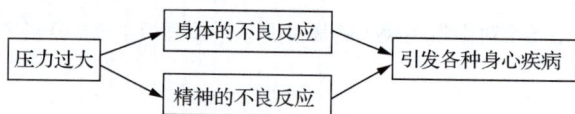

图 9-2　压力过大造成的影响

3. 压力的影响取决于认知方式

20世纪60年代，拉扎勒斯指出了认知评价在压力中的重要性。事件是否会产生压力就看人们如何诠释它，只有人们感觉到他们无法应付环境的要求时才会产生压力。认知评价分为初级评价和次级评价，初级评价是评估压力来源的严重性，评价结果通常有不相关、良性积极的、有害威胁的、有害挑战的4类；如果初级评价认为压力来源比较严重，则继续进行次级评价。次级评价是对自身应对压力情况的评价。认知评价决定了人们的压力反应。

最新的研究也揭示了压力对人的影响取决于个人的认知方式。相信压力有促进作用的人，比那些认为压力有害的人，更少抑郁，更有活力，更少出现健康问题，更快乐，工作更高效，对生活更满意。他们更乐于视压力为挑战，而不是打垮自己的问题。他们对自己的能力更自信，更善于在困难情境中发现意义。美国学者凯利·麦格尼格尔在专著《自控力》中介绍了她曾做过的一项研究，她连续8年追踪了美国30000名成年人，向他们询问两个问题："去年你感受到了多大的压力？""你相信压力有碍健康吗？"8年后，她查看了公开的死亡记录数据，从中找出了那些已经去世的参与者数据，结果让人大吃一惊。那些相信压力有害健康的参与者会经常失眠、内分泌失调，并且诱发癌症或心脏病，最终使死亡的风险增加了43%，严重影响身心健康。如果承受极大压力的人不认为压力有害，死亡的风险就不会升高，甚至比压力较小的参与者死亡风险还低。该研究揭示了真正有害的不是压力，而是认为"压力有害"的想法。真正对人有影响的是人对于压力的想法。

扩展阅读

动物实验带来的启示

　　压力对健康有消极影响，也有积极影响。这里通过几个动物实验来说明压力对健康的影响，请读者扫描旁边的二维码收听吧。

扫一扫

动物实验带来的启示

第二节　生命的低谷
——挫折概述

本节视频

★案例

无法再放飞自我的大鹏

　　大鹏是一名大二男生，随着学习任务的加重，学业压力剧增，大鹏感觉自己越来越力不从心了。高中时自己专注于学习，两耳不闻窗外事，是妥妥的"学霸"，现在自己怎么开始畏惧学习，开始怀疑自己了呢？自己是怎么一步步陷入当下状态中的呢？

　　高中时，面对父母和老师的期待，本性活泼、好交际的大鹏放弃了许多社交、玩耍的时间。上大学之后，大鹏终于解放了，可以玩自己喜欢的游戏，可以熬夜看剧，有时候睡得太晚第二天起不了床，索性第二天上午的课不去上。没有人管的感觉真好，大一的大鹏如同鸟笼里被放飞的小鸟。随着期末考试的来临，大鹏的内心隐隐担心起来，内心有不祥的预感。果然，期末考试中，大鹏挂了两门课。大一快乐的日子很快就结束了。进入大二后，课程任务重了好多，大鹏想要开始学的时候发现无从下手，困难如大山一样向自己压过来，焦虑、挫败接踵而至，学习效率很差。最近，大鹏的睡眠质量开始变差，夜里会经常醒来，想到有很多学业任务不知如何应对，就更加烦闷了，是不是自己的学习能力有问题呢？想到这些，曾经的游戏也没那么有吸引力了。最近，大鹏常常陷入思考中。

　　案例中的大鹏由于大一时太过于放飞自我，缺少对自我的管理，以致随着学业任务的加重，一下子不能很好地应对，开始怀疑自己，陷入挫败的情绪中。学习困难是挫折情境；大鹏对于挫折的认知是，曾经在学业上表现优秀的自己竟然陷入学业困难的境地，怀疑自己的能力有问题；他的挫折反应表现为感到焦虑、挫败、烦闷及睡眠质量变差。

挫折带给人们的影响不可谓不大。挫折可以让人一败涂地，也可以使人更加成熟有力。让我们一起来认识挫折、直面挫折吧。

一　问题面面观：何为挫折

《现代汉语词典》对挫折的解释是"失败""失利"，《辞海》对挫折的解释是"失利""挫败"。在生活中，挫折常指挫败、阻挠、障碍。

在社会心理学和行为科学中，挫折是指一种情绪状态，是指人们在某种动机的推动下，为实现目标而采取的行动遭遇到无法逾越的困难障碍时所产生的一种紧张、消极的情绪反应和情绪体验。挫折包含以下3种成分。

（1）挫折情境。挫折情境是指使个体遭受挫折的情境。例如，小丽特别想读北方某大学的研究生，然而考研成绩出来后，她发现连国家线都没达到，更别提这所学校的录取线了，为此，小丽十分受挫。

（2）挫折认知。挫折认知是指个体对挫折情境的认知、态度和评价，比如有的人认为失败乃成功之母；有的人却认为失败了就说明自己是一个失败的人，以后也不会成功。

（3）挫折反应。挫折反应是指个体在挫折情境下所产生的烦恼、困惑、焦虑、愤怒等负面情绪交织而成的心理感受，即挫折感。

挫折认知是核心成分，挫折反应的性质及程度主要取决于个体对挫折情境的认知。一般来说，挫折情境越严重，挫折反应就越强烈；反之，挫折反应就越轻微。但是，只有当挫折情境被个体所感知时，个体才会在心理上产生挫折反应。如果出现了挫折情境，而个体没有意识到，或者虽然意识到了但并不认为很严重，那么个体不会产生挫折反应，或者只产生轻微的挫折反应。挫折的反应机制如图9-3所示。

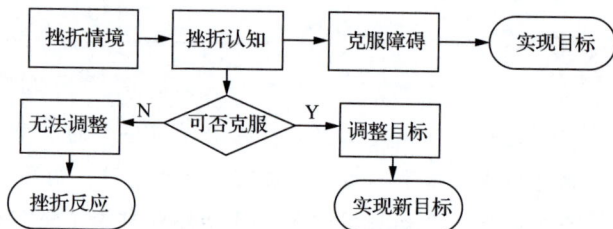

图9-3　挫折的反应机制

二　自我、关系和环境：挫折的来源

大学生常见的挫折有很多，根据来源不同，可概括为3类，即与自我有关、与他人有关、与环境有关。

1. 与自我有关：理想与现实的冲突

大学生遇到的挫折往往来源于周围的人，或者自我的期待太高，对自己有近乎完美的要求，当现实任务太多时，压力逐步增加，在自己无法胜任当下的任务时，体验到挫败感。这种与自我有关的挫折容易让人感到灰心、失望，进而否定自己。与自我有关的挫折主要表现为理想我和现实我存在差距。比如，理想的我是坚强的，现实的我很爱哭；理想的我是乐观向上的，现实的我是有点抑郁的；理想的我是卓越出众的，现实的我是常常感到挫败的。如果说理想是一朵盛开的美丽的花，那么现实就是这朵花被太阳暴晒后的样子。

自我发展挫折

★案例

张帅的老乡刘学对自己要求严格，学习勤奋刻苦，性格开朗自信，要强好胜，对自己期望很高，具有远大的抱负。大一学年结束的考试中，刘学的学习成绩在全年级排名第十，刘学期待自己不仅在学业上拿到靠前的排名，还希望自己可以在社会工作上有优秀的表现，为保研或出国做准备。为此，进入大二后，刘学积极竞选院学生会主席并顺利当选。一切都是好的开始，却也是忙到飞起的开始。在老师和同学们的期待中，刘学开始投入学生会的工作，3月大学生越野赛、4月志愿服务月、5月鲜花合唱节、6月送别毕业生等大型活动都有他的身影。随着课程任务的加重、学习时间的压缩，学业压力越来越明显，以致临近期末的刘学不能像以往那样淡定，总是心神不宁，无法将注意力集中在学习上；更让他烦恼的是，学生会的工作也并非一帆风顺，最近学生会指导老师找他谈心，委婉地告诉他做事情要注意方式方法，多听取大家的意见。刘学郁闷极了。

案例中的刘学是一个好胜心强的人，不仅要求自己在学习上名列前茅，还要求自己在社会工作方面也有优秀的表现，期待自己总是做到最好，有完美主义倾向。然而，现实的情况是，每个人的时间和精力都是有限的，当过高的期待与略显苍白的现实相遇时，心中的失落和郁闷是难免的。

2. 与他人有关：走近你并不容易

我们都是生活在关系之中的，我们与他人的关系会影响我们对世界的认知方式，更会影响我们的情绪和我们解决问题的方式。大学生遇到的挫折有的来源于与周围人的关系。下面案例中的阿强正经历由关系带来的挫折。

关系带来的挫折

★案例

最近，佳琪在自己的QQ空间里收到了高中同学转发的一则寻人启事，寻找的是高中同学阿强。阿强春节回家见到高中女同学阿碧——他心目中的女朋友，便不断地联系她，想和她建立正式的男女朋友关系。被阿碧拒绝后，阿强心中一直闷闷不乐。开学返校后，他在宿舍整日以泪洗面，不吃不睡，一会儿哭，一会儿笑，仿佛是一个精神不正常的人。同宿舍的同学关心他，但是从他口中什么也问不出来；辅导员劝解他，他也不说话，大家不知道如何帮助他。阿强在开学第三天的晚上悄然离开宿舍，一去不复返。家人找了很久都没有找到，阿强的妈妈从高中的班主任那里要来了同学的联系方式，给每个同学都发了寻人启事。看了QQ空间中高中同学们的交流，佳琪感慨万千。印象中的阿强是一个不爱讲话、自尊心很强的人，高中的时候专心忙于学习，几乎不和女生讲话，想不到他喜欢阿碧。恋爱关系是双方的，这次他肯定受打击不小，不知他身处何方，是否能想得开呢？

3. 与环境有关：谋事在人，成事在天

外在环境带来的挫折很多时候是不可控的，也是最让人感觉无助的。下面案例中的阿勇

就体会到了有些事情不是自己可以把控和预料到的。这样的时刻就非常考验一个人应对挫折的能力。

> **案例**
>
> 天有不测风云
>
> 　　阿勇是一个踏实、肯干、爱学习的学生，不仅学习成绩优秀，而且每年的社会实践他都积极带队。大三的时候大部分同学还在享受大学的美好时光，他已经到一家小有名气的企业实习了。4年下来阿勇在专业上打下了扎实的基础。在就业竞争激励的情况下，大家都是"广泛撒网，重点捕鱼"，阿勇对自己很有信心，他参加了一家知名企业的面试后，认为自己一定会被聘用，便不再四处找工作，而是等这家企业通知签约了。阿勇想到未来工作的场景有一些小兴奋，毕竟要告别学生时代，转变为职场新人。时间总是在美好的畅想中流逝，一转眼到了6月中旬，身边同学的工作一个个尘埃落定，阿勇有些着急了：那家企业怎么迟迟不通知签约呢？后来阿勇终于接到了人力资源部打来的电话，却被告知名额没有了。这个消息使阿勇措手不及，他尝到了天有不测风云的滋味。

三　深度解读：挫折的防御机制

挫折的防御机制是指人在遇到挫折时，有意无意地寻求摆脱由挫折产生的心理压力、减轻精神痛苦、恢复正常情绪和心理平衡的自我调节与自我保护方式。挫折的防御机制一般可以分为两大类：积极心理防御和消极心理防御。

1. 积极心理防御

积极心理防御是正视挫折，承认挫折，正确分析挫折产生的主客观原因，总结经验教训，争取积极的行为方式，最后战胜挫折。积极心理防御主要表现在以下几个方面。

（1）坚持

坚持是指个人发现目标难以达到，要求自己做出加倍的努力，并要求自己通过不断的努力，使目标最终实现。例如，美国电影《阿甘正传》中的主人公阿甘是一位智商并不高的人，他面对挫折的方法是忽视它，坚持不懈地努力实现自己的目标，最终他赢得了人们的尊重，赢得了自己的事业，也获得了自己的生活。正如有的学者所说："成功就在最后的坚持之中。"

（2）认同

认同是指个人在现实生活中无法获得成功时，将自己比拟为某一成功者，借以在心里减轻因挫折产生的痛苦；或者迎合能满足自己需要的人，按照他们的希望去支配自己的思想、行动，来冲淡自己的挫折感，并以此求得内心的满足。例如，大学生常以一些历史名人、科学家、老师，甚至同学作为自己效仿的对象，建立自己心中的榜样，并依照榜样进行积极的自我激励与自我暗示。

（3）补偿

补偿是指当个人行为受挫时，或因个人某方面的缺陷而使目标无法实现时，个人往往以新的目标代替原有目标，以其他方面的成功来补偿因失败而丧失的自尊与自信。这就是人们常说的"失之东隅，收之桑榆"。例如，某大学生没有当上班干部，无机会表现自己的能力，于是便努力使自己的成绩名列前茅。又如，某大学生恋爱失败了，于是积极参加文体活动，用活动中取得的成功来补偿失恋的痛苦。

（4）升华

升华是指个人用一种比较崇高的具有创造性和建设性的目标作为替代，借以弥补因受挫而丧失的自尊与自信，减轻痛苦。升华是积极的行为反应，从古至今演绎出无数佳话，如屈原放逐而赋《离骚》，左丘失明而写《左传》，孙膑跛脚而修《兵法》，司马迁受辱而著《史记》。德国文学家歌德23岁时爱上朋友的未婚妻夏绿蒂，夏绿蒂没有接纳歌德并把歌德的求爱原原本本地说给未婚夫听。歌德在听到夏绿蒂举行婚礼后，痛苦万分，用4个星期的时间，把自己的故事写成了《少年维特的烦恼》，歌德因此一举成名。现实中一些大学生最初在社交活动中受到制约，于是他们在学问、个人思想道德修养上下工夫，学习成绩出类拔萃，品德优秀，为同学所瞩目。

（5）幽默

幽默是积极的行为反应，不是所有人都能达到的，必须有积极的生活态度，表现出睿智与从容。这种幽默不是拿别人开玩笑，而是自嘲。一个人会自嘲了，说明他的心理成熟了，也说明他认识了自己，社会适应能力强了。例如，某人失恋了，他自嘲地说："只谈过一次恋爱的小伙子，不要羡慕他！"幽默很容易缩短你与周围人的距离，而且能够帮助你有效地寻求社会支持。

2. 消极心理防御

消极心理防御是指个体遭受挫折后所表现出来的带有强烈情绪色彩的非理性行为。常见的消极心理防御有压抑、攻击行为、退化、逃避、冷漠。

（1）压抑

压抑是指把不愉快的经历和体验压抑到无意识中，不去回忆，主动遗忘。适度的压抑有利于情绪的调整，但长期的压抑会导致更强的挫折与心理不适。

（2）攻击行为

攻击行为是指个体在遭受挫折后，在情绪与行动上会产生一种对有关人或物的攻击性的抵触反应，以消除来自挫折的痛苦。攻击是一种破坏性行为，这种行为可分为直接攻击和转向攻击。直接攻击是指一个人受到挫折后，把愤怒的情绪直接发泄到使自己受挫的人或物上，如学校里发生的打架斗殴、损害公物等情况。转向攻击是指一个人受到挫折后，把愤怒的情绪指向其他的人或物，如某个学生受到老师批评后，把怒气发泄到别人身上或物品上。

（3）退化

退化又称回归，是指当个体受到挫折时，往往表现出与自己的年龄、身份很不相称的幼稚行为，或盲目地轻信他人、跟从他人等。表现出这种行为方式的大学生往往对自己缺乏信心，看不到自己的力量，像孩子一样依赖他人，多指大人小孩状。例如，某个大学生参加学生会干部竞选失败了，他感到很委屈，无法进行理智分析和对待，不吃饭，也不上课，整天蒙头大睡。

（4）逃避

逃避是指个体受到挫折后，不敢面对挫折情境，而逃避到比较安全的环境中去的行为。逃避有3种表现：一是逃到另一种现实中，如学习不好就玩游戏，沉溺其中；二是逃向幻想世界；三是逃向疾病。例如，某个大学生因为英语口语较差，每次上课从不开口说英语，甚至拒绝上英语听力课，不参加考试，以此来逃避失败。

（5）冷漠

冷漠即个体表现出对于挫折情境漠不关心、无动于衷等情绪反应。例如，有些大学生的社会活动能力较差，多次失败，他们渐渐地对大学生活、同学关系、社会活动持冷漠的情绪反应，表现为死气沉沉、缺乏集体感。

总之，积极的心理防御有助于大学生适应挫折、化解困境，利于他们的成长；消极的心理防御只能起暂时平衡心理的作用，不能解决问题，有时会使大学生在一种自我欺骗中与现实环境脱节，降低适应能力，形成一些恶习，埋下心理疾患的种子，影响其身心健康和全面发展。大学生应该树立积极的心理防御机制，增强自己的耐挫力，以适应社会的发展。

🚩 课堂活动

我的挫折应对方式

回想最近一个月内你的经历，你遇到过的一个对你影响比较大的挫折事件是什么？你面对这个挫折的反应是什么样的？这个挫折的来源是自我、他人还是环境？你通常应对挫折的方式是什么？

_____

_____。

如果你还可以采用本章所讲的应对挫折的积极心理防御，你会怎么做？

_____

_____。

第三节　逆境中前行
——积极应对压力与挫折

（本节视频）

★案例

蝴蝶的蜕变

草地上有一个蛹，被一个小孩发现并带回了家。过了几天，蛹上出现了一道小裂缝，里面的蝴蝶挣扎了好长时间，身子似乎被卡住了，一直出不来。天真的小孩看到蛹中的蝴蝶痛苦挣扎的样子，十分不忍，于是就拿起小剪刀把蛹壳剪开，帮助蝴蝶脱蛹而出……结果蝴蝶死了。蝴蝶为什么会过早死去？因为蝴蝶失去了成长的必要过程。蝴蝶必须在蛹中经过痛苦挣扎，直到它的翅膀强壮了，才会破蛹而出。否则，它很快就会被环境所吞噬。

毛毛虫变蝴蝶、丑小鸭变白天鹅并不是童话故事，而是生命必经的一段历练，正是这种历练，正是生命本身给予的考验，让它们得以蜕变，成就了它们自身的美丽。对大学生而言，压力与挫折或许正是他们成长路上的必修课，重要的是他们如何去应对。正如巴尔扎克所言："苦难对于天才是一块垫脚石，对能干的人是一笔财富，对弱者是一个万丈深渊。"

压力和挫折是两个既有联系又有区别的概念。压力是心理压力源和心理压力反应共同构成的一种认知和行为体验过程。挫折是人们在有目的的活动中，遇到阻碍人们达成目的的障碍。压力过大，个体应对失败时，个体可能产生挫折感。压力和挫折的共同之处在于，它们都是伴随负面情绪的心理反应过程。下面将探讨如何从认知、行为、人格品质等方面积极应对压力和挫折。

一 压力管理：与压力做朋友

1. 评估压力

管理压力的前提是你感受到一定压力，压力水平的高低及压力对你的影响都应该在考虑范围内。事实上，人总是生活在各种各样的压力中，只是有些压力不易被察觉，有些压力可以是动力，有些压力会成为压垮骆驼的最后一根稻草。评估压力，可以帮助我们更好地管理压力。经过评估，当发现压力过大，影响过大时，我们可以采取合适的应对策略。压力觉察日记是一种有助于我们评估压力的工具。

★ 课堂活动

压力觉察记录

请记录压力事件、面对压力时自己的生理反应和心理反应（认知反应、情绪反应和行为反应），并判断压力水平的高低，1代表压力水平最低，10代表压力水平最高。评估压力对自己的影响，1代表影响最小，10代表影响最大。填写表9-5。

表9-5 我的压力觉察记录

压力事件	生理反应	认知反应	情绪反应	行为反应	压力水平（1~10）	对自己的影响（1~10）
示例：期末考试即将来临	心慌、胃口差	自己学习状态差，肯定考不好	烦躁、担忧	走神、效率低	7	8

2. 采取应对压力的策略

人在压力面前常见的几种应对策略：问题导向型应对、情绪导向型应对、人际导向型应对及寻求意义型应对。问题导向型应对是指通过直接的行动或问题解决行为来改变应激源（压力产生的"罪魁祸首"）；情绪导向型应对是指调节和管理应激源产生的不良情绪反应；人际导向型应对是通过获取人际支持来降低应激源的影响；寻求意义型应对是通过重新解释事件的意义和价值，从而提升自己的应对能力。

（1）问题导向型应对

① 减少压力源。避免压力过大的方式之一就是要懂得量力而行，也就是不要让自己绷得太紧，不要凡事都揽到自己身上。应该自己承担的任务，应尽力做好，当仁不让；不需要自己承担的任务，要学会拒绝。

② 完成压力任务。在竞争激烈的现代社会，压力是一种必然的存在，直接降低压力的方法就是完成压力任务。对于容易的任务，我们需要提高做事情的效率。困难的任务容易让人产生畏难心理，我们需要通过学习或求助来提高完成任务的能力，当任务带来的挑战和我们的能力达到平衡时，我们就容易进入一种得心应手的状态。

（2）情绪导向型应对

① 接纳情绪。理解情绪是正常的，不要压抑或否认负面情绪，允许自己体验情绪，认识到任何情绪都是有功能的。

② 情绪宣泄法。这是通过表达和释放情绪来缓解压力、改善心理健康的应对策略。哭、喊、唱、跳、写、画均可。大学生最常使用、效果良好的情绪宣泄法是运动减压法。运动能缓解压力是有科学依据的：当运动达到一定量时，身体就会产生一种称为"腓肽"的激素，这种激素被称为"快乐因子"，能愉悦神经，把你的压力和不愉快带走。通常来说，有氧运动能使人全身得到放松。如果你想通过运动来缓解压力，那么你可以参加一些缓和的、运动量小的运动，使心情先平静下来，如跳绳、跳健身操、游泳、散步、打乒乓球等，运动时间可控制在每天半小时左右。

③ 放松身心法。《深度休息：在焦虑时代治愈自己的10个心理学方案》一书中，作者对来自135个国家的18000人进行了调查和研究，得出较有效并让人安心的10种休息方式分别是：正念、看电视、空想、洗个舒服的热水澡、舒心地出去走走、什么也不做、听音乐、独处、走进大自然、阅读。

每个人的减压方法都不同，适合自己的减压方法才能真正起到减压效果。但有的时候，我们不知道适合自己的减压方法是什么？那么可以多多尝试。比如：尝试观看一场电影，尝试阅读一本最喜欢的书，尝试去旅游一段时间等。

减压方法有很多，你可以每一种都试一遍，最终你一定能发现适合自己的减压方法。你也可以试试下面的扩展阅读和自助训练中介绍的方法。

扫一扫

15 分钟卸下压力的
7 种方法

✎ 自助训练

正念呼吸法

找一个安静且不被打扰的地方，找个舒服的姿势坐好。关掉一切干扰声音的来源。让我们来做几个缓慢的深呼吸放松。这个练习不仅能帮助你缓解压力，而且可以达到放松和缓解情绪的目的。准备好后，请你扫描旁边的二维码跟随老师的指导语进行练习吧。

扫一扫

正念呼吸法

（3）人际导向型应对

人际导向型应对是通过人际互动来管理和缓解压力，强调借助他人的支持、沟通和协作来应对压力。向他人倾诉，可以获取有用的信息、切实的建议或者情感的支持；与他人沟通与协作，可以扩展个人资源，促进问题解决。

（4）寻求意义型应对

对压力积极定义。压力是一把双刃剑，压力对个人的影响与个人对压力的认识有很大关系。凯利·麦格尼格尔曾在书中指出："压力是一种资源，痛苦经历的好处，并非来自压力或创伤事件本身；它来自你——来自困境唤醒的力量，来自化艰难为意义的人类自然本能。"书中还介绍了一项盖洛普世界民意调查，调查结果令人诧异：压力指数越高，幸福度也越高。压力可以激发人的潜能，带来动力和挑战。改变对压力的思维方式，重新定义压力，心态和行为也会跟着发生转变。

压力的背后是生活的意义。压力的存在，让我们重新思考如何处理问题，让我们过得有意义。压力在现代生活中是不可避免的，我们不能消除压力，但是我们可以选择时刻觉察压力对自己的影响，可以选择如何看待压力，可以选择主动地应对压力。管理压力，就是管理自己的生活。管理好压力，压力可以是一个人成长发展道路上伴随始终的朋友。

二　挫折应对：在意义中重建

1. 发现挫折的意义

我们常常能在社会新闻中看到一些极端的案例，有些人因为一点小挫折而采取了非常不理智的行为。有的大学生因为父母的溺爱，无形中养成了不能延迟满足、不能忍受挫折的负面性格，甚至一有不如意就用偏激的反应来表达。一个人要能够正确地认识挫折，并不是一件容易的事情。当一个人处在旁观者的地位、看到别人的遭遇时，自己或许有时还能做出一些较为正确的分析，而当挫折降临到自己的头上时，要能做出正确而清醒的认识就很不容易了。在挫折情境中许多不理智的反应、不正确的行动，都是与缺乏对挫折的正确认识有关的。我们要看到，挫折会给人以打击，带来损失和痛苦，但也能使人奋起、成熟，从中得到锻炼。挫折既有消极的一面，又有积极的一面。

南非前总统曼德拉，年轻时因反对种族隔离制度被捕入狱，白人统治者把他关在荒凉的小岛上整整27年，3名看守人员总是寻找借口欺侮他。1991年，曼德拉出狱并当选南非总统，当年在监狱看管他的3名看守人员也应邀参加他的就职典礼，曼德拉恭敬地向他们致敬。如此博大的胸襟让所有到场的各国政要和贵宾肃然起敬。后来，曼德拉解释说，他年轻时性子很急，脾气暴躁，正是漫长的牢狱岁月让他有时间思考，让他学会了控制自己的情绪，学会了如何处理自己的痛苦。磨难使他清醒，使他克服了个性的弱点，也成就了他最后的辉煌。

📍 课堂活动

在挫折熔炉中寻找成长的化石

第一步，填写表格。

老师发放"挫折X光片"表格（见表9-6），请同学们填写。

表9-6

最近一次挫折事件	
对挫折的看法	
挫折带来的感受	
身体反应最强烈的部位	

第二步，挫折转化。

同学们将填写好的表格揉成球投入"逆境熔炉"（纸箱）中，老师将其充分摇匀后，同学们随机抽取他人纸团。假设同学们现在是考古学家，大家要从这些"挫折化石"中提取进化线索。大家轮流发言，并请按以下格式表达。

感谢这次＿＿＿＿＿＿＿＿（挫折），它让我掌握了＿＿＿＿＿＿＿＿能力，我对它的新理解是＿＿＿＿＿＿＿。基于此，我认为从这次挫折中学到的是＿＿＿＿＿＿＿。

传统文化

传统文化中的挫折教育

我国传统文化中对于挫折的态度："天将降大任于斯人也，必先苦其心志，劳其筋骨，饿其体肤，空乏其身，行拂乱其所为。""宝剑锋从磨砺出，梅花香自苦寒来。"面对挫折，中国人从古至今，从来都是勇往直前。请你扫描旁边的二维码听听课程思政微课吧。

2. 提高心理韧性

如果梦想的大学生活与现实落差太大，如果刚入大学时制订的目标到现在还遥不可及，如果正在做的事情屡屡受挫，你有从挫折中重新站起的能力吗？具有心理韧性的人会给出肯定的回答。

心理韧性（psychological resilience）是个体在面对逆境、挫折、创伤或重大压力时表现的积极适应能力和反弹恢复能力，也有人称其为"复原力""抗逆力""压弹""心理弹性"等。它不仅帮助个体应对挑战，还能促进个人成长，是一种良好的心理健康保护因素。心理韧性不是一种天生的特质，它是可以通过后天的培养和锻炼而逐渐增强的。

中华文化中蕴藏关于心理韧性的表达，比如《竹石》中的"咬定青山不放松，立根原在破岩中。千磨万击还坚劲，任尔东南西北风"，《孟子》中的"故天将降大任于斯人也，必先苦其心志，劳其筋骨，饿其体肤，空乏其身，行拂乱其所为，所以动心忍性，曾益其所不能"。

苏东坡是中国古代文学史上一位极具心理韧性的代表人物。他的一生充满了起伏和挫折，但他始终以豁达、乐观的态度面对逆境，展现了强大的心理韧性。现结合心理韧性的以下3层含义进行解析。

（1）**复原力**：指个体在痛苦、挫折、磨难、打击、失败、压力的挑战之下，能够迅速恢复到正常状态的能力，也有学者把它称为反弹力。苏轼因反对王安石变法而卷入政治斗争，多次被贬谪，甚至一度被关入监狱（乌台诗案），尽管遭受了巨大的打击，但他并未一蹶不振，而是通过创作、交友、游历等方式调整心态，写下了《赤壁赋》《念奴娇·赤壁怀古》等传世名作，展现了强大的复原力。

（2）**坚毅力**：指个体在面对长远目标时体现出的坚韧不拔的能力。"问汝平生功业，黄州惠州儋州"。苏轼一生多次被贬，从黄州到惠州，再到儋州（今海南），他面对的是荒凉的环境和匮乏的资源，但他依然坚持读书、写作，保持对生活的热情和对理想的追求，他将贬谪之地视为自己一生的功业所在，积极融入当地生活，传播文化，展现了非凡的坚韧力。

（3）创伤后成长：指个体从失败中学到成功的经验，从创伤中得到成长的能力。苏轼在贬谪期间，不仅没有沉溺于痛苦，反而通过逆境实现了自我超越。他在《定风波》中写道："莫听穿林打叶声，何妨吟啸且徐行。竹杖芒鞋轻胜马，谁怕？一蓑烟雨任平生。"这表达了他对逆境的坦然接受和超越。

扫一扫

你是谁？——胡萝卜、鸡蛋、咖啡

3. 提升抗逆力

挫折有时候可以磨炼一个人，使个体的抗逆力得到提升。通俗地说，抗逆力也称逆商。逆商是指人们面对逆境时的反应方式，即面对挫折、摆脱困境和超越困难的能力。保罗·史托兹在《逆商：我们该如何应对坏事件》一书中指出，逆商由4个维度构成，即掌控感、担当力、影响度和持续性。这4个维度能够决定个体的总体抗挫折能力。

心理自测

心理弹性量表

（1）**掌控感**：其要探究的问题是，个体觉得自己对于不利事件的掌控有多少。个体要想拥有掌控感，就要坚信"任何事情自己都能做到"。即使身处最糟糕的境地，个体也总是有一些可掌控的部分。个体始终能掌控自己如何应对，希望和行动正是由此产生的。掌控感得分高的人会这样想："这真的很难，但我见过更难的""总会有办法的""我必须想个办法去解决这个问题"。

（2）**担当力**：衡量的是个体在多大程度上会承担起责任，为改变负责。与逆商较低的人相比，高逆商的人更愿意承担困境所产生的后果。这种担当力促使他们采取行动去努力改变现状，而不是回避问题和责备他人。

（3）**影响度**：其要探究的问题是，挫折对个体生活的其他方面会产生多大的影响。抗挫折能力较低的人会让挫折蔓延到生活的其他方面。影响度越高，个体就越有可能把问题的影响范围控制在当前的事情上。限制挫折对你的影响范围，可以让你思路更清晰并采取更有效的行动。

（4）**持续性**：其要探究的问题是，挫折会持续多久，挫折的起因会持续多久。抗挫折能力较低的人会无限拉长逆境的影响时间。对挫折的起因进行归因也是个重要的因素，将失败归因于自身努力的人，比那些将失败归因于自身能力的人更能坚持。

了解了逆商的构成，那么如何提升逆商呢？LEAD工具可有效帮助我们提升逆商，其中4个字母代表了4个步骤。

（1）L（listen）：**倾听自己对逆境的反应**。我们需要学会迅速地觉察逆境的降临，当感受到自己出现负面情绪时，就要提醒自己注意挫折这件事，让大脑保持警惕，觉察之后才能应对。我们要觉察挫折对自己的影响有多大，挫折持续了多久，可能还会持续多久，挫折是否在自己的掌控中，以及与以往的挫折相比，自己战胜挫折的信心如何。

（2）E（explore）：**探索自己对结果的担当**。过分自责和推卸责任都无法增强我们的掌控感，反而会让我们陷入推卸责任的惯性，但我们也不能沉浸在自责或愧疚中。当我们接受适当的责备，决定从自己的行为中吸取教训，并对结果的一部分承担起责任时，我们就能够重拾掌控感，让事情的发展朝着问题解决的方向发展。

（3）A（analyze）：**分析证据**。分析证据是一个简单的质疑过程，让你得以审视、质疑并最终摆脱自己对于逆境反应的消极部分。我们可以从以下3个问题入手分析逆境。

① 有什么证据表明我无法掌控？

② 有什么证据表明逆境一定会影响我生活的其他方面？有什么证据表明逆境必然会持续

过长时间？

答案通常是否定的，即使有肯定的答案，也没有关系，生活中总是有多种可能性，你不能改变过去时，但你可以看看当下可以做些什么，如果你愿意，你总是可以找到可利用的资源。

（4）D（do）：做点事情。在你完成前3个步骤后，你大概率会拥有相对平和的心态和情绪，但停留在这里是不够的，你需要有下一步的行动。通过漏斗法，你会从列清单转向采取某个行动。你首先要选出一个需要率先实施的行动，然后确定在哪一天的什么时候实施这个行动。最后的这个步骤会让你的各种想法经过漏斗汇集成一个明确的、有计划的前进行为。

✎ 自助训练

逆商提升行动

请你回顾最近生活中发生的挫折事件，运用LEAD工具分析自己对挫折事件的处理过程，填写下面的表9-7。

表9-7　我的逆商提升行动

挫折事件	L：倾听自己对逆境的反应	E：探索自己对结果的担当	A：分析证据	D：做点事情
示例：期末挂科	难过、焦虑，期待自己补考通过	认识到偷懒的代价，决定好好复习	消极情绪不会一直持续，生活依然在继续	制订复习计划并执行

❓ 本章思考题

当你面对挫折时，你采用的防御机制通常有哪些？

本章重点知识梳理　　　本章推荐资源

第十章

生命的顽强与脆弱

——大学生生命教育与心理危机应对

人是这个世界上最奇特的生命体，也是最复杂的生命体。很多大学生不仅对外在的事物好奇，也对自己的生命充满好奇——我为什么而活着？在这个世界上我活着的意义是什么？我的生命价值是什么？在生死之间，人有权利、有自由、有义务活出一个自己认为有意义的生命。大学生在生命历程中，除了会对自己的生命意义进行探索，还可能会遭遇一些对心理造成严重打击的事情，如失恋、丧亲、重大疾病、辍学等，这些事情会让人重新思考生命的意义何在，可能给生命带来危机。本章学习目标如下：

- 探索生命的意义；
- 了解大学生心理危机的表现；
- 了解大学生自杀的预防与干预。

引导案例

什么是生命的意义？

莎士比亚说："所有人的生命都是一部历史。"

诺贝尔说："生命，那是自然付给人类去雕琢的宝石。"

雷锋说："人的生命是有限的，可是，为人民服务是无限的。我要把有限的生命，投入到无限的为人民服务之中去。"

屠格涅夫说："我们的生命虽然短暂而且渺小，但是伟大的一切都由人的手所创造。"

殷海光说："生物文化层满足了，我们还要真善美、理想、道德，这样人生的道路才算完成。"

萧伯纳说："我的生命属于整个社会；在我有生之年，尽我力所能及为整个社会工作，这就是我的特殊的荣幸。"

杜伽尔说："没有比生命更宝贵的东西，生命想象不到的短暂。"

艾青说："即使我们是一支蜡烛，也应该'蜡炬成灰泪始干'；即使我们只是一根火柴，也要在关键时刻有一次闪耀；即使我们死后尸骨都腐烂了，也要变成磷火在荒野中燃烧。"

维克多·弗兰克尔说："每个人都被生命询问，而他只有用自己的生命才能回答此问题，只能以'负责'来答复生命。因此，'能够负责'是人类存在最重要的本质。"

你认为什么是生命的意义呢？

第一节　生命的礼赞
——生命及其意义

本节视频

什么东西到处都是却无比珍贵？什么东西一去不复返？什么东西是有限的，但能创造无限的可能性？它是生命。人们只有拥有了生命，才有机会去了解和探索这个世界，才会充满力量，才会创造无限的可能性。究竟什么是生命？生命的意义何在？如何让自己拥有一个丰盈的人生？本节将带你一起探索这些问题的答案。

一　花开花落：生命及其过程

一个人的生命始于受精卵，终于生物学意义上的死亡。大约有4亿个精子从父亲的体内射出，但大约只有100个精子能够穿越重重障碍，到达母亲体内的卵子附近，而这100个强大的精子中，最终只有一个精子能够幸运地刺破卵子的外膜，与卵子结合，形成受精卵，受精卵在母亲的子宫中一般经过280天的孕育，成为一个全新的生命。由此可见，每一个生命本身就是一个奇迹，生命的产生是一个极小概率的事件，生命的产生也是一个非常奇妙和神奇的过程。

生物学中所讲的生命泛指由有机物和水构成的、一个或多个细胞组成的一类具有稳定的物质和能量代谢现象（能够稳定地从外界获取物质和能量，并将体内产生的废物和多余的热量排放到外界）、能回应刺激、能进行自我复制（繁殖）的半开放物质系统。生命个体通常都要经历出生、成长和死亡。

人的生命除了有其自然属性，还有其社会属性，人不仅仅是生物学意义上的存在，更是一种社会性存在。人的生命全过程就是由一次次的生命活动所组成的。一次次生命活动的质量决定了生命全过程的质量，个人重视每一次生命活动的质量就是重视生命全过程的质量。而这些过程，均是在社会中完成，无法脱离社会。

如果你对生命的历程感到好奇，可以尝试：买一粒种子（适宜在宿舍里种植的植物种子），呵护它健康生长，体会生命由一粒种子逐渐长大的历程。

扫一扫

通向死亡的单行道——人类生命的特点

二　我要到哪里去：生命的意义及其来源

★ 案例

关于"生命意义"的大讨论

有一次上哲学课，老师问大家：你究竟为什么而活？你的生命意义是什么？同学们的回答如下。

"为了明天生活得更好。"

"生命的意义就是好好活，好好活就得让自己做些有意义的事情，让生命放出光芒。"

"我想生命的意义也许是在人将要死的时候，能够对自己说：'我没有什么遗憾，我可以安心快乐地去了。'"

"每个人对生命的看法都不同，我认为人活着是为了去做自己想做的事，是为了自己而活着，并不是为了别人。"

"我们是为了心中的期待而活着。"

"为爱我们的人而活着，为需要我们帮助的人而活着，为看见自己最灿烂的笑容而活着。"

"我的人生目标非常清晰，活着就是为了拥有一段真挚的爱情。"

"活着是为了追求，是为了拼搏，是为了证明自己，是为了诠释生命。"

"生命的意义就是将生命继续传递下去。"

1. 什么是生命的意义

"生命的意义是什么？"很多人都曾在人生的某些阶段思考过这个难以回答的问题，其中绝大部分人是在思考"生命有何目的"这个问题。

最初哲学家从存在的角度来理解生命的意义，即存在就是意义。近年来，随着积极心理学的兴起，生命的意义被赋予更积极的、主动的意义。史泰格认为生命的意义即个体存在的意义感和对自我重要性的感知，并提出了生命意义的二维模型："拥有意义"和"追寻意义"。拥有意义是指个体对自己活得是否有意义的感受程度（强调结果），追寻意义则是指个体对意义的积极寻找程度（强调过程）。史泰格认为，如果生命没有意义，个体便会面对一种枯燥无味、令人颓废的人生。个体只有积极地寻找生命的意义，才能在这个过程中获得真正的快乐与满足，也才能真正拥有有意义的人生。大量的研究都证明，生命意义不仅对个人的生存至关重要，也是健康和幸福不可或缺的元素。在心理学领域，很多心理学家都对生命意义进行过探讨。维克多·弗兰克尔提出了生命意义理论，该理论与史泰格的二维模型不谋而合。维克多·弗兰克尔确信人类需要生命意义，并且具有追寻意义的动机，会不断地去发现生命的意义与目的。如果人们不能感受到值得为之而活的意义，就会陷入存在空虚。这种存在空虚可能会产生3类问题：第一类问题是心灵性神经官能症，包括抑郁、攻击和成瘾；第二类问题是对权力、金钱和享乐的追求代替了对生命意义的追求；第三类问题是自杀，这也是存在空虚最严重的问题。

大学阶段正是人对生命充满迷茫、好奇并进行探索的阶段，大学生有疑惑甚至对自己的生命意义充满怀疑都是非常正常的现象。大学生探索自己生命的意义，可以使自己的生活更为充实和丰盈，也可以促进自身的身心健康发展。

2. 生命意义的来源

生命意义来源是指人们在人生过程中借以获得意义的具体事件。从前面的案例可知，每个人生命意义的来源可能不一样。程明明等人的研究发现，我国民众的生命意义来源包含5个维度：社会关注、自我成长、关系和谐、生活享受及身心健康。王鑫强等人对大学生的调查研究发现，对我国大学生来说，最主要的生命意义来源可能是自我成长。

有的大学生会将生命意义的来源锚定在一个方面，比如，成绩好生命就是有意义的、有人爱我生命就是有意义的。人的生命本该是多元和丰富的，不要只通过一个方面或者一个点来界定自己生命的价值和意义。在生命意义的来源上，建议大学生要探索和拓展多元、丰富的生命意义，除了成绩和人际关系，成长、理想信念、服务他人、贡献社会、身心健康、生活享受等都可以是生命意义的来源。

> 心理自测
>
> 中国生命意义源问卷

三　体验生命：发现生命意义的途径

奥地利心理学家维克多·弗兰克尔认为，发现生命意义的途径有3个，即创造和工作、经验、经历苦难。

1. 创造和工作

创造和工作会给人带来价值感，也是成就感的获得途径。职业的存在意义，在失业时最容易表现出来。

> 心理自测
>
> 生命意义感量表

2. 经验

经验这个途径是个人通过体验某个事物，如工作的本质、文化、爱情等来发现生命的意义。

3. 经历苦难

人在经历苦难的时候，可以通过认识人生的悲剧性，促使自己深思，寻找自我，最终发现人生的意义，达到自我超越。

> 延申阅读
>
> 从拥有到失去：如何面对死亡

心理学家维克多·弗兰克尔曾讲过这样一个故事。一天，一位患了严重抑郁症的老年全科医生来找自己。两年前他深爱的妻子死了，之后他无法克服丧妻的沮丧。维克多·弗兰克尔问他："如果您先离世，而尊夫人继续活着，那会是怎样的情景呢？"他答道："哦！对她来说是怎样的痛苦啊！"于是，维克多·弗兰克尔说："您看，现在她免除了这痛苦，那是因为您，才使她免除的。而现在您必须付出代价来偿付您心爱的人免除痛苦的代价。"他一言不发地紧紧握住维克多·弗兰克尔的手，然后静静地离开了。

想一想：从这个故事中你得到什么启发？你是否经历过或者正在经历痛苦的事情？试着从这些痛苦的事情中寻找意义，看看结果怎样。

从这3个途径来看，似乎发现生命的意义并非是一个结果，而是一个过程，是一个经历、体验和创造的过程。大学生要如何获得生命的意义感呢？很多人都在寻找自己的生命意义这个答案，但实际上寻找生命意义的过程也是非常重要的，也许答案就在你的经历、体验和创造之中。因此，建议大学生不要只将注意力放在"找到"生命的意义上，也要放在"追寻"生命意义的"过程"上。

扩展阅读

心理学家维克多·弗兰克尔

维克多·弗兰克尔是享有盛誉的存在主义心理学家。他所发明的意义心理治疗方法是西方心理治疗的重要方法。在第二次世界大战期间，他和家人都被德国纳粹抓进了集中营。在集中营里，他的父母、新婚7个月的妻子及兄弟姐妹全部遇难，只有他生还。第二次世界大战结束后，他被救了出来，后来他发明了意义心理治疗方法。他以自己的亲身经历，指导人们寻找生命的意义，使很多人获益。如果你想进一步了解详细内容，请扫描旁边的二维码收听老师的讲解。

第二节 危险和机遇
——心理危机概述

★案例 危险还是机遇？

杨菲是佳琪的同班同学，是一个非常要强的女孩子，学习成绩全班排名第一，是班里的学习委员，对班级活动非常热心。有一天，佳琪接到杨菲的电话，杨菲说她现在心情很不好，她正在学校旁的小河边，想跳下去一死了之。佳琪在电话中一直劝杨菲。佳琪了解到，原来杨菲前阵子竞选班长落选，男朋友又提出分手，在双重打击下，她觉得自己非常失败，还不如一死了之。好在杨菲只是一时难受，很快佳琪就将她劝了回来。

人的一生中总会遇到危机，不管是失恋、意外、疾病还是亲人去世，都有可能给人的心灵带来冲击。究竟什么是心理危机？大学生心理危机有哪些特点？大学生心理危机的产生机制是什么？下面让我们一起来寻找答案。

一　什么是心理危机

1. 危机和心理危机

危机是一个在很多领域都广泛使用的概念。《辞海》对危机的解释："危机是一种紧急状态。"《韦伯词典》对危机的解释："决定性或至关紧要的时间、阶段或事件。"在心理学范畴，危机通常指个人或群体无法利用现有资源和惯常应对机制加以处理的事件和遭遇。

心理危机则强调危机事件给人的心理带来的巨大冲击。卡普兰将心理危机定义为"存在具有重大影响的心理事件，主要指一个人赖以生存和发展的基本需要与供给发生了改变，这种改变可能是负面的"。格拉斯进一步对心理危机进行了说明，他在卡普兰的理论的基础上进一步强调了个人受到刺激或打击时所受到的心理伤害。心理危机的产生不但与激发的事件有关，还取决于个人解决事件的有效资源。

从汉语"危机"一词来看，其包含两方面的内容：一方面是"危"，代表威胁或者危险；另一方面是"机"，代表机遇。可见危机并不是一个负面的词。个人在遭遇心理危机时，不仅要看到"危险"，而且要看到改变的"机遇"。

在杨菲的案例中，杨菲遭受双重打击，一方面竞选班长失败，另一方面男朋友提出与自己分手，这些事件对杨菲来说都是很负面的，导致了她对自己的否定，所以引发了心理危机，这是危险的一方面。另一方面，如果杨菲能够接受这个"挑战"，不因竞选班长落选和男朋友提出分手而否定自己，而是分析自己落选和失恋的原因，不断去改进和提升自己，对她来说这个"危险"其实就是一个重新认识自己和自我成长的机会，这是一个新的机遇。人只有在不断地挑战自我的过程中才能完善自我，把每一次挫折都当成过去的终点、新的起点。

过了很久后，杨菲告诉佳琪，和前男友分手后感觉轻松了很多，其实她早就感到与前男友并不合适，之前她为了维持这段关系，会讨好对方，关系暂时维持了，她却失去了自我，这次失恋让她学到了保持自我的重要性。她现在可以找一个更适合自己的人，同时也更清楚自己需要什么样的关系了，看来分手这个危机确实是一个机遇。

2. 大学生自杀

世界卫生组织指出，全球每年约有80万人自杀死亡，自杀是15～29岁人群的第二大死因，是15～19岁年轻女性的第一大死因。自杀是每年非正常死亡大学生的第一大死因。大学生自杀已成为学校、社会、家长和大学生自身非常关注的问题。

二　冰冻三尺非一日之寒：大学生心理危机的特点

大学生心理危机的特点如下。

1. 连续性

连续性是指大学生心理危机的发生并非是一个点，而是一条连续的线，往往与之前的许多问题相关。通常情况下，人们认为危机是突发的，具有爆发性，似乎是由一件事情带来的，实际上，心理危机的产生与之前的问题紧密相关。如杨菲的案例，她想跳河一死了之，与之紧密相关的问题是之前的竞选班长落选及男朋友提出分手。

大学生心理危机的
发生阶段

2. 复杂性

复杂性是指大学生心理危机不管是产生原因，还是表现方式都不是单一的。大学生心理危机产生的原因有多种，有的是因为失恋，有的是因为身体疾病，有的是因为经济问题。大学生心理危机从表现方式来看也是多样化的，有的表现为自杀，有的是离校出走，有的是伤害别人。

3. 破坏性

破坏性是指大学生心理危机给家长、老师和同学带来很大的担心、伤痛。一个人自杀，平均会对6个人产生影响，可见其破坏性是很大的。

三 心理危机如何发生：大学生心理危机的产生机制

心理危机的产生是一个复杂的过程，往往并非单一因素导致。1999年，曼（Mann）提出了危机的应激-易感模型，认为心理危机的产生是应激源因素和个人易感性因素共同作用的结果，如图10-1所示。

应激源即能引发应对反应的刺激或环境需求，也就是能引发心理危机的事件，比如，失恋可以是一个应激源。但事件本身不一定会直接引发个人心理危机，还要通过个人的应对能力等因素发挥作用，即个人的易感性因素。个人易感性因素是指容易引发应对反应的个人因素，包括个人的性格特征、应对方式等，如特别敏感和内向的人在面对失恋的时候，可能比外向的人更容易产生心理危机。

同样的事件发生在不同的人身上，其结果会不一样。比如，A和B两个人同时失恋，A的朋友比较多，失恋后有很多人安慰他，A又是一个乐观的人，那么A因为失恋这件事情而产生心理危机的可能性就比较小。B恰恰相反，B是一个性格孤僻的人，本身没什么朋友，对待社会和恋爱又比较消极，因此，B产生心理危机的可能性就比A要大，如图10-2所示。

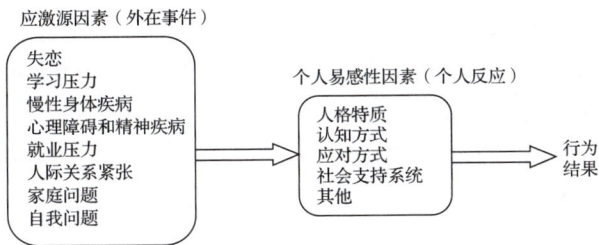

图 10-1 心理危机产生机制

延申阅读

引发大学生产生心理危机的应激源因素

延申阅读

个人易感性因素

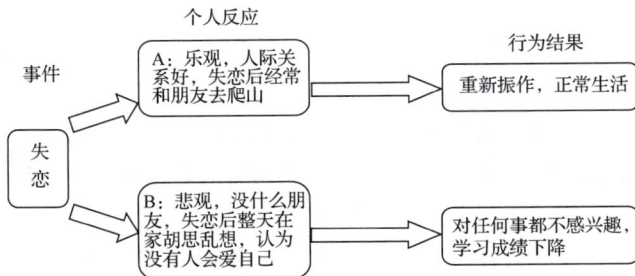

图 10-2 心理危机产生举例

延申阅读

大学生心理危机的保护性因素

第三节　转危为机
——大学生自杀的预防与干预

危机不可避免，如果我们能够正确并积极地面对危机，就可使危险转变为机遇，成为成长的契机。自杀是大学生心理危机常见的一种形式，也是学校、社会和大学生自身非常关心的话题。大学生在生活中如何提高自身的心理免疫力，预防自杀的发生？自己面临自杀危机时该如何处理？怎么识别他人自杀的信号？学习完本节的内容，你会找到答案。

一　预防从健心做起：大学生自杀的预防

1. 科学认识自杀

实际上，自杀是可防可"治"的。自杀意念和行为可能是抑郁症或精神分裂症的症状。如果没有特定的诱发因素，个体出现自杀的想法和行为很可能是个体患上了某种精神障碍，随着对精神障碍的治疗（药物治疗、心理支持等），个体自杀的想法也会消失。但并非所有自杀者都有精神问题，引起自杀的原因通常是生物因素、心理因素和社会因素共同作用的结果。有自杀意念的人即使没有患精神障碍，及时向心理健康工作者求助也能够有效地降低自杀风险。

对自杀的错误理解

2. 培养积极认知

人在应对危机事件的过程中，认知起非常重要的作用。维克多·弗兰克尔在《追寻生命的意义》一书中描述了他在集中营的生活，他看到了3类不同的人：一类人会主动寻求死亡，另一类人会主动寻求生存，还有一类人被动地生存。这3类人面临的是同样的集中营生活：残酷、冷漠、生命随时都会受到威胁。他们其实一直处于危机中，但是他们的反应不一样，在这里面起作用的就是认知，有的人拥有更积极的认知。

消极认知的人会认为：我做什么都没有用，在这里太痛苦了，我还不如主动结束自己的生命。

积极认知的人会认为：我要努力生存，就算环境再恶劣，我也要生存下去，这种日子总会结束的。

3. 建立良好的应对方式

应对方式是个人在应激期间处理应激情境、保持心理平衡的一种手段，它会直接影响心理危机是否能够得到有效的解决。通常情况下，人的应对方式主要有以下3种。

（1）**解决问题-求助，成熟型**：这类人在面对应激事件或环境时，常能采取解决问题和求助等成熟的应对方式，而较少使用退避、自责和幻想等不成熟的应对方式，在生活中表现出一种成熟、稳定的人格特征和行为方式。

（2）**退避-自责，不成熟型**：这类人在生活中常以退避、自责和幻想等应对方式来应对困难与挫折，而较少使用解决问题和求助这类积极的应对方式，表现出一种退缩的人格特点，其情绪和行为均缺乏稳定性。

（3）合理化，混合型：合理化应对方式既与解决问题、求助等成熟应对方式呈正相关关系，也与退避、幻想等不成熟应对方式呈正相关关系，反映出这类人的应对行为集成熟与不成熟的应对方式于一体，在应对行为上表现出矛盾的心态和两面性的人格特点。

大学生需要记住求助是强者的行为，成功人士往往更懂得求助，而不是事必躬亲。大学生要认识到每个人都有自己的局限，也都有所长，你不能解决的问题，别人未必不能，你想不到的方法，别人也许能想到。

4. 构建社会支持系统

社会支持是指人们感受到的来自他人的关心和支持。构建社会支持系统就是要构建一个来自他人关心和支持的系统。尤其是个人遇到心理危机之后，可以寻求他人的帮助，而不是独自解决。

5. 探索和丰富生命的意义与价值

大学生要看到生命意义来源的多样性和丰富性，不要只将生命意义局限在成绩好、有人爱、有钱等方面，而要探索和丰富自身的生命意义。同时，大学生也要将注意力放在追寻生命意义的过程上，体验和创造自己的生命意义。

6. 提升自己的抗挫折能力

人生路上难免会有诸多不顺和挫折，如何在挫折中复原、成长和前行是每个人的必修课，这部分内容请参看第九章。

二　求助与自助：当自己遭遇自杀心理危机时

一个人遭遇心理危机时，需要求助与自助，最重要的应对方式是向专业人士求助。

1. 寻求专业帮助

如果你出现了想要自杀的想法或有自杀的冲动，这时你就需要寻求专业帮助了，请及时寻求专业帮助，比如找心理咨询师或精神科医生，专业帮助是防止自杀的有效方式。

2. 自我救助

除了寻求专业帮助，自我救助也很重要，自我救助的方法有以下几种。
（1）向信赖的人表露自己的状况
向自己信赖的家人、朋友、同学、老师等表露自己的状况，告诉他们自己的想法。
（2）保持生活的基本规律
这指的是该吃饭时吃饭，该睡觉时睡觉，即使吃不下饭睡不着觉，也要尽可能地在形式上保持规律，这会有助于我们保持基本的掌控感，维持身体的健康，为走出危机做好准备。
（3）寻求社会支持
我们还要寻找必要的社会支持，如老师、同学等，集众人的力量帮助自己走出心理危机。

这个时候，有的大学生可能担心会给别人添麻烦、别人会不愿意帮助自己，从而放弃求助。我们一定要相信，在自己有危机情况时，身边的人会愿意伸出援助之手的。

（4）从现实层面进行应对

这指的是要调动各种现实的资源来帮助自己解决引发危机的问题。同时，我们也需要暂时降低和学习相关的各项要求。在危机的状态下，生命健康与安全高于一切，如果实在无法继续学习或工作，可以考虑暂时休学或请假，必要的时候也可以暂时远离引发危机反应的人或事。

扩展阅读

非自杀性自伤

非自杀性自伤是一种不以自杀为目的，直接地、蓄意伤害自己躯体组织的行为，包括割伤、烧伤、烫伤、打自己、擦伤、揭伤疤等多种形式。在大学生群体中发生率约16%。是什么原因导致了人选择非自杀性自伤？非自杀性自伤有什么功能？对人有哪些伤害？该如何应对呢？请自主学习，进一步了解详细内容。

传统文化

传统文化中的生命观

在我国传统文化中，生命是延续的、整体的。生命不是一个一个独立的生命体，而是相互关联、前后相续的，个体生命只是整个生命链中的一段，个体生命有生就必有死，而人类的整体生命则会通过下一代接续下去，人类命运休戚与共。如果你想了解详情，请扫描旁边的二维码听听课程思政微课吧。

三　助人与转介：当身边的人遭遇自杀心理危机时

1. 发现心理危机：重视他人自杀的信号

案例

我不想活了

杨洋是佳琪的高中同学，在佳琪眼里，杨洋一直是个幸福的女生，她和比自己大4岁的师兄朱力恋爱，佳琪也知道这段恋爱对杨洋很重要。

可是天下无不散的筵席，朱力毕业后去了美国。刚开始的时候，杨洋也在准备和憧憬去美国与朱力一起奋斗，可是在朱力去了美国半年后，一切都变了。以前两个人每天都打电话，现在一个星期都没有一个电话，朱力总是说自己很忙。最后朱力和杨洋摊牌了：现在确实很忙，无暇恋爱，同时也认为他们的恋爱没有未来，于是提出分手。

这对杨洋来说无疑是一个致命的打击，她从来没有想过自己如此信任的一个人，居然会这样伤害自己。失恋两个月了，杨洋每天都以泪洗面，她不相信这是真的，一想到失去朱力就很伤心、很难过。

杨洋之前给佳琪打过好几次电话哭诉这个事情，她跟佳琪说活着没意思，自己不想活了，想一死了之，甚至连怎么自杀都想好了。佳琪一直在安慰她，同时也很担心她的情况。佳琪和张帅讲了杨洋的情况，张帅让佳琪赶紧告诉杨洋的父母或者老师，但佳琪认为这是杨洋的隐私，不应该随意和别人讲。佳琪也和室友们聊了杨洋的情况，大家的看法不一致，有的人觉得这太隐私了，不该告诉别人，尤其是老师；有的人认为应该立即告诉杨洋的父母或老师，毕竟生命是第一位的。佳琪自己也不知道该怎么办。

从案例中可以看出，这确实是让佳琪感到为难的一个情境，一方面佳琪很担心杨洋，另一方面考虑到杨洋的隐私，佳琪不知道是否该告诉别人。有的人可能还会遇到更极端的情况，对方告诉你他（她）想自杀，同时也告诉你千万不要告诉别人。这种时候你该怎么办？生命权和个人隐私权之间的关系是怎样的？我国法律规定，生命权是公民依法享有的生命不受非法侵害的权利。生命是公民作为权利主体而存在的物质前提，生命权一旦被剥夺，其他权利就无从谈起，所以，生命权是公民最根本的人身权。当生命权与个人隐私权有冲突时，优先保障生命权。因此，当身边的人有自杀风险时，我们需要优先考虑生命权而不是隐私权。我们要重视身边的人发出的自杀信号，像杨洋的自杀信号就比较明显，有的人则会比较隐晦。哪些信号代表一个人可能想自杀呢？

有自杀企图的人以普遍存在的无望感为特征——"我的生活没有希望"，主要体现在4个方面：不可爱——"我不值得活着"；无助——"我解决不了这个问题"；耐受痛苦能力差——"我再也受不了这种痛苦了"；认为拖累他人——"我走了大家会过得更好"。人在自杀前会发出一些信号，只要我们用心观察，其实并不难发现这些信号。这些信号可分为以下5类。

（1）言语线索——直接和间接的表达

① 直接的言语线索。

"我不想活了。""我想自杀。""我真希望我死了。""如果不……我就自杀。"

② 间接的言语线索。

"活着没有意思。""我的问题根本解决不了。""死了比活着好。""没有我大家会更好。""我再也无法忍受了。""很快我的所有问题都结束了。""现在没有人能帮我。""我感到没有希望。"

（2）情绪线索——感受

最核心的感受是绝望。孤独、愤怒、内疚、难过、无望、无价值感、无助也都是可能产生心理危机的感受。

（3）行为线索——行动

学习成绩下降，注意力不集中。

疏远家人和朋友，在学校表现出退缩和逃避。

食欲减退。

分发财物，道别。

无水乙醇（俗称酒精）或者药物滥用。

不计后果的行为。

极端的行为改变。

自我伤害。

严重抑郁后突然的平静。

（4）情境线索——伴随丧失感的压力事件

突然被所爱的人拒绝，不情愿地分手等。

失去重要的目标或梦想，如考研失败、找工作失败、作弊被开除等。

感到被所爱的人背叛。

所爱的人去世。

患了绝症。

与重要他人的近期冲突。

突然失去自由，如犯罪被捕。

失去经济保障或者面临其他重大经济问题。

（5）生理线索——身体情况的改变

对什么事情都缺乏兴趣。

睡眠障碍（失眠、多梦、早醒等）。

食欲/体重改变/下降。

身体健康问题（心悸、头痛等）。

性欲改变/减退。

总之，身边的人任何想要结束生命的警示信号都值得被关注。如果发现自己身边有人透露出想自杀的各种信号，一定要引起注意，没有什么比生命更重要。如果发现同学有潜在的危险，一定要及时和老师沟通，或者带领同学寻求专业帮助。

2. 危机进行时：自杀心理危机的应对

> **★案例**
>
> #### 杨洋的"求救"短信
>
> 某天佳琪正和张帅在图书馆自习，佳琪突然接到杨洋的一条短信，短信的内容："我实在坚持不下去了，如果离开，一切痛苦都会结束！"看到这条短信，佳琪吓坏了，她立刻打电话给杨洋，听到电话那头杨洋在哭泣："佳琪，我实在太痛苦了，他说分手就分手了，虽然时间过了很久，但是我仍然很痛苦，还是走不出来。"
>
> "杨洋，你在哪儿？我能感到你很痛苦，我过来陪你聊聊。"
>
> "没用，真的，所有的努力都没用，他不会回来的。"
>
> "我知道你现在很无奈，杨洋，告诉我你在哪里？我过来陪你。"
>
> "我在南门外面的过街天桥上，你知道吗？我随时都可以从这儿跳下去。"
>
> "杨洋，我知道你很痛苦，你现在能从天桥上走下来吗？走到南门，我马上就过来陪你。"（第一步：保证安全）
>
> "佳琪，你知道吗？我真的很痛苦，好想结束这种痛苦。"
>
> "杨洋，我知道你很痛苦，我知道你不想这样。你先听我说，现在从天桥上下来，走到南门，我正往南门方向走，等我到了再详细聊。"（第二步：表达支持）
>
> "好吧，我等你。"杨洋还在哭泣。
>
> 佳琪很担心杨洋，拉着张帅就往南门走，边走边问张帅该怎么办、是否要告诉老

师。张帅觉得应该通知老师，佳琪立刻打电话给自己的班主任梅姐姐。梅姐姐听到之后让佳琪立刻到南门，安抚杨洋的情绪，保证她的安全。梅姐姐马上联系杨洋的班主任处理接下来的事情。（第三步：寻求外界帮助）

（1）当你发现别人正处于危机时。

梁丽婵等人的研究发现，大学生发生心理危机的时候，最有可能向亲密伴侣和朋友，以及父母求助。一旦身边的同学向我们发出"求救"的信号，我们要懂得识别这些信号，同时也要知道该如何初步应对身边的同学发生的危机。

如果你接到"求救"电话或短信，你该怎么做？下面这些步骤你可以借鉴。

第一步：安抚情绪和表达支持。当对方处于危机时，你要先倾听对方，听对方讲发生了什么、此时自己的想法和感受是什么等。承认对方的想法和感受，不反驳对方，比如："杨洋，我知道你很痛苦，我知道你不想这样。"而不是否认对方的感受："你不应该这样想，你为他这样痛苦不值得。"另外，你也可以表达对对方的关心。

第二步：确定位置和保证安全。了解对方此刻在哪里，在做什么，是否安全。如果对方不安全，比如，在窗台上、在天桥上，一定要将对方引导到安全的地方，如从窗台上下来，从天桥上走下来。用正向和具体的言语指导对方如何做，比如："你现在能从天桥上走下来吗？走到南门，我马上就过来陪你。"不要说："你不要在天桥上，这样危险。"

第三步：寻求专业和非专业帮助。遇到有危机情况发生时，不要害怕求助，可以寻求老师的帮助，紧急情况下可以直接报警。有的学生可能会担心被老师知道，给别人带来麻烦，千万不要有这种想法，这个时候求助于外界是最好的选择，告诉老师有助于大家一起想办法帮助处在危机中的同学解决问题。即使暂时化解了危机，也要鼓励有危机的同学寻求专业帮助，比如，可以陪同其到学校的心理咨询中心，请专业老师进行评估与干预。

自杀的评估与干预是一件非常专业的事情，需要交给专业人士来进行。这里再次强调一下寻求专业帮助的重要性和必要性，寻求专业心理帮助是干预自杀的有效方式。大学生要避免受到以下两种心态的影响。

一是过度担责，希望自己能把对方"劝"好，或者靠自己的力量让对方消除自杀的想法，但通过尝试之后，发现自己无论如何都帮不了对方，进而产生深深的无力感，从刚开始的积极支持对方变成回避对方。想帮助他人的出发点是好的，但自杀的干预是非常专业的事情，需要由专业人士来进行，作为朋友可以作为社会支持者之一，但不要企图只通过自己的"说服"和"温暖"来帮助对方。

二是出于对自杀的恐惧和无力，不知道自己该做什么，进而产生回避行为，对于身边同学发出的信号视而不见。对死亡产生恐惧是人的本能，产生无力的感受也是非常正常的，大学生没有必要为自己的恐惧和无力心理而自责。通过本章的学习，你可以了解到鼓励对方寻求专业帮助是你可以做的，必要的时候可以陪同对方去寻求专业帮助。

（2）如何面对发生过心理危机的同学。

当你面对发生过心理危机的同学时，最重要的是真诚地表达关心，比如，面对离校出走又返校的同学，你可以说："你回来了，我们这几天真的很担心你。""我想做点什么，但又不知道该做点什么，如果你需要我的帮助，请告诉我！"

当你面对发生过心理危机的同学时，你还可以给予支持，可以是生活上和学习上的各种支持，比如，给对方带饭，为对方讲解难题，多倾听对方的心声等。

在表达关心与支持时，要避免同情心泛滥和劝说。避免过度同情对方，比如说："你真可怜。"避免劝说和责备对方，比如说："你真傻，你怎么就选择自杀呢，多好的生活，不懂得珍惜。""你知道吗，你这样做很不负责任，你给大家带来了多少麻烦啊！"

3. 危机事件影响群体的自我照顾

危机事件影响群体是指事件目击人、危机相关人（同学、室友）。在心理学上有替代创伤（vicarious trauma）或次级创伤（secondary trauma）这一概念，也就是说，与当事人有关联的人都有可能会受到影响。因此，危机事件发生时，被影响群体的自我照顾也很重要。

（1）**接纳自己的感受。** 危机事件现场的目击人、与危机当事人交往较多的人，都会有较为强烈的情绪体验，如震惊、不敢相信、悲痛、失眠、噩梦等，甚至有可能表现出创伤后应激障碍的一些症状。我们要尊重和接纳因受到事件冲击而表现出来的一些情绪、举动。

（2）**注重情绪疏导。** 允许自己表达、宣泄由于事件诱发的各种情绪，情绪得到充分疏导后，才能进行进一步的理性思考，如接受逝者已逝的事实。如果自己处理不了，还可以求助于心理咨询中心的老师。

（3）**相互支持。** 如果受危机事件影响的是同一个群体（如同宿舍的室友、同学），大家可以建立相互支持的联盟，比如，共同缅怀逝去的同学，在面对悲恸时相互给予支持，互相照顾彼此的生活等。

本章思考题

从公式到史诗：一个数学系青年的"叛逃"与重生

小林从小被灌输"学理科才有前途"的观念，上大学进入数学系后，他越来越痛苦：看着枯燥的数学公式，根本提不起学习的兴趣，厌学情绪严重。当有3门专业课成绩亮红灯时，他一度对生活产生了绝望。

小林走进了学校心理咨询中心。在咨询中他发现，学数学是为了顺从父母的意愿，而历史才是真正让自己感兴趣的领域。他开始重新思考自己的学习，是应该转专业，还是在数学和历史之间找到某种联系？他与一些数学专业课老师和历史专业课老师聊了自己的困惑，最终他决定先好好学习数学，考研的时候考历史专业，将来用数学的方式来研究历史。这一次危机事件促使小林对自己进行深入思考，小林想明白后，对数学的学习没那么抵触了，那些公式也变得鲜活起来。回顾你经历过的危机事件，它们给你带来了哪些机遇？

本章重点知识梳理

本章推荐资源

第十一章

走近异常心理

——大学生常见精神障碍及应对

　　随着社会的快速发展，我国部分精神障碍的发病率较二三十年前有比较大的增长。越来越多的大学生开始关注自身心理和精神健康。由于大众对精神障碍的认识和了解较少，因此有很多错误的认识和应对方式。本章将带领大学生科学认识和应对精神障碍。本章学习目标如下：

- 了解精神障碍的概念，掌握精神异常的初步判断方法；
- 了解大学生常见的精神障碍；
- 掌握精神障碍的应对措施。

王强变"懒"了

王强是张帅的室友，他以前是宿舍的"学霸"型人物，别人玩游戏，他戴着耳机背单词；别人给女友打电话聊天，他在楼道里读英语。可最近一段时间张帅觉得王强变懒了，变邋遢了。现在，王强每天睡到中午，起床脸也不洗，床上乱得一团糟，他也不背单词了。张帅很纳闷，王强到底怎么了？

张帅和其他室友在劝说王强无果的情况下，决定陪他一起去学校的心理咨询中心。心理咨询师在听了王强的叙述后，怀疑他可能得了抑郁症，需要去专科医院进行诊治，于是转介王强去精神疾病专科医院。王强一听要去精神疾病专科医院，立刻摇头说："打死我也不去，等放假我回家休息一下就好了。"其实王强是被精神疾病专科医院给吓住了，认为自己的问题很严重，同时又觉得很丢脸。张帅说："老师都让你去了，你就去吧，我陪你一起去。"

后来王强确实被诊断为中度抑郁，医生建议服药治疗并定期复查，同时结合心理咨询。回到宿舍，王强拿着医生开的药有点犹豫：是药三分毒，我这是心理问题又不是身体问题，为什么要吃药？我是吃还是不吃？

第一节　精神障碍不可怕
——精神障碍概述

本节视频

现实生活中，像王强这样的大学生不在少数，他们缺乏对精神障碍的了解，当自己被诊断出患有精神障碍时往往不知所措。李凤兰等人总结了近年的研究，结果显示，我国大学生对心理健康一般知识的总知晓率为56.4%～67.3%，对药物治疗功能知之甚少，48.2%的大学生担心药物成瘾，仅4.9%的大学生认同药物治疗。

一　是我太脆弱了吗：精神障碍的界定

1. 什么是精神障碍

精神障碍是指由各种原因引起的感知、情感和思维等精神活动的紊乱或者异常，导致人出现明显的心理痛苦或者社会适应等功能损害。严重精神障碍是指症状严重，导致人的社会适应等功能严重损害，对自身健康状况或者客观现实不能完整认识，或者不能处理自身事务的精神障碍，主要包括精神分裂症、偏执性精神病、分裂情感障碍、双相情感障碍、癫痫所致精神障碍、精神发育迟滞6种。

关于精神障碍的
错误观念

2. 精神障碍的脑机制

大脑是产生心理活动的器官，正常和异常的心理现象均来源于大脑。脑损伤、脑神经发育异常、神经生物化学异常等都是产生精神障碍的原因。

大脑相应的功能区受损，会影响正常的心理活动，如额叶主管记忆、语言、智力和人格等，额叶受伤的人往往认知功能受损，患者常常很难在空间和时间上完成复杂的行为。

大脑神经发育异常也会引发不同的心理问题，比如颞叶内侧及海马体萎缩，可能导致认知和记忆功能损害；颞叶神经发育异常可能引起情绪、人格等发生改变。目前，科学家认为神经发育异常可能是严重精神障碍（如精神分裂症、儿童注意力缺陷障碍等）的共同发病机制。

大脑神经的信号传导是通过神经递质（如5-羟色胺、多巴胺等）及相应受体进行的，神经递质保证了大脑内部信息的传递，是大脑活动的物质基础。脑内神经递质及/或受体的数量、活性发生改变时，常引起人的心理活动发生改变，这是对心理障碍进行药物治疗的生物学基础。比如，研究发现，5-羟色胺的功能降低与抑郁症患者的抑郁心境、食欲减退、失眠、昼夜节律紊乱、内分泌紊乱、焦虑不安、活动减少等密切相关，抗抑郁药可通过阻滞5-羟色胺的回收，产生抗抑郁的效果。

延申阅读

精神异常的初步判断

二　多管齐下：精神障碍的治疗

案例

王强决定遵医嘱治疗

王强从医院回来后又见了心理咨询师，将自己的诊断结果和医生的建议告诉了心理咨询师，心理咨询师询问王强服药的情况，王强告诉心理咨询师自己的犹豫和担心。心理咨询师耐心地向王强解释了为什么需要服药，王强这才理解，原来是自己体内有一些生物化学的东西发生了改变，服药可以矫正这种改变。最后王强决定遵医嘱服药治疗。心理咨询师还告诉王强，虽然服药可以帮助他改善情绪，但是导致抑郁的一些认知和行为模式也需要改变。这也可能是医生建议他进行心理咨询的原因之一，心理咨询可以起到辅助的作用。

1. 生物干预

精神障碍的生物干预包括药物治疗和物理治疗等。案例中的王强因出现了心理问题而去做心理咨询，心理咨询师建议他去精神疾病专科医院，他立即产生抵触的心理——为什么我需要去精神疾病专科医院？去了精神疾病专科医院之后，医生开了药并叮嘱他要按时服药定期复查，他就更纳闷了——我心理有问题，为什么要我吃药？是药三分毒，我不吃。相信很多有精神障碍的人都有过这样的经历和体会。为什么有的心理问题/精神障碍需要服药治疗呢？这与前面讲到的精神障碍的脑机制有关。

只吃药就可以了吗？

生物干预是某些精神障碍的主要治疗方式。生物干预主要包括药物治疗和电休克治疗，药物治疗是改善心境障碍尤其是严重心境障碍的主要措施，电休克治疗可用于一些精神障碍发作的急性期。

很多人对用药会有和王强一样的疑虑，认为"所有的药物都有副作用，能不用药就不用药"。其实所有的治疗方案都有利有弊，最终的选择在于利弊取舍。由谁来决定利弊取舍呢？建议遵医嘱。

2. 心理干预

精神障碍的心理干预包括个体心理治疗、家庭治疗与团体心理治疗3种形式。在某些精神障碍的治疗中，如抑郁障碍和焦虑障碍，心理干预的作用被科学研究证实是有效的；在临床工作中，心理治疗可以作为唯一的、主要的或辅助的方法。大量研究也显示，药物治疗与心理治疗的联合模式可以更好地改善焦虑和抑郁障碍的症状及其预后。

个体心理治疗可以帮助患者深入地探索疾病背后的原因，觉察自身导致疾病的思维或行为模式，并且改变这些思维或行为模式。个体心理治疗可以帮助患者更好地适应社会，提升自信心，重建正常生活，同时也能够更好地防止复发。

良好的家庭关系有助于改善患者的预后。很多精神障碍患者在住院期间已经痊愈，但回家后很快复发，很大程度上是因为不良的家庭环境未改变，导致患者再次表现出了同样的行为模式。家庭是一个系统，每个成员之间都相互影响。一个家庭成员出现问题，常代表整个家庭系统出现了问题。家庭心理健康教育和家庭治疗的开展，能减少精神分裂症的复发次数。在家庭心理健康教育和家庭治疗中，家庭成员共同了解疾病知识，共同制订康复计划（做家务、学习、人际交往等），互相提供心理支持，家人之间进行开放的、有效的沟通，从而改善家庭关系，改善精神障碍患者的预后，因此，有的医生或心理治疗（咨询）师在工作时会邀请家庭成员一起参加，会对家庭成员进行相应的教育和指导，有时还会建议患者家庭去寻求家庭治疗的帮助。

团体心理治疗可以给参与者提供支持，帮助他们增强自我认同、改善人际关系等；帮助他们应对负面情绪，提高心理抗压能力。

李秀娟等人总结了心理治疗在精神科疾病患者临床治疗中的优势。第一，辅助药物治疗。心理治疗在精神科疾病患者临床治疗中常与药物治疗相结合，起到辅助作用。药物治疗是针对病理生理机制进行的治疗，而心理治疗能够帮助患者理解病症的背后原因，增强患者对治疗的参与度，提高药物治疗的效果。第二，恢复自信心。精神科疾病患者常常伴随有自卑、自责等负面情绪，心理治疗师通过倾听和理解，帮助患者重建自信心，改变患者对自己的看法，提高自尊心，增强自我调节能力。第三，解决行为问题。精神科疾病患者常伴随有一系列的行为问题，如自伤、自杀、社交障碍等。心理治疗通过认知行为疗法、行为疗法等方法，帮助患者识别和解决问题行为，提高人际交往能力，重建正常生活。第四，应对压力和焦虑。生活中的压力和焦虑是导致精神科疾病的重要因素。心理治疗通过情绪调节、放松技巧等，帮助患者调整心理状态，减轻症状。第五，预防复发。精神科疾病通常易复发，心理治疗能够帮助患者认识到自己的疾病特点，提供有效的预防策略。在治疗结束后，患者可以通过继续参与支持性治疗、定期复查等方式，预防疾病的再次发作。因此，如果一个人被诊断为精神障碍，其不仅需要专业治疗（药物治疗或心理治疗），还需要从自身、家庭和社会等角度去进行反思和调整。

3. 社会干预

社会支持是影响个体心理健康状况、精神障碍治疗和预后的重要因素。大量研究表明，社会支持系统越完善，个体心理健康水平越高，幸福感越强。对有的大学生来说，学校的干预也很重要，比如，学校如何帮助因精神障碍休学的大学生重返校园、对一些精神障碍学生怎么实施学业帮扶等。

总之，对精神障碍患者的治疗，多管齐下的综合干预效果最好。

三　为自己和谐的生存环境做建设：反精神障碍歧视

精神障碍歧视（stigma）是指使用负面标签来定义一个有精神障碍或者有其他不同于你的

明显特征的人。因为害怕被歧视，部分人会丧失寻求专业帮助的勇气，宁可自己扛着，也不愿意承认自己有精神疾病。

　　很多人正是因为害怕被人歧视，所以才不去就医，不求助，导致病情恶化。江光荣等人的研究表明，大学生寻求专业心理咨询的帮助有以下特点：在寻求他人帮助时，更倾向于向关系密切的人求助，只有当面临严重的心理困扰时，才倾向于向专业心理咨询求助；男生较女生更倾向于自己解决问题。妨碍大学生寻求专业心理咨询帮助的主要原因有两个：一是认为心理咨询不能帮助自己解决问题；二是认为去做心理咨询是一件丢脸的事情。其中最重要的一个原因是担心丢脸。

　　当你身边的人有心理问题或者精神疾病时，你要做的是：接纳、支持；使用尊敬的语言；对于那些表现出歧视的人，要予以制止；鼓励他们求助或者就医。你不能做的是：给别人贴上标签，比如"弱智""神经病"等；使用"疯子"等字眼；告诉对方没关系，没问题，扛一扛就好了。

　　心理健康专业人士估计，在一年时间内，每4个成年人中就有一个人遭受某种类型的心理障碍或精神疾病，大约有1/3的人在一生中至少经历过一次重大的心理障碍。减少对精神疾患的歧视，就会增加他们寻求帮助的机会。关心他人的心理健康，不歧视精神病人，就是在为自己的和谐生存环境做建设。

核心价值观

友善

　　友善是社会主义核心价值观中的概念之一。友善即与人为善，要求人们善待亲友、他人、社会、自然。友善对待他人、关注身边人的心理健康，就是为自己的和谐生活环境做建设。如果你想了解详情，请扫描旁边的二维码收听课程思政微课。

第二节　精神感冒来袭
——大学生常见的精神障碍

本节视频

　　提到生理上的感冒，我们知道可以分为细菌性感冒和病毒性感冒。那么精神障碍又包括哪些类别呢？在大学生的日常生活中，比较常见的精神障碍包括抑郁障碍、焦虑障碍、失眠障碍和双相障碍。

一　怎么都开心不起来：抑郁障碍

1. 抑郁障碍简介

　　抑郁障碍是常见的精神障碍之一，是指由各种原因引起的以显著而持久的心境低落为主要临床特征的一类心境障碍，伴有不同程度的认知和行为改变，部分患者存在自伤、自杀行为，甚至因此死亡。抑郁障碍是一种高发病率、高复发率及高致残率的慢性精神疾病。

抑郁障碍多数为急性或亚急性起病，女性多于男性（1.5：1～2：1），平均发病年龄为20～30岁，人在每个年龄段都有罹患抑郁障碍的可能。单次抑郁发作的平均病程约为16周，发作后痊愈需要20周左右。若不治疗，病程一般会持续6个月或更久。

经过抗抑郁治疗，大部分患者的抑郁症状会缓解。首次抑郁发作缓解后，15%～50%的患者不再复发。第3次以上发作，治疗缓解后未接受维持治疗的患者，复发概率几乎是100%。抑郁症状缓解后，患者一般可恢复到病前功能水平，但有20%～35%的患者会有残留症状，社会功能受损。

2. 主要症状

抑郁障碍的主要临床表现可大体分为情感症状、躯体症状和认知症状3类。

（1）情感症状

情感症状是抑郁障碍的核心特征，包括心境低落、兴趣减退甚至丧失、愉快感缺乏。低落的心境每天大部分时间都存在，一般不随环境变化而好转。症状在一天之内可呈现节律性变化，如有些患者晨起心境低落最为严重，傍晚开始好转。

（2）躯体症状

躯体症状包括体重、食欲、睡眠和行为活动等方面的异常。典型表现：①对通常能享受乐趣的活动丧失兴趣和愉快感；②对通常令人愉快的环境缺乏情感反应；③早晨抑郁加重；④存在精神运动性迟滞或激越；⑤早上较平时早醒2小时或更多；⑥食欲明显下降；⑦1个月中体重降低至少5%；⑧性欲明显减退。通常，中、重度抑郁障碍患者存在上述4条或4条以上的躯体症状。此外，部分患者还存在疼痛、心动过速、便秘等症状。

（3）认知症状

抑郁障碍患者大多存在思维迟缓、注意力不集中、信息加工能力减退、对自我和周围环境漠不关心等表现，这类认知损害往往是可逆的。严重抑郁障碍患者往往还存在悲观自责、消极厌世、自杀的风险。

心理自测

抑郁自评量表

3. 治疗

抑郁障碍的治疗目标在于尽可能早期诊断，及时规范治疗，控制症状，提高临床治愈率，最大限度地减少病残率（指在一定时间范围内，某一人群中患有特定疾病或处于残疾状态的人数占总人口的比例）和自杀率，防止复燃（指患者病情在达到有效或临床治愈，但尚未达到痊愈时，又出现症状加重；或在治疗有效的6～9个月内，病情再次加重）及复发（指痊愈后一次新的抑郁发作），促进社会功能的恢复。抑郁障碍的治疗包括药物治疗、心理治疗和物理治疗等，倡导基于评估的全病程治疗。

二　总是紧张不安：焦虑障碍

1. 焦虑障碍简介

焦虑障碍是一组以焦虑症状群为主要临床相的精神障碍的总称。焦虑障碍的特点是过度恐惧和焦虑，以及相关的行为障碍。恐惧是指个体在面临具体不利或危险的处境时出现的焦虑反应，焦虑是指个体在缺乏相应的客观因素下出现内心极度不安的一种状态，伴有紧张不安和自主神经功能失调的症状。焦虑障碍有不同的类型，大学生中比较常见的有社交焦虑、考试焦虑等。

2019年发布的中国精神卫生调查结果显示，焦虑障碍是我国最常见的精神障碍，年患病率为5.0%，终生患病率为7.6%。焦虑障碍可发生于各个年龄，通常起病于儿童期或少年期，到成年期确诊。焦虑障碍有性别差异，女性患者是男性的2倍。随着人口老龄化，老年人的焦虑症状越来越常见，并常与抑郁症状共存。研究发现，焦虑障碍的共病率很高，可以同时共病一种或多种精神障碍。

2. 主要症状

焦虑障碍的临床表现为焦虑症状群，包括精神症状和躯体症状。精神症状表现为焦虑、担忧、害怕、恐惧、紧张不安；躯体症状表现为心慌、胸闷、气短、口干、出汗、肌紧张性震颤、面部潮红或苍白等。

心理自测

焦虑自评量表

3. 治疗

目前，焦虑障碍常用的治疗方法包括药物治疗、心理治疗、物理治疗及其他治疗。治疗焦虑障碍需要药物治疗与心理治疗相结合，不同治疗阶段的侧重点不同。药物治疗起效快，心理治疗起效慢。各种治疗应结合患者的具体情况选择，有机结合，以发挥更好的治疗作用。

三　又是一个不眠夜：失眠障碍

1. 失眠障碍简介

睡眠与觉醒的平衡调节是维持人类生存和发展的基本生命活动。睡眠与觉醒活动不仅受机体内在因素的影响，还与自然环境及社会心理因素密切相关。诸多精神及躯体疾病都与睡眠障碍密切相关，而睡眠障碍也是日常就医行为中常见的主诉之一。睡眠障碍既可以是独立存在的原发性疾病，也可继发于某些精神或躯体疾病。近年来，随着生活节奏的加快和社会压力的增加，睡眠障碍的发病率日益升高。全球每年因睡眠障碍导致的经济损失达数千亿美元。《2015年中国睡眠指数报告》显示，我国约有31.2%的人存在严重的睡眠问题。睡眠障碍不仅会影响人们的工作、学习等日常生活，还会增加焦虑障碍、抑郁障碍、痴呆、糖尿病、心血管病等躯体及心理疾病的患病风险。

失眠障碍是睡眠障碍的一种。失眠障碍是指个体尽管有适宜的睡眠机会和环境，但依然对睡眠时间和（或）睡眠质量感到不满足，并引起相关的日间功能损害的一种主观体验，可单独诊断，也可与精神障碍、躯体疾病或物质滥用共病。失眠障碍的患病率为10%～20%。失眠障碍不仅会降低患者的生活质量，影响其工作、事业发展，还会引发一系列躯体和精神疾病。失眠障碍已发展成迫切需要解决的心身健康问题。

心理自测

失眠严重指数量表

2. 主要症状

失眠障碍的临床表现主要为睡眠起始障碍和睡眠维持障碍，两种症状可以

单独出现，但以同时存在更为常见。睡眠起始障碍表现为入睡困难，睡眠维持障碍包括夜间觉醒后再次入睡困难和早醒。睡眠质量差和无法恢复精力通常与睡眠起始障碍和睡眠维持障碍并存。

不同年龄段中，具有临床意义的睡眠紊乱标准不尽相同。儿童和青年睡眠潜伏期和入睡后觉醒时间大于20分钟、中年和老年人大于30分钟具有临床意义。早醒通常指较预期觉醒时间提前至少30分钟，且与发病前正常睡眠模式相比总睡眠时间下降。

日间症状包括疲劳、精力或动力缺乏、注意力不集中、记忆力下降、烦躁和情绪低落等。日间活动的不足也会反过来影响睡眠，导致失眠的严重化和慢性化。

✎ 自助训练

睡眠日记

请你以24小时为时间单元，从当日早8点至第二日早8点，记录与睡眠相关的情况，连续记录两周。你可以通过记录评估自己的睡眠质量和睡眠-觉醒节律。

睡眠日记是一个人的睡眠时间和醒来时间的相关信息记录，这个记录通常持续几个星期。它可以通过自己或他人来记录。记睡眠日记是国际公认的辅助检查睡眠疾病的方法，而每天记睡眠日记这件事本身，对一部分失眠患者来说，就是一个行之有效的疗法。睡眠日记中应详细记录与睡眠有关的各种信息，比如，上床前做了什么事情、喝了什么饮料；上床的时间；中间醒来过几次；起床时间是几点；是否做了噩梦；第二天精神怎样，是否影响生活工作。另外，你还可以让同眠者或者家人观察自己睡眠中的情况，比如，睡觉时是否打呼噜、说梦话，以及有无其他异常表现。

3. 治疗

失眠障碍的治疗原则：增加有效睡眠时间和（或）改善睡眠质量；改善失眠相关性日间功能损害；减少或消除短期失眠障碍向慢性失眠障碍转化的风险；减少与失眠相关的躯体疾病及精神障碍的共病风险。失眠的治疗方法包括心理治疗和药物治疗。心理治疗中主要使用认知行为治疗。研究显示，对于慢性失眠患者，失眠的认知行为治疗与药物治疗的短期疗效相当，但从长期来看，失眠的认知行为治疗疗效优于药物治疗。药物治疗原则：在病因治疗、认知行为治疗和睡眠健康教育的基础上，酌情给予镇静催眠药物。

四　在高峰与低谷之间寻找自我：双相障碍

1. 双相障碍简介

双相障碍也称双相情感障碍，是指临床上既有躁狂或轻躁狂发作，又有抑郁发作的一类心境障碍。双相障碍具有高患病率、高复发率、高致残率、高自杀率、高共病率、低龄化和慢性化等特点，首次发作常在20岁之前，终生患病率为1.5%～6.4%。双相障碍的诊断主要依据临床现象学，确诊需要正确识别情感不稳定等核心症状，及其病程具有发作性、波动性等特征。双相障碍临床表现的多形性与多变性易导致误诊或漏诊，近70%的双相障碍患者曾被误诊为其他精神障碍，如抑郁障碍、焦虑障碍、精神分裂症、人格障碍、物质使用障碍和注意缺陷多动障碍等。

2. 主要症状

典型表现为心境高涨、精力旺盛、活动增加（躁狂或轻躁狂）与心境低落、兴趣减少、精力不足、活动减少（抑郁）反复或交替发作，可伴有幻觉、妄想或紧张症等精神病性症状及强迫、焦虑症状，也可与代谢综合征、甲状腺功能异常、多囊卵巢综合征，以及物质使用障碍、焦虑障碍、强迫障碍和人格障碍等共病。

心理自测

心境障碍问卷

如果怀疑自己有双相障碍，可以通过本节前面的抑郁自评量表初步评估抑郁症状，再通过以下心境障碍问卷初步评估躁狂症状。

3. 治疗

双相障碍经过合理治疗可以得到有效的缓解，缓解期患者的社会功能基本恢复。急性发作期倡导综合治疗，包括药物治疗、物理治疗、心理治疗和危机干预等措施。双相障碍患者复发率高，约40%的患者在1年内复发，约73%的患者在5年内复发。双相障碍患者终生心境发作平均约9次，每2年左右发作1次。维持期治疗采取心境稳定剂联合心理治疗，并加强社会支持，对预防复发有重要作用。

需要注意的是，精神障碍的评估和诊断是非常复杂与专业的过程，如果你怀疑自己有异常的状况，建议去精神疾病专科医院或综合医院的精神科寻求医生的帮助。另外，抑郁情绪、焦虑情绪本身是正常的人类情绪，切莫将偶尔或正常的情绪波动、偶尔的失眠当作精神障碍。

第三节　多管齐下
——大学生精神障碍的应对措施

本节视频

一　早发现早治疗：自己有精神障碍怎么办

1. 及时就医并遵医嘱进行治疗

当你发现自己的心理生病时，要怎么做呢？其实和我们身体生病是一样的，要及时就医，寻求专业人士的帮助。许多人缺乏关于精神障碍的公共卫生知识，甚至对精神障碍存在比较严重的社会病耻感，因此，既不愿意承认自己患有精神障碍，又对其他患者避之不及。这样的观念会对疾病的康复造成负性影响。

在怀疑自己有精神障碍时，最好的办法就是调整好心态，及时向专业人士求助。如果你对就医心存顾虑，可以先从身边容易获得的资源入手，比如，心理学专业的朋友、学校里的心理咨询师，把你的顾虑告诉给他们，请他们和你一起想办法帮你克服困难。

如果你打算去精神科就诊，那么就要做好准备。一般来说，精神科医生的初诊会持续10～20分钟，所以你要提前准备好自己的主诉问题，把自己感受到的痛苦、症状充分地告知医生，积极配合医生的问诊。当医生建议你服药时，如果你对服药心存顾虑，可以坦诚地和医生沟通，并确认清楚服药的注意事项和复查等事宜。

2. 医疗资源如何与心理咨询资源相结合

精神障碍患者除了可以利用医疗资源，向精神科医生求助，服用精神类药物，还可以借助心理咨询的支持。患者如果想采用医疗资源和心理咨询资源相结合的方式治疗疾病，则需要了解这两种资源的不同。

精神科的心理治疗和心理咨询适用的范围及工作方式是不同的。心理咨询服务于遇到心理困扰而非精神障碍的人群，以及各类型的轻度心理障碍者，如神经症、人格障碍、适应障碍等。精神科的心理治疗面向精神分裂症、双相情感障碍、重度抑郁等重症精神障碍患者，也面向某些较重的神经症及人格障碍患者。二者的服务对象有一定的交叉，但也存在明显的不同。

那么如何判断个人适用心理治疗还是心理咨询呢？如果你怀疑自己或身边的人有严重的精神障碍（如重度抑郁），首选方案是去精神科做一个明确的诊断，如果被确诊为精神障碍，那么是否配合心理咨询要由精神科医生来判断。有些重症患者，心理咨询对他的帮助是微乎其微的。而另一些患者，在药物治疗的同时配合心理咨询效果更佳。

如果你不确定自己是否严重到要去精神科做药物治疗，也可以先选择和心理咨询师见面，通过初次评估，让心理咨询师来帮助自己判断是否需要去精神科诊断和治疗。

3. 休学及休学后重返校园的适应

大学生在有些情况下不适合继续学习时，可能需要办理休学或住院治疗，基本痊愈后可以重返校园。大学生需要正确对待休学，休学往往只是暂时的，在患某些精神疾病的情况下也是最好的选择。

重返校园对痊愈的大学生来说，是一个新的适应过程，既包括学业上的适应，也包括人际关系上的适应，是社会功能逐渐恢复的过程，也是一个格外要留意的时期，如果适应不良，还会引发其他的问题。

绝大部分大学生经过治疗后，在学业和人际适应上情况较好，能够融入校园生活中，正常行使社会功能。有一些大学生处于症状的残留期，返回校园后，在日常生活和学习中仍然存在一定困难，例如，注意力和记忆力可能还在康复期，相较于正常水平偏低，学习上需要比其他同学付出更多的时间。这类大学生要提前做好心理准备，要认识到出现这种学业上的困难是正常的，要在心里接纳这一时期的状况，为自己设定符合当前阶段的学习目标，循序渐进，而不要过于急躁，以免功亏一篑。由于长时间和社会关系脱离，部分学生可能会在人际适应上存在一定的困难，在这种情况下，学生可以选择一些团体咨询的支持资源，慢慢恢复人际功能。

还有一部分大学生不知道该如何面对同学，害怕遭遇歧视，这些焦虑都是非常正常的。建议大学生根据不同的群体，做一些应对上的准备。面对室友，可以有选择地坦诚，可以采用简单的解释，如"之前因为健康问题需要调整，现在好多了，谢谢关心""医生认为我现在可以回来学习了，所以我又回归了"。不用详述细节，重点表达当前的状态。如果室友询问一些细节，而你又不想回答，可以微笑回应，并转移话题："说来话长，我现在更想了解我不在学校的期间，有哪些八卦？"还可以通过分享家乡特产、参与宿舍清洁等小事情来拉近距离，减少"特殊感"。面对关系较为疏远的同学，可以预设一些回应，比如，有同学问："好久不见，你去哪里了？"你可以回答："家里有些事情要处理，现在回来要努力补课了！"如果有人问："你是不是生病了？"你可以回应："嗯，已经恢复了，现在状态还不错。你们最近怎么样啊？"

此外，大学生也可以利用学校里的心理咨询资源，向心理咨询师寻求帮助。

4. 什么情况下自己是有危险的

有些精神障碍会威胁到人的生命安全，及时识别出潜在的威胁非常重要。

在诸多精神障碍中，抑郁症是大家耳熟能详的。由抑郁症所导致的自杀意念和行为是我们需要识别的首要信号。人进入抑郁状态时，会感受到严重的心境低落，思维迟缓和意志行动减退，严重时会出现自杀意念，即产生想要结束自己生命的想法。也许你会认为每个人的生命中都曾有过某个瞬间想到死亡，但当这种想要结束生命的想法长期存在，而且经常出现，表现出固定的自杀意念时，这就是一个提醒你正处于危险中的信号。此时，你要及时向专业人员和身边的人寻求帮助。

一些伴有精神病性症状的精神障碍者，会因病产生幻觉，出现幻听和幻视。有时，幻听到的声音也在敦促精神障碍者去自杀或者是伤害别人，这也是一个危险的信号。如果你听到有人让你自杀或者伤害别人的声音，一定要及时就医，进行有效的治疗，保障自己和他人的生命安全。

5. 自己有精神障碍，该不该和别人说

假如你被确诊患了精神障碍，相信你心里一定会产生很多问题：说还是不说？如果要说，和谁说，说什么？

对于"说还是不说""如果要说，和谁说"的问题，这里给出以下建议。

（1）如果在治疗过程中你可以正常地学习和生活，那么你可以选择不告诉别人，也可以只告诉自己的好朋友等信任的人。

（2）如果疾病会影响到你的社会功能，如社会交往、学习等，你可以这样做：①和自己比较信任的朋友说；②告诉自己的老师，因为如果你需要帮助，老师就在身边；③告诉与自己朝夕相处的人，如室友。

对于"说什么"的问题，这里给出以下建议。

（1）不仅仅是告诉对方你得了某种病，你还需要对此病的症状做一些科普和解释，这样可以帮助你更好地和周围人相处，因为绝大部分人对于精神障碍了解得并不多，甚至会感到害怕。

（2）直接具体地告诉对方你的需要，这样可以帮助别人更好地与你相处。比如："我得了抑郁症，抑郁症的表现就是无论做什么事情都开心不起来，不管这件事情多么让人开心，所以最近一段时间我会比较低落。如果我不开心，你们不要觉得意外，也并不是因为你们做错了什么事让我不开心。另外，你们也不必做什么事情来让我开心，我真的开心不起来；你们也不用给我特别的关心，就像平时一样就好了。"

二 温暖和支持：身边的人有精神障碍怎么办

1. 建议对方寻求专业帮助

如果你的好朋友或身边的人疑似患有精神障碍，你可以鼓励对方寻求专业帮助，去精神疾病专科医院就诊，或到学校的心理咨询中心做心理咨询。要避免因为宽慰对方而说"你没问题的，扛一下就好了"这样的话，或者指责对方"你就是个性太要强了"，或者给一些诸如"你就是压力太大了，减减压就没事了"的非专业的建议。最好在共情对方痛苦的基础上建议对

方寻求专业帮助。比如："我知道你的内心很痛苦，很挣扎，我知道这对你来说不容易，你去××医院看过吗？要不我陪你去医院看看吧！"

2. 给予对方温暖和支持

我们要放下心里对精神障碍的歧视，为身边患者提供一个温暖支持和无偏见的关系环境。精神障碍患者内心经历着孤独的痛苦，他可能一直在努力和这份痛苦抗争，甚至长期游离在生与死的边缘。身为局外人的你，是很难体会到他内心的这份痛苦的，你首先要做的是对患者保持尊重，不去妖魔化精神病人，要怀着像对待一个患有身体疾病的人一般的"平常心"。其次，你也要调整好自己的心态，做好自己的事情，并记住没有人可以为其他人的生命负责，精神障碍患者的确需要一个温暖支持的人际系统，但最终的痊愈依然要靠他们自己。

3. 精神障碍患者会伤害别人吗

如果你的室友得了某种精神障碍，你和其他室友也许会担心：他/她是否会伤害到我们？其实绝大部分的精神障碍患者都不会伤害他人，但的确有小部分精神障碍患者有伤害他人的风险。如果你有担心，或者该室友的确有伤害他人的倾向，你可以到学校的心理咨询中心寻求心理咨询师的支持，通常心理咨询师会对风险进行评估，并给予相应的建议。如果其真的有伤害他人的风险，学校也会做相应的处理，以保障其他同学的安全。

三　是否要告诉父母：和父母沟通的建议

> **案例**
>
> **该不该告诉父母？**
>
> 　　王强犹豫了很久，到底要不要和父母说自己的病情？他很怕父母担心自己，也很怕父母不理解自己。他想到马上要放假回家了，自己吃药的事情肯定瞒不住家人，最后他决定告诉父母。父母听到王强说自己有抑郁症后非常惊讶，他的妈妈安慰他："就是最近学习太忙了太累了，压力大导致的，放假后好好休息一下就可以了，并不是什么大问题。"王强告诉父母医生开了药，自己正在服药治疗。他的妈妈担心他做了一个"不好"的决定，他的爸爸说："孩子，你先别着急，先听医生的，这个病我们也不懂，你好好吃药，吃了药就会好的。"王强如释重负，虽然爸爸也不懂，但并没有阻碍王强的治疗。

大学生得了精神障碍后，有的人会选择告诉父母，有的人不会告诉父母。不管是否告诉，都有各自的理由。有的人和王强一样担心父母的反应，主要是担心父母不理解；有的人的家庭就是造成精神障碍的原因之一；也有的人父母很理解和支持自己。告诉父母后，父母的反应也不一样。有的父母会像王强的妈妈一样否认孩子得病，同时建议孩子不要吃药；有的父母则像王强的爸爸一样支持孩子治疗；还有的情况更复杂，父母不仅不支持孩子吃药，还指责孩子自身性格不好；当然也有更好的情况，父母愿意为孩子做一些改变。实际上，父母的这些反应大部分都很正常，大部分父母也愿意支持孩子的改变，只是他们对于精神障碍和心理健康了解不多，大学生需要在和父母沟通时做一些知识普及的工作。关于与父母沟通的问题，建议你采用下面的做法。

1. 评估父母可能的反应和会遇到的困难

在告诉父母之前，你可以先设想一下，父母的反应可能会是什么样的？会遇到哪些困难？建议将父亲和母亲分开设想，父母的反应很有可能会不一样。你可以考虑以下问题。

（1）对精神障碍的了解和态度：父母了解自己得的病吗？能理解为什么需要服药吗？

（2）父母可能的反应是什么：父母可能会有哪些想法？可能会有哪些情绪反应？可能会出现哪些行为？

（3）父母能提供哪些帮助和支持？比如，父母能否理解自己、能否在情感上支持自己等。

（4）可能遇到的困难有哪些？比如，有的父母坚决不让孩子吃药，有的父母则否认孩子得病，甚至有的父母的行为就是孩子患病的来源。

这些都是需要评估和考虑的问题。关于是否要告诉父母这个问题，评估之后可能你心里已经有答案了。当然，并非我们的评估（设想）就一定是事实，父母不一定会像我们预设的那样反应。

2. 明确沟通的目的

通常来说，有3个目的：一是让父母了解目前自己患病的情况，二是对疾病的知识进行普及，三是表达自己的期待和需求。

3. 温柔而坚定地表达自己的观点

在沟通时，你可以温柔而坚定地表达自己的观点。在告诉父母病情的时候，先调整好情绪，在情绪稳定的时候和父母沟通；在对疾病知识进行普及时，要自己先对疾病有一定的认识和了解，再与父母沟通，建议告诉父母疾病的症状表现、治疗方式，以及治疗过程中需要父母给予哪些支持；表达自己的期待和需求时，需要直接、清晰、明确地表达自己的期待，比如，告诉父母治疗和康复需要时间，在这段时间不希望自己压力过大，希望父母不要关注自己的学习。

4. 父母不理解自己时可采取的做法

在少数情况下，父母不仅不能提供支持，还不理解自己，甚至有的父母还会给患者带来更大的压力和负担。在这种情况下，建议你尝试和父母沟通，以下是一些沟通建议。

（1）选择恰当的沟通时机。找一个父母情绪稳定、环境让人放松的时间，以"我最近遇到一些困扰"开头，避免对抗性表达。可以准备一些权威资料（如医院公众号文章）帮助父母了解疾病相关知识。

（2）用具体症状代替诊断标签。先描述可观察的表现，"这两个月我每天失眠到凌晨3点""经常莫名地心慌手抖"比直接说"我有焦虑症"更容易被接受。

（3）表达需求而非指责。强调"我需要你们的帮助"，而非"你们以前不理解我"。可以提出具体需求："希望陪我去医院初诊"或"每周打个电话问问情况"。

（4）借助专业力量。建议共同面见心理咨询师（或精神科医生），由专业人士解释病情和治疗方案，这样能有效地减少误解。许多父母并非不愿意理解，而是缺乏科学的认知。

（5）给予父母调整时间。接受他们可能需要几周时间来消化这个信息，其间可通过转发科普视频等方式进行渐进沟通。

父母的爱有时会被担忧掩盖，保持耐心沟通，多数家庭最终会成为患者康复的重要支撑。

如果暂时还是难以获得理解，你可以寻求专业帮助和其他的社会支持。大学生的一个主要心理发展任务就是独立，大学生也需要学习独自面对自己的困难。

5. 情况严重时必须和父母说

通常情况下，患严重的精神疾病，有自杀或者伤害他人的风险时，需要告诉父母。因为在患有某些严重精神疾病时，患者会失去部分行为能力，存在伤害自己或他人的风险，需要监护人进行监护。这是为自己负责，也是为他人负责。

四　不是吃药这么简单：精神障碍复发的预防与应对

1. 精神障碍复发的预防

精神障碍有一定的复发率。患者必须遵医嘱、坚持服药、按时复诊、及时去除引起复发的高危因素，这是防止精神疾病复发、提高生活质量的关键。

通常在精神障碍的症状消除后，还需要一段时间的维持治疗。有的患者在症状好转或消失后就自行停药，不去医院复诊，这是一种错误的做法。维持治疗对于防止复发有非常重要的作用。例如，抑郁障碍的治疗过程分为4个时期，即急性治疗期、巩固治疗期、维持治疗期、撤药治疗期，完成4个治疗时期一般需要1~2年，甚至更长。

对大部分精神障碍患者来说，吃药可以改善症状，如果只吃药，其他什么都不管，不去除引起复发的高危因素，则很可能还会复发。比如，不改变自身的认知、情感体验和行为方式，这些也可能是造成精神障碍的重要原因之一。由于大脑神经的可塑性，吃药后暂时好了，如果原因没有消除，一些不良的认知和行为模式又会让人的大脑产生改变。因此，多管齐下地综合干预是最好的方法。在进行药物治疗之余，患者要积极调整自己的生活和行为模式，有时候还需要家庭参与进来，一起进行调整和改变。比如，有的同学，自己和父母都非常在意学习成绩，一旦成绩不好，自己和父母就容易焦虑或者抑郁，在这种情况下，自己和父母的心态就需要进行调整，需要降低对学习成绩的期待。

2. 精神障碍复发的应对

如果患者遇到复发的情况，到精神疾病专科医院寻求专业治疗永远是一个好的选择，一定要遵医嘱进行治疗。

📝 本章思考题

如果宿舍同学得了抑郁症，该怎样与其相处？

这几天隔壁宿舍的萌萌总找佳琪聊天，原来萌萌宿舍的小新得了抑郁症，小新整天不下床，也不出门，一天只吃一顿饭，也不搭理别人，整天蓬头垢面的。萌萌一方面感觉很害怕，另一方面又有些不知所措，不知道该怎么和小新相处，于是来找佳琪倾诉和求助。如果你是佳琪，你会给萌萌什么建议呢？

本章重点知识梳理

本章推荐资源

第十二章

心灵加油站
——心理咨询

心理咨询在我国还是一个比较新的事物，很多大学生对心理咨询并不了解。本章将带大学生走进心理咨询，揭开心理咨询的神秘面纱。本章学习目标如下。

- 了解心理咨询的概念、工作对象、设置、不同形式和工作同盟；
- 了解心理咨询资源及其运用方法；
- 了解和掌握维护自身心理健康的方法。

引导案例

暴饮暴食的小美

有一天，佳琪和话剧社的小美吃饭，小美打开了话匣子，向佳琪倾诉："佳琪，我最近睡眠不好，晚上经常睡不着觉，睡着睡着就突然醒了。想到接下来的期末考试，我就瞬间清醒了。"

"想到考试，我的心就紧了一下，但是不至于睡不着觉吧？"佳琪回应道。

小美说："我也觉得不至于啊，但我就是睡不着觉，晚上睡不好，白天精神状态也不好，搞得我上课时注意力难以集中。越是听不进课，我就越心烦，看到别人都在专注地听讲，我就更心烦了。"说着说着，小美吃了很多东西。

佳琪说："要不你去学校心理咨询中心看看吧，听说那儿的老师很不错，人很好，或许可以帮到你。"

小美说："我不去，我觉得他们帮不了我，他们就和你聊聊天，纯属浪费时间。再说了，去心理咨询又不是件光彩的事，我才不要去那个地方呢。"

小美究竟怎么了？她需不需要去做心理咨询呢？

第一节　心理咨询不是"变魔术"
——心理咨询概述

本节视频

关于心理咨询，你是否也有和小美一样的想法——丢脸，浪费时间，就是简单地谈话，根本没有帮助？陈昱文等人对大学生的一项调查显示，对于是否认为心理咨询只是聊天谈心，37.6%的人选择"是"，13.5%的人选择"否"，48.9%的人选择"不知道"，可见大学生对心理咨询是什么还存在一定的误解和不了解。接下来，我们一起来认识心理咨询。

一　有技术含量的"聊天"：心理咨询概述

1. 什么是心理咨询

心理咨询是心理咨询师协助求助者解决各类心理问题的过程。心理咨询的完整概念为心理咨询师运用心理学的原理和方法，帮助求助者发现自身的问题及其根源，从而挖掘求助者本身潜在的能力，改变其原有的认知结构和行为模式，以帮助其提高对生活的适应性和调节周围环境的能力。

对心理咨询的误解

心理咨询也称心理辅导，心理咨询师又称心理辅导老师，被咨询的对象通常称为来访者、咨客或案主等。

★案例

小美的心理咨询历程

小美在大家的劝说下，终于鼓足勇气走进了学校的心理咨询中心。走进心理咨询室，小美感觉非常温馨，墙上挂了壁画，桌上放了鲜花，房间的色调也是暖暖的淡黄色。心理咨询师是一位中年女教师，让人觉得和蔼可亲，小美感觉她像一位"知心姐姐"。"知心姐姐"对自己进行了简单的介绍，并给小美讲解了心理咨询知情同意书。小美没有什么异议，在知情同意书上签完字之后就开始了心理咨询。

小美向这位"知心姐姐"吐露了自己的烦恼。小美说话的速度很快，而且中间没有停顿地一直说，终于说完了。小美就等着"知心姐姐"给自己"支招"，告诉自己该怎么改，该怎么做。没想到，"知心姐姐"居然没有告诉自己该怎么办，只问了小美一个问题："刚刚你滔滔不绝地讲了30多分钟，我一直在听，我好奇的是在这个过程中发生了什么。"这个问题并没有给小美支招，而是在引起小美反思——我怎么就一直不停地讲了30多分钟？在反思过程中，小美发现：原来自己最近一直很着急、很焦虑。

"知心姐姐"就像一面镜子照出了小美的焦虑，而这种焦虑是小美之前根本没有觉察到的。原来小美的紧张影响了睡眠，也导致小美猛吃东西。

2. 心理咨询的特点

从对心理咨询的界定来看，心理咨询既不是"授人以鱼"，也不是"授人以渔"，更像心理咨询师和来访者一起去探索捕鱼的方式，即助人以自助。每个人都拥有解决自身问题的资源，心理咨询只是帮助人们去发现这些积极资源的过程。心理咨询有以下特点。

（1）助人自助

心理咨询师会在咨询过程中运用心理咨询的原理和方法来帮助来访者解决其心理困扰，这个过程并不是心理咨询师直接解决问题，而是"助人自助"的过程，目的是让来访者自己发现自己身上的积极资源，从而找到解决问题的方法。

（2）互动性

很多人认为心理咨询和一般看病过程一样，因此，他们进了心理咨询室之后就喋喋不休地先给心理咨询师讲一堆的问题和症状，讲完之后等着心理咨询师"开处方"。其实心理咨询师和来访者的交互并非是一问一答的过程，而是互动的。心理咨询师会提问，但这种提问不是为了"开处方"，而是为了促进来访者自身进行探索和思考，就像"知心姐姐"并没有告诉小美该怎么做，而是通过提问引发小美进行反思。

（3）心理性

心理性的意思就是心理咨询解决问题的范畴是心理问题，而一些非心理的问题则不属于心理咨询解决问题的范畴。心理咨询不能直接给你好成绩，也不能让离开你的男朋友/女朋友回来，但是它可以帮助你探索获得好成绩的方法，找寻正确应对失恋伤痛的方法。

3. 心理咨询的方法

心理咨询的主要理论取向包括人本主义、精神分析、认知疗法、行为治疗，以及焦点解决短期疗法、艺术疗法等后现代疗法。不同理论取向的心理咨询有不同的方法论，总体来说，心理咨询的方法具有心理性的特点，聚焦于改变人的认知、情感和行为，只是不同理论取向的心理咨询侧重点不同。概括起来，心理咨询的方法主要有聚焦于改变认知的方法、改变情感体验的方法和改变行为的方法。比如，心理咨询师通过咨访关系让来访者产生修正性的情感体验，学习新的行为模式，改变负性的认知以改变情绪体验和行为，进行行为训练等。这些方法到底哪一个效果好？研究者对各个心理咨询流派的心理咨询效果进行研究后发现了"渡渡鸟效应"，即主流的心理咨询流派之间的咨询效果并没有显著差异。

二　心理咨询能解决哪些问题：心理咨询的工作范围

1. 心理咨询的工作对象

心理咨询的工作对象可分为两大类：一是正常人群，即遇到了与心理有关的现实问题并请求帮助的人群，或者是希望在某一方面做得更好的人群；二是有心理问题，但并非精神异常的人群。

心理咨询的主要工作对象是健康人群，或者是存在心理问题的亚健康人群，而不是人们常误会的"病态人群"。病态人群，如精神分裂症、抑郁症等患者，是精神科医生的工作对象。

2. 心理咨询可以解决的问题

健康人群会面对如婚姻家庭、择业、亲子关系、子女教育、人际关系、学习、恋爱、性心理、自我发展、情绪管理、压力应对等问题，他们会期待做出理想的选择，顺利地度过人生的各个阶段，求得内心平衡及自身能力的最大限度发挥，寻求良好的生活质量。这时他们就可以寻求心理咨询的帮助。

大学生碰到的问题可以分为发展性问题和障碍性问题两种。

发展性问题，就是个体在某一发展阶段遇到的问题，如果不能顺利完成这个发展阶段的任务，个体就可能会出现问题，这些问题常人都可能会遇到。帮助每个人适应发展阶段的任务，增进身心健康、提高生活质量、实现自我价值，这是心理咨询的宗旨。发展性问题包括生涯规划、恋爱关系、新生入学适应、人际关系等问题。如张帅见到佳琪就紧张，这就属于发展性问题。

障碍性问题，是人们在生活、学习、工作及各种人际关系中遇到的困难和烦恼，心理难以适应，导致较严重的心理障碍问题。

心理咨询主要解决的是发展性问题。大学生通过心理咨询可以了解自己处在什么样的发展阶段，需要发展哪些心理品质，以及怎样发展这些心理品质，以便顺利地发展自己，取得更大的成功。

三　规矩多多的"聊天"：心理咨询的设置

> **★案例**
>
> **规矩多多的"聊天"**
>
> 　　50 分钟后，心理咨询师提出本次咨询结束，但小美还意犹未尽。虽然小美觉察到自己的焦虑，但"知心姐姐"还没告诉自己该怎么办呢，怎么能结束呢？之前"知心姐姐"在讲解知情同意书时说到一条：每次心理咨询时间，如果没有意外就是 50 分钟，每周进行一次，总的心理咨询次数会根据小美的具体情况和希望达到的目标来决定。小美心想：还真的是规矩多多啊，干吗有这么多要求呢？为什么不能想什么时候来就什么

时候来呢？干吗一周一次？我的问题到底要多久才能解决呢？这次心理咨询虽然没能帮小美解决实质性问题，但是让小美觉察到自己的焦虑，看到了自己焦虑时的表现：紧张、睡眠不好、猛吃东西等。虽然小美心里充满了疑问，但小美打算再试一下，继续进行心理咨询。

心理咨询不同于一般的聊天，它是专业的"聊天"，专业的"聊天"就要有规矩。通常情况下，心理咨询师要遵守以下的心理咨询原则。

1. 保密原则

很多人对心理咨询有一个非常大的顾虑——我的问题是否会被别人知道？保密是大部分来访者的强烈要求。来访者只有确定自己的谈话内容受到严格保密后，才能很放松地向心理咨询师吐露自己的心声。保密原则是心理咨询中的一个重要原则。很多大学生在进行心理咨询前或者进行心理咨询的过程中都会有这样的担心：心理咨询师会为我的问题保密吗？我的问题是否会被班主任知道？答案是一个合格的心理咨询师会为你所讲的问题保密。一般在进行心理咨询前，心理咨询师会和来访者签类似于"来访者知情同意书"之类的协议，里面规定了哪些情况下心理咨询师会保密，哪些情况下心理咨询师会打破保密原则。一般情况下，来访者的问题不会被别人知道，但有两个例外情况：一是有可能伤害自己或他人的情况，二是法律规定需要披露的情况。在这两种情况下，心理咨询师可以打破保密原则。

2. 地点设置原则

心理咨询作为一项专业的助人工作，不同于简单的聊天，它必须有严格的地点设置。这是心理咨询原则中最根本的一点。心理咨询是在固定的装饰得比较有安全感、温暖感觉的心理咨询室进行的。一般心理咨询师不出诊，如果有特殊情况（如危机干预），则可以出诊。

3. 时间设置原则

心理咨询中所需要进行的时间设置，主要是为了把咨询控制在来访者注意力最容易集中的时间段，这样对解决来访者的问题更有效。

（1）**心理咨询时间**：来访者心理咨询的时间一般以每次50分钟左右较为合适。当然，根据来访者的不同情况和心理咨询师选用的不同咨询技术，心理咨询的时间也会有一些差异，需要具体问题具体对待。

（2）**心理咨询频率**：经典精神分析的心理咨询频率通常是每周安排4～5次咨询，其他形式的个人心理咨询目前以每周一次的设置比较普遍。心理咨询师依据来访者的情况设置心理咨询频率，可以取得较好的咨询效果。

（3）**疗程**：疗程是指从第一次会谈直到心理咨询目标实现，整个心理咨询过程将持续的时间长度。心理咨询的疗程长短取决于来访者的心理困难程度、心理咨询目标及心理咨询师所选用的心理咨询技术。目前，心理咨询的疗程一般为6～20小时。在不同的心理咨询阶段，根据心理咨询的不同任务，心理咨询时间和频率需要不断地进行调整。

4. 预约设置原则

心理咨询师的心理咨询时间安排需要有严格的预约设置。预约设置，一方面是为了避免心理咨询中心有人任意来往，给来访者造成不安全的感觉；另一方面是为了保障心理咨询师有休息的时间，能够在咨询后有足够的时间整理自己的思绪，做好迎接下一位来访者的准备。心理咨询师一般不接受临时来访者，除非属于危机情况。

5. 转介原则

在遇到下列情况时，心理咨询师可以将来访者转介到其他的机构或心理咨询师。

（1）**不属于心理咨询解决问题的范畴。**如果来访者是精神疾病患者，心理咨询师会将其转介到精神疾病治疗机构，这样更有利于帮助来访者。再如，对法律问题、学校的校纪校规问题的咨询，也不属于心理咨询解决问题的范畴，心理咨询师也可以将来访者进行转介。

（2）**心理咨询师个人的问题。**凡是心理咨询师觉得自己不适合做心理咨询的情况都属于此类。例如，有的心理咨询师能力有限，不擅长解决来访者的某些问题，此时心理咨询师可以将来访者转介给合适的心理咨询师；有的心理咨询师在心理咨询进程中遇到了个人重大问题，不适合做心理咨询，这时也可以将来访者转介给别的心理咨询师。

转介的原则是维护来访者的利益。来访者要对转介有正确的认识：转介并不一定是因为自己的问题有多严重，或者是心理咨询师不喜欢自己，而是心理咨询帮不到自己，或者是某个心理咨询师帮不了自己。

扩展阅读

神奇的催眠术

什么是催眠？

说到催眠，你会想到什么？神奇、神秘、水晶球、怀表……一些影视作品中会提到催眠，如把一个人催眠后，让他做什么他就做什么。一个人被催眠后，会吐露他内心的秘密，或者是知晓过去和未来。这些看起来都让人觉得很神秘，也很恐怖。虽然现在的科学对催眠起作用的机制还没有定论，但它并没有那么神奇和神秘，它也并非无所不能。究竟什么是催眠？大众对催眠有哪些误解？催眠可以用来做什么呢？

如果你想进一步了解详细内容，请扫描旁边的二维码收听老师的讲解吧。

四　个体、家庭、团体：心理咨询的不同形式

你想象中的心理咨询是什么样的？和心理咨询师单独面对面坐着，或者像电影里一样，躺在长椅上，一个人自顾自地说话？实际上，心理咨询的形式有很多种，依据心理咨询对象，心理咨询可以分为个体咨询、家庭咨询和团体咨询。

1. 个体咨询

个体咨询是指心理咨询师与来访者进行一对一的心理咨询。个体咨询中，时间只属于来访者和心理咨询师两个人，心理咨询师专注于来访者一个人，来访者通过与心理咨询师一对一的互动来进行咨询。咨询过程中的谈话内容也仅限于心理咨询师和来访者知道。个体咨询比较适用于个人的深层次心理问题的探索。

2. 家庭咨询

家庭咨询是以家庭为对象实施的心理咨询，其目标是协助家庭消除异常、病态的情况，执行健康的家庭功能。参与咨询的对象是整个家庭，如夫妻、一家三口等。家庭咨询解决的问题不仅是家庭中的问题，个人的问题也可以被视作家庭功能失常的一个"症状"，如孩子的厌学问题可能和父母之间的冲突有关。在家庭咨询中，心理咨询师和家庭成员共同合作，从家庭系统的角度解决问题。大学生适合进行家庭咨询的情况如下。

（1）大学生的心理问题与家庭有直接的关系，比如，某个大学生得了焦虑症，直接诱因是父母对该大学生要求太高，该大学生达不到父母的要求，这时，如果该大学生和其父母均愿意，则该大学生可以和其父母一起进行家庭咨询。

（2）已婚大学生解决夫妻关系的问题或亲子关系的问题，比如，想改变夫妻之间的关系，且双方都愿意参与。

（3）某些需要家庭成员照顾的大学生的问题，比如，某个大学生得了抑郁症，如果该大学生和其父母均愿意，则该大学生可以和其父母一起进行家庭咨询，磋商如何沟通的问题。

需要注意的是，有些问题虽然比较适合进行家庭咨询，但如果有家庭成员不愿意参与，那么也不要强迫对方参加，可以先从个体咨询开始。

3. 团体咨询

团体咨询是指心理咨询师将具有同类问题的来访者组成小组或较大的团体进行共同讨论、指导和矫正。不同于个体咨询中心理咨询师和来访者一对一的交流，团体咨询创造了一个类似真实的社会生活情境，为参加者提供了社交机会。每个成员既可以从多个角度了解自己、洞察自己，又可以学习其他成员的适应行为，成员间相互支持，共同探寻解决问题的方法。

一般来说，团体咨询要求参与者为咨询中所发生的事情保守秘密。团体咨询比较适合那些愿意在团体中开放的人，也适合有人际交往类心理困扰的人。如果个体想在人际交往上有所突破，同时希望在解决问题的路上有人同行，不妨试试团体咨询。

延申阅读

心理咨询靠什么起作用？——工作同盟

第二节　有了心理问题怎么办
——心理咨询资源的探索与运用

本节视频

★ 案例

这些天，话剧社的新成员芳芳觉得自己心情很低落，每天晚上睡不好，早上醒来觉得没什么精神，看着平时最喜欢吃的菜居然没有食欲。前几天芳芳的男朋友叫她出去玩，也被她拒绝了，这几天两人一直没联系。但是芳芳又想不通自己为什么会这样，只想尽早摆脱这种痛苦。芳芳想了很多方法想让自己的情绪变好，吃好吃的没食欲，出去玩没兴趣，看剧又觉得很自责，芳芳实在是没辙了，想找人帮助，但又觉得别人更没法帮自己。

佳琪告诉芳芳小美前阵子状态也较差，现在状态好多了，她可以问问小美是怎么做的。芳芳去问了小美，原来，小美正在学校的心理咨询中心接受心理咨询。于是芳芳向小美请教她是怎么知道心理咨询信息的，一问才知，原来身边可以获取的资源这么多，芳芳怀着将信将疑的心情给学校心理咨询中心打电话预约了心理咨询。

一　求助是强者的行为：心理问题的自助与求助

很多大学生在自己遇到心理问题时，都会和芳芳一样，并不是遇到问题就立即求助，而是经历了一系列的思考和挣扎的过程，自己实在无法解决问题了，再求助于别人。江光荣等人对大学生求助情况进行了调查，结果表明，大学生倾向于先求助于自己，后求助于他人，在寻求他人帮助时，更倾向于向关系密切的人求助，只有当面临严重的心理困扰时，才倾向于向专业心理咨询求助。

为什么专业求助率这么低呢？该调查发现，这和两方面的原因有关：一是个人的自我效能感，比如，有的人觉得"能自己解决"和"问题不严重"；二是顾忌"脸面"、对"隐私"泄露存在担忧，这是妨碍大学生寻求专业心理帮助的重要原因。

当你有了问题时，先是尝试自己去解决问题，但是在自己解决问题无效或者失败后，你需要做的就是求助，在求助自己的亲朋好友之后如果仍然无法解决问题，你接下来需要做的就是寻求专业帮助。求助是强者的行为，很多研究发现，寻求专业帮助是解决心理问题的有效途径和方式。

二　你身边的资源：高校心理咨询中心

每一所高校都应该有专门的心理健康服务机构，通常对在读大学生免费开放。高校里的心理咨询师有一定的专业性，对大学生的典型问题更为了解。对大学生来说，高校里的心理咨询中心是经济高效又便捷的心理咨询资源。一般来说，高校心理咨询中心的服务内容主要包括开设心理健康课程、讲座，进行个体、团体咨询等。

以北京某大学为例，其心理咨询中心的服务内容主要如下。

1. 心理健康教育

心理健康教育的服务内容：开设一些心理健康课程，如心理素质训练课；编写大学生心理健康教育的教材；指导大学生心理健康协会的社团活动；组织各种形式的心理健康宣传教育活动，如大学生心理健康宣传月活动、各种专题讲座等。

社会中常见的心理
服务资源

2. 心理咨询

个体咨询：心理咨询中心提供适应、发展、学习、压力、人际关系、情绪、人格、恋爱、生涯规划、择业等方面的个体咨询服务。

团体咨询：主题涉及大学生活适应、情绪调节、压力处理、人际沟通、自我认识、人际交往能力训练等。心理咨询中心提供舞动治疗、创造性戏剧体验、曼陀罗绘画等多种形式的团体咨询服务。

3. 团体训练

成长训练营以小组的形式为在校大学生提供有关个人沟通、团队协作、领导力提升、适应新环境等方面的心理训练。同时，心理咨询中心还组建了成长训练营教练组，训练资深组员为教练，并以"同学训练同学"的方式在学校内扩大成长训练营的规模。

4. 心理测试

心理测试服务内容：新生心理测查，抑郁、焦虑、人格测试，职业适应性测试。

三 适合自己的就是好的：大学生如何运用身边的心理咨询资源

1. 大学生了解心理健康知识的途径

当遇到心理困扰或者想进行自我探索时，除了直接寻求心理咨询，还有一些其他渠道可用于了解心理健康相关知识。

在大学校园里，学校的心理社团会组织一些心理健康知识的传播活动，如心理学影视放映、心理知识相关沙龙讲座等。学校尤其会在每年的5月25日，即大学生心理健康日，组织多种多样的活动，等待大学生体验和参与。

除了学校里的活动，一些心理健康服务机构也会不定期地举办一些活动。例如，有些医疗机构会在节假日举办一些有关精神障碍预防和治疗、药物治疗、病患家属如何给病人提供更大支持等讲座，这些讲座有的需要线下参与，有的是网络直播。尤其在一些有特殊意义的日子，如3月30日的双相情感障碍日，各大医院通常会提供相关的心理健康知识公益服务。

网络上也有很多心理健康相关知识的内容，如一些心理咨询机构开通了公众号服务，定期发布一些与心理健康相关的内容，从专业的角度进行心理科普。越来越多的专业人士开始通过网络媒体向大众传播心理健康知识。

除了以上获取心理健康知识的途径，还有一个蕴藏海量宝贵资料的地方——图书馆。大学生可以走进图书馆，翻阅和品读心理学书籍。

2. 挑选适合自己的心理健康服务

前面已经介绍了心理咨询的不同形式和资源。每个人的心理困扰都各不相同，大学生可以基于对这些知识的了解，根据自己的诉求，选择合适的心理健康服务。

你会选择AI心理咨询师吗

随着人工智能的兴起，AI驱动的心理健康服务（如AI心理咨询师）正在成为大学生心理健康支持的一种工具。这些服务通过应用人工智能技术，可以为大学生提供便捷、高效且个性化的心理支持。AI心理咨询师靠谱吗？能帮助人们解决问题吗？你会选择AI心理咨询师吗？

扫一扫

你会选择 AI 心理咨询师吗

3. 挑选适合自己的心理咨询师

"众里寻他千百度"，在众多的心理咨询师中，如何寻找一个适合自己的心理咨询师呢？首先，心理咨询师的专业性要过关；其次，也是最关键的一点——自己内心对于心理咨询师的感受，这也是在整个心理咨询中最重要的部分。一个好的、适合你的心理咨询师可以让你有以下感受。

（1）可以信任他

本章第一节已经介绍过，心理咨询发挥作用的关键是来访者和心理咨询师之间可以建立有效的工作同盟，而建立这样的工作同盟的基础就是信任。如果你在心理咨询中，感受到心理咨询师是可以信任的，感到放松而安全，那么你可能找对人了；如果你感到自己无法信任心理咨询师，你可以把顾虑告诉对方，有时这种不信任的信号说明你们双方并不匹配。

（2）愿意向他倾诉

在心理咨询初始阶段，你如果愿意向心理咨询师倾诉，那么将有利于后面心理咨询的展开。如果在心理咨询初始阶段，你就感觉不是很愿意向心理咨询师倾诉，这就有可能意味着你们是不合适的。在心理咨询中期，你如果感到不愿意倾诉，则有可能是心理咨询阶段的原因，你可以开诚布公地告诉心理咨询师你的顾虑。

（3）感到被倾听、被接纳和被理解

在一段合适的咨访关系中，你会从心理咨询师那里充分地感受到被倾听、被接纳和被理解。心理咨询师不仅仅关注于你的故事，也关注故事背后的模式。心理咨询师对你的好奇是带着尊重和渴望的，而不是八卦和刺探。

（4）感到有成长和改变

你决定进行心理咨询一定是你遇到了困惑，因此，决定你和你的心理咨询师双方合适的关键就是，你在心理咨询中感受到了自己的成长和改变。这个过程也许需要你多一点耐心，但在一段合适的咨访关系中，这种成长迟早会出现。

扫一扫

如何挑选可靠的心理咨询师或咨询机构

延申阅读

心理咨询中要怎么做：如何做一个好的来访者

第三节　做自己心理健康的第一责任人
——大学生心理健康的维护

本节视频

一　健身就是健心：身心一体的健康理念

★ 案例

今天的大学生心理健康课堂上，老师让大家做了一个有关性格的心理测试：A型人格和B型人格测试。张帅听得非常入迷。A型人格的人：脾气比较火爆、有闯劲、遇事容易急躁、不善克制、喜欢竞争、爱展示自己的才华、对人常存戒心……张帅越听越觉得这说的不就是自己吗！果然，测试结果出来后，张帅发现自己偏向于A型人格。B型人格的人：在生活中容易相处，不易激动，社交适应性良好，而且胸怀开阔，容易想得开，通常来说他们性格较为圆融，非常喜乐。张帅回想自己的父母，母亲的性格很随和，遇到事情不慌不忙，能够把家里打理得很好，和邻里亲戚的关系都很好，而父亲和自己的性子都比较急。老师紧接着提了一个问题：不同人格类型的人，身体健康状况是怎样的？张帅心里想：生病和人格类型有什么关系？很多同学认为生病和人格类型没关系。接下来老师继续告诉大家，A型、B型人格的人，身体健康状况是不同的，A型人格的人患冠心病的风险是B型人格的人的5倍。张帅听完后非常吃惊，父亲确实患有冠心病，没想到人格和身体健康居然还有关系。老师还告诉大家，身心是相通的，有一类疾病叫心身障碍，就是由心理困扰引起的身体健康问题。张帅听得非常认真，并且决定下课一定要给父亲打个电话，同时也开始思考自己要如何改变。

你如何看待人的心理和身体的关系？和案例中张帅刚开始的想法一样吗？越来越多的研究结果表明，人的心理与身体有非常密切的联系，身心是一体的，并且相互影响。

1. 身体对心理的影响

医学研究人员几乎在所有的精神障碍和心理问题的诊断中发现，身体的状态会影响心理的健康状态。例如，一些人由于车祸造成头部前额叶受损后，性情会发生很大的变化，如脾气暴躁、不能控制自己等。前额叶是人们调节情绪的关键区域，只有前额叶的功能正常，人才能有效调节情绪，如果前额叶受损，人就会变得难以控制自己。研究发现，慢性疾病患者的抑郁焦虑等心理疾病发病率比普通人群更高。若人长期处在较大的压力下而无法有效疏解，则对心理健康和身体健康都会带来不良的影响。为什么人的身心之间的关系如此密切？因为人的身体和心理的机制是相连的。比如，A型人格的人和B型人格的人相比，会更容易患心脏疾病，原因在于A型人格的人体内特殊的神经内分泌机制，这种机制使血液中的脂蛋白成分改变，血清胆固醇和甘油三酯平均浓度增大，从而导致冠状动脉硬化。患有情绪障碍（如抑郁症、焦虑症等）的人，会出现睡眠增加、饮食减少和其他躯体症状，这些症状和机体内血清素的含量有关。因此，人的身体和心理在大脑、神经递质和植物神经系统等机制的作用下，产生了非常密切的联系。所以，健身就是健心，健心就是健身。

2. 心理对身体的影响

医学领域的许多研究已经证明，人的一些身体疾病和心理状态息息相关。例如，当人感受到压力大时，往往更容易出现皮炎等慢性病症；在一些癌症患者身上，我们也看到了乐观的心态对于疾病康复和生命维持的重要作用。

精神病学领域的研究也发现，许多精神障碍患者会出现一些躯体症状，如抑郁症患者会出现身体无力、失眠、食欲变化和身体疼痛等躯体症状。有一类心理问题叫"述情障碍"，是指人不能适当地表达情绪、缺少幻想，对情绪变化的领悟能力差，无论是对自身情绪还是对他人情绪的感受力都很低。对于有述情障碍的人群，他们与其他人相比还有一个明显的特点，那就是普遍存在心身疾病、神经症和慢性病等，典型的疾病有冠心病、类风湿关节炎、偏头痛、消化系统疾病和皮肤病等。

> **行动指南**
>
> ### 健康中国行动
>
> 我国非常重视卫生健康事业发展，作出了实施健康中国战略、推进健康中国建设的重大决策部署，出台了《"健康中国2030"规划纲要》和《健康中国行动（2019—2030年）》，心理健康促进行动就是其中的一个重大行动。如果读者想了解详情，请扫描旁边的二维码听听课程思政微课吧。

二　养成良好的生活习惯：大学生的身体健康维护

前面已经提到心理健康和身体健康息息相关，如果人们想要保持健康的心理，或者是解决心理困扰和问题，对身体的日常保健和维护尤为重要。

身体健康是建立在良好生活习惯上的。良好的生活习惯包括许多方面：良好的饮食习惯、运动习惯、睡眠习惯等。有的大学生因为学业任务重，养成了不好的生活习惯，比如，饮食不规律、运动量少、晚睡等，这些不好的生活习惯严重威胁大学生的身心健康。

1. 养成良好的饮食习惯

"民以食为天"，我们的一日三餐也影响我们的身体健康。合理膳食，注重营养搭配，避免暴饮暴食，可以为我们带来健康的体魄。有的大学生因为学业压力大，一心扑在学习上，忽略了饮食，经常忙得没时间吃饭或随便吃点敷衍了事；有的大学生上大学之前从来没有过自己照顾自己饮食起居的经验，上大学后不知道如何合理安排膳食，出现营养过剩或营养不足的现象；有的大学生，尤其是女大学生，想要保持苗条的身材而过度节食，身材是苗条了，但身体的健康状况令人担忧。这些现象在大学里都是比较常见的，都是不可取的做法，也是大学生需要注意和改变的方面。

肠胃是人体最重要的消化器官。大学生要保护好自己的肠胃，养成良好的饮食习惯，这是进行身体保健的关键步骤。

养成良好的饮食习惯

回答下面的问题，并认真总结养成良好饮食习惯的方法。

（1）肠胃喜欢什么？（请描述行为，如细嚼慢咽）

_____

_____

_____。

（2）肠胃不喜欢什么？（请描述行为，如暴饮暴食）

_____

_____

_____。

（3）在饮食方面，你有哪些养生的妙招？

_____

_____

_____。

2. 养成良好的运动习惯

　　合理运动是维持身体正常运行的有效方法，是身体抵御疾病的保障。运动已经被证明可以减少抑郁和焦虑的影响，防止认知能力下降。它甚至可以提高个体处理高压事件（如面临生活重大变化、身体受伤或是工作压力等）的能力。运动是为数不多的自然疗法之一，它已经被科学证实能以最小的风险带来巨大的回报。认知神经科学的研究也发现运动会影响人们的大脑，会对大脑的神经元、白质和相关的脑区产生积极的影响。如果你想要变得更快乐、更平静、更健康，那么你就开始锻炼身体吧。

3. 养成良好的睡眠习惯

　　你也许有这样的体验，当睡眠不足时容易产生烦躁的情绪，也更容易出现注意力不集中的情况。睡眠不仅影响人们的身体健康，也会对人的情绪和记忆等产生影响。睡眠不足的人更容易体验到负性情绪，长期的睡眠不足甚至会使人记忆力降低。在大学生群体中，睡眠不足和出现睡眠问题的现象非常常见，特别是在考试或者重大比赛的前夕，大学生熬夜备考和准备比赛的现象非常普遍。大学生只有养成良好的睡眠习惯，才能保证学业顺利进行，保持身体的健康。

扩展阅读

关于睡眠，你需要知道的

1. 当代人的睡眠状况

根据世界卫生组织的统计，全球范围内，人们的睡眠障碍率达27%，美国人失眠率高达

50%，英国人为14%，日本人为20%。中国睡眠研究会的一项调查显示，我国成年人失眠发生率高达38.2%，超过3亿人有睡眠障碍，且这个数据仍在攀升中。

扫一扫
关于睡眠你需要知道的

2．健康睡眠的内容

时长：睡眠充足。持续性：容易入睡以及半夜不易醒，醒来后可以很快再次入睡。时机：早睡早起。睡眠质量：睡得好。

3．拥有健康睡眠的方法

定期运动，注意睡前饮食，建立良好的睡眠环境，睡前用热水泡脚，注意睡姿，运用心理暗示，保持情绪平和，放松训练。

如果你想进一步了解睡眠，请扫描旁边的二维码听老师讲解详细内容。

自助训练

制订身体保健行动计划

大学生制订身体保健行动计划的过程也是帮助自己思考和觉察的过程，身体保健行动计划越具体，完成的可能性就越大。

佳琪在医生的建议下制订了一个身体保健行动计划，她希望通过这份计划，强身健体，为忙碌的学习生活打下坚实的身体基础。同时，她也把这当作关爱自己的一种方式。

身体保健行动计划

- 姓名：佳琪。
- 主题：坚持锻炼身体。
- 目的：提高身体素质，锻炼意志品质，放松身心。
- 基本目标

从今天（5月24日）至本学期末（7月16日），每周至少3天、每天2种锻炼形式、每天至少1小时锻炼身体。

- 具体安排

1．可选择的运动形式
慢跑、快走、慢走、拉伸活动、跳绳、游泳、爬楼梯、仰卧起坐、台阶运动等。

2．准备所需装备或物资
适合平时运动的内外衣裤、棉袜、运动鞋、泳衣、跳绳、游泳卡等。

3．确定锻炼的形式
（1）一般情况下，优先选择慢跑＋拉伸活动＋仰卧起坐的锻炼形式。
（2）天气炎热或有人结伴时可选择游泳。
（3）大风、沙尘、阴雨天等天气情况较差或操场不开放时，选择室内跳绳、爬楼梯、台阶运动等可在室内活动的锻炼形式。

4．确定锻炼的时间及强度
（1）一般情况下，选择晚上8点至9点间在室外活动40～60分钟，睡前做仰卧起坐50个。
（2）身体不适时，活动时间酌情减少，但不得低于30分钟；可调整为活动强度较小的运动形式，如慢走等。

（3）每周尽量保证至少3天的运动时间。在已知某天不能锻炼的情况下，将欠缺的运动量以每天增加5～10分钟锻炼时间的方式补回来。

（4）晚上尽量保证在12点前睡觉，若需要熬夜至12点后，则在室友休息前，如11点至11点半之间，抽15分钟做完仰卧起坐，再继续完成学习任务。

5. 确定监督者

（1）向父母和室友报备自己的行动计划，要求他们提供必要的提醒监督。

（2）选择一个对自己影响较大的人，如男朋友，对自己的锻炼行为进行监督管理，可与对方签订一个监督行为的契约，对行为具体要求及奖惩措施进行规定。

6. 确定可停止身体锻炼的情况

（1）全天有超过2小时时间进行奔波型体力活动以致劳累过度时，可停止锻炼。

（2）睡眠严重不足（如低于5小时）需要花时间补觉时，可停止锻炼。

（3）当天晚上临时有紧急任务，抽不出1小时以上的时间进行锻炼和洗澡时，可停止锻炼。

（4）第二天有重要任务（如考试）需要提前准备时，可停止锻炼。

（5）其他与监督者协商可视为特殊情况时，可停止锻炼。

7. 确定锻炼的记录方式

（1）利用手机App，记录每天的锻炼情况，包括锻炼的强度、时长及未锻炼的原因等。

（2）每个月总结锻炼计划的完成情况，及时调整、补充或修改锻炼计划。

8. 饮食安排

（1）早餐吃饱，晚餐吃少。提醒自己少吃辛辣、油腻的食物，不能暴饮暴食。

（2）不主动购买饮料、甜点、雪糕、膨化食品等高热量食物。

9. 计划的可行性分析

（1）按计划已坚持锻炼了4个月，身体能够承受此锻炼强度。

（2）行动计划得到监督人员的大力支持。不定时地会有陪伴者陪同锻炼。

10. 执行一段时间后的总结、调整

（1）已获得一些正性的强化，如体重减轻、身体疾病减少、自信心提升等。

（2）相信自己有一定的自制力可以维持行为。

看了佳琪的身体保健行动计划，你有哪些收获？赶紧制订一个你自己的身体保健行动计划吧。

我的身体保健行动计划

姓名：_____。

主题：_____。

目的：_____。

可选择的运动形式：_____

_____

　　准备所需装备或物资：_____

_____

　　确定锻炼的形式：_____

_____

确定锻炼的时间及强度：＿＿＿＿＿＿＿＿＿＿＿＿＿＿＿＿＿＿＿＿
＿＿＿＿＿＿＿＿＿＿＿＿＿＿＿＿＿＿＿＿＿＿＿＿＿＿＿＿＿＿＿＿。

确定监督者（可选择）：＿＿＿＿＿＿＿＿＿＿＿＿＿＿＿＿＿＿＿＿＿
＿＿＿＿＿＿＿＿＿＿＿＿＿＿＿＿＿＿＿＿＿＿＿＿＿＿＿＿＿＿＿＿。

确定可停止锻炼的情况：＿＿＿＿＿＿＿＿＿＿＿＿＿＿＿＿＿＿＿＿＿
＿＿＿＿＿＿＿＿＿＿＿＿＿＿＿＿＿＿＿＿＿＿＿＿＿＿＿＿＿＿＿＿。

确定锻炼的记录方式：＿＿＿＿＿＿＿＿＿＿＿＿＿＿＿＿＿＿＿＿＿＿
＿＿＿＿＿＿＿＿＿＿＿＿＿＿＿＿＿＿＿＿＿＿＿＿＿＿＿＿＿＿＿＿。

其他需要安排的事项，如饮食：＿＿＿＿＿＿＿＿＿＿＿＿＿＿＿＿＿＿
＿＿＿＿＿＿＿＿＿＿＿＿＿＿＿＿＿＿＿＿＿＿＿＿＿＿＿＿＿＿＿＿。

计划的可行性分析：＿＿＿＿＿＿＿＿＿＿＿＿＿＿＿＿＿＿＿＿＿＿＿
＿＿＿＿＿＿＿＿＿＿＿＿＿＿＿＿＿＿＿＿＿＿＿＿＿＿＿＿＿＿＿＿。

计划执行一段时间后的总结、调整：＿＿＿＿＿＿＿＿＿＿＿＿＿＿＿＿
＿＿＿＿＿＿＿＿＿＿＿＿＿＿＿＿＿＿＿＿＿＿＿＿＿＿＿＿＿＿＿＿。

三　给心理添加营养：大学生的心理健康维护

心理健康维护的核心做法是学会自我关爱。自我关爱是指个体主动采取行动，以满足自身身心需求、维护健康并提升幸福感的过程。它强调在压力环境中保持平衡，通过科学、可持续的方式调节情绪、恢复能量，避免身心耗竭。自我关爱不是自我放纵或逃避责任，而是一种基于自我觉察的积极管理策略，能够增强心理韧性，促进个人成长。以下一些方法，可以帮助大学生进行自我关爱，维护自身心理健康。

1. 与问题共生存

与问题共生存，是解决问题前的步骤。当我们和问题进行抵抗时，所有的力量都放在了抵抗上，有时候越抵抗，问题的解决会变得越困难。而与问题共生存，可以给解决问题创造一定的空间，反而能让我们去了解和走近自身真正的问题。心理咨询领域中，森田疗法的核心理念就是与问题共生存。

那怎么与问题共生存呢？常用的方法就是自我接纳。自我接纳是指人对自我及其一切特征采取一种积极的态度，简言之就是能欣然接受现实自我的一种态度。自我接纳的大前提就是有效地自我觉察，包括对自己所想、所感、所为的觉察——我此刻感觉如何？我的头脑中有何想法？我对此做了些什么？进而接纳自我。当人可以接纳自我时，就更容易与问题共生存了。

2. 对自己保持好奇心

在与问题共生存的基础上，对自己的想法、感受和行为保持好奇心，观察和思考自己的想法、感受、行为及其是如何运作的，这是一种元认知能力。元认知也是让人保持心理健康的重要因素。

如果你养成观察自己的想法、感受和行为的习惯，尤其是那些令你感到不舒服的想法、感受和行为，你就会开始对它们感到好奇。而当你学会对自己感到好奇时，自我成长就离你不远了。

例如，如果你花1分钟的时间观察并好奇你的愤怒情绪，你可能会意识到你生气的背后隐藏着某种恐惧：害怕人们会不爱自己、害怕自己会孤独，甚至害怕愤怒本身。这意味着愤怒，以及由此产生的所有行为，只是分散了你的注意力，真正的问题是你的恐惧和不安全感。

这种自我认识只有当你停下来，以好奇的心态观察自己，才有可能实现。下次你感受到强烈的情绪时、冲动地想要发火时，按下暂停键，问问自己：我现在脑子里在想什么？我此刻的感受是什么？我想做什么？

什么样的方法可以帮助你觉察自己呢？你可以进行正念和冥想练习。科学家近30年来进行了大量的研究，积累了越来越多的证据来支持正念和冥想的各种好处，包括可以缓解抑郁、焦虑和慢性疼痛，提升专注力和决策能力，增强幸福感，还可以增强免疫力，延年益寿。

正念觉察
——活在当下

3. 对自己的痛苦抱有同情心

这是指在我们痛苦的时候，我们可以以一种同情、不带评判、安慰的方式对待自己，用自我同情和慰藉来取代自我苛责。人生中总会遇到不如意的事情，当你恰逢不顺时，对自己少一些责备和批判，你可以像安慰最好的朋友一样安慰自己，肯定自己，学会给自己温暖和关怀。

✍ 自助训练

正念吃葡萄干练习

这是一个正念觉察练习。请你提前准备好两颗葡萄干，选择一个安静且不被打扰的地方，坐在一把舒服的椅子上，或者坐在其他舒服的地方，把葡萄干放在手上，扫描旁边的二维码，闭上眼睛，跟着老师的指导语进行练习。

结束后写下你在这个过程中的感受：＿＿＿＿＿＿＿＿＿＿＿＿

＿＿＿＿＿＿＿＿＿＿＿＿＿＿＿＿＿＿＿＿＿＿＿＿＿。

扫一扫

音频

冥想放松练习：遇见静谧、翠绿的竹林

这是一个冥想放松练习。请你选择一个安静且不被打扰的地方，选择一个可以盘坐的垫子，准备好以后，坐在垫子上，扫描旁边的二维码，闭上眼睛，跟着老师的指导语进行练习。

结束后写下你在这个过程中的感受：＿＿＿＿＿＿＿＿＿＿＿＿

＿＿＿＿＿＿＿＿＿＿＿＿＿＿＿＿＿＿＿＿＿＿＿＿＿。

扫一扫

音频

---

4. 尝试新的行为模式

心理问题出现的一个原因就是行为僵化，而尝试新的行为模式有可能带来变化。

人都倾向于用习惯性的方式来应对压力和痛苦的情绪。当人们感到难受时，人们的默认行为通常会在无意识下自动出现，而有些行为并不能真正解决问题。比如，在当人们感到愤怒的时候，人们可能会朝周围人发脾气；在人们内疚的时候，人们可能会一次又一次地重复错误，陷入反思和自我批评的怪圈中。但是，人不能总是做同样的事情却期待有不一样的结果。这就需要我们保持行为的灵活性，避免一次又一次重蹈覆辙。

尝试一下新的行为，在你愤怒的时候，你忍住而不是发泄情绪，内疚的时候不责备自己，默默去改变行为，可能会发生什么？

5. 亲近大自然

有统计结果显示，人们平均每天待在室内空间的时间占了所有时间的90%左右。教室、食堂、宿舍三点一线的生活几乎是大学生日常生活的全部，在这种情况下，人的大脑和心理很容易疲惫和生病。很多研究发现，走进大自然能够帮助我们缓解身心压力。科学家建议每周花1小时左右的时间进行户外活动，这样做能够改善心情，还可以提高注意力。如果不方便进行户外活动，可以播放大自然的声音，观赏大自然的照片，即使足不出户也能使人放松心情，甚至可以提高注意力。

6. 建立自己的社会支持系统

建立有效的社会支持系统对大学生来说是很重要的。自我心理保健的一个有效途径就是有一个可靠的支持小组，即朋友，朋友之间可以互相倾听、安抚、支持和娱乐。

本章思考题

学习是不是生活的全部?

佳琪的同学杨芳，是全班公认的"学霸"，杨芳的眼里只有学习，有时候会因为学习而忽略了吃饭，甚至会连续熬夜。佳琪很佩服杨芳，但同时又很担心她，因为佳琪曾目睹杨芳由于一门专业课考了第6名而崩溃的场景，当时周围的同学都吓坏了。佳琪安慰杨芳先好好休息一下，杨芳似乎不允许自己考试失败，更不允许自己休息。在学完本章之后，你会给杨芳什么样的学习和生活建议呢?

本章重点知识梳理

本章推荐资源

参 考 文 献

[1] 达菲，阿特沃特. 心理学改变生活 [M]. 11版. 何凌男，何吴明，等译. 北京：机械工业出版社，2015.

[2] SHAFFER D R等. 发展心理学：儿童与青少年 [M]. 8版. 邹泓，等译. 北京：中国轻工业出版社，2009.

[3] 江光荣，王铭. 大学生心理求助行为研究 [J]. 中国临床心理学杂志，2003（3）.

[4] 张大均. 心理健康教育的目标与功能 [J]. 成都航空职业技术学院学报，2003（2）.

[5] 樊富珉，付吉元. 大学生自我概念与心理健康的相关研究 [J]. 中国心理卫生杂志，2001，15（2）.

[6] 张月娟，阎克乐，王进礼. 生活事件、负性自动思维及应对方式影响大学生抑郁的路径分析 [J]. 心理发展与教育，2005（1）.

[7] 郭金山，车文博. 大学生自我同一性状态与人格特征的相关研究 [J]. 心理发展与教育，2004（2）.

[8] 王淑兰. 关于大学生自我意识发展趋势与特点的调查研究 [J]. 心理科学，1989（2）.

[9] 姚信. 大学生自我概念发展状况研究 [J]. 中国心理卫生杂志，2003，17（1）.

[10] 李松霞，王俊红，邹香. 自我决定理论下的自主支持教学策略研究 [J]. 大学教育，2019（3）.

[11] LANEY M O. 内向孩子的潜在优势 [M]. 赵曦，刘洋，译. 长春：北方妇女儿童出版社，2011.

[12] LITTLEBR. 突破天性 [M]. 黄珏苹，译. 杭州：浙江人民出版社，2018.

[13] 格里格，津巴多. 心理学与生活 [M]. 王垒，王甦，等译. 北京：人民邮电出版社，2003.

[14] 奥苏伯尔，诺瓦克，汉内先. 教育心理学——认知观点 [M]. 余星南，宋钧，译. 北京：人民教育出版社，1994.

[15] 钟谷兰，杨开. 大学生职业生涯发展与规划 [M]. 上海：华东师范大学出版社，2008.

[16] 麦格尼格尔. 自控力 [M]. 王岑卉，译. 北京：印刷工业出版社，2018.

[17] 陈琦，刘儒德. 教育心理学 [M]. 北京：高等教育出版社，2005.

[18] BEN-SHAHAR T. 幸福超越完美 [M]. 倪子君，刘骏杰，译. 北京：机械工业出版社，2011.

[19] BROWN P C, ROEDIGER III HL, MCDANIEL M A. 认知天性 [M]. 邓峰，译. 北京：中信出版社，2018.

[20] PERRY J. 拖拉一点也无妨 [M]. 苏西，译. 杭州：浙江大学出版社，2013.

[21] 侯玉波. 社会心理学 [M]. 北京：北京大学出版社，2007.

[22] CAMPBELL L, CAMPBELL B, DICKINSON D. 多元智力教与学的策略 [M]. 霍力岩，沙莉，等译. 北京：中国轻工业出版社，2004.

[23] 郑日昌. 大学生心理诊断：大学生心理健康丛书 [M]. 济南：山东教育出版社，1999.

[24] LANEY M O. 内向者优势:如何在外向的世界中获得成功 [M]. 杨秀君，译. 上海：华东师范大学出版社，2008.

[25] 蔡玲丽，宋茜，赵春鱼. 大学生人际关系自我效能感状况及其辅导策略 [J]. 思想理论教育，2011（5）.

[26] 布雷姆，米勒，珀尔曼，等. 亲密关系 [M]. 5版.郭辉，肖斌，译. 北京：人民邮电出版社，2011.

[27] 弗洛姆. 爱的艺术 [M]. 李健鸣，译. 上海：上海译文出版社，2008.

[28] GOTTMANJM, SILVERN. 幸福婚姻七法则 [M]. 刘艳，译. 成都：四川人民出版社，2003.

[29] 查普曼. 爱的五种语言 [M]. 王云良，陈曦，译. 南昌：江西人民出版社，2010.

[30] 李明建. 90后男、女大学生恋爱观对比分析 [J]. 宁波教育学院学报，2010，12（6）.

［31］王芳，尹瑜新．当代大学生恋爱观与性心理调查［J］．学习月刊，2012（2）．

［32］吴立云．大学生的恋爱心理及性观念分析［J］．中外企业家，2011（14）．

［33］胡维芳．当代大学生性心理发展的特点与教育对策［J］．江苏技术师范学院学报，2007（1）．

［34］SHIOTA M N, KALAT J W．情绪心理学［M］．2版．周仁来，等译．北京：中国轻工业出版社，2015.

［35］塞利格曼．持续的幸福［M］．赵昱鲲，译．杭州：浙江人民出版社，2012.

［36］契克森米哈赖．幸福的真意［M］．张定绮，译．北京：中信出版社，2009.

［37］赵昱鲲．消极时代的积极人生［M］．杭州：浙江人民出版社，2012.

［38］FREDRICKSON B．积极情绪的力量［M］．王珺，译．北京：中国人民大学出版社，2010.

［39］BLONNA R．多变世界中的压力应对［M］．3版．石林，译．北京：高等教育出版社，2008.

［40］弗兰克尔．追寻生命的意义［M］．何忠强，杨凤池，译．北京：新华出版社，2003.

［41］教育部思想政治工作司，沈德立．大学生心理健康［M］．北京：高等教育出版社，2013.

［42］金兰都．因为痛，所以叫青春［M］．金勇，译．南宁：广西科学技术出版社，2012.

［43］张进辅．青年职业心理发展与测评［M］．重庆：重庆大学出版社，2009.

［44］黄天中．生涯体验——生涯发展与规划［M］．3版．北京：高等教育出版社，2015.

［45］施国春．大学生职业探索的现状与成因［J］．辽宁医学院学报（社会科学版），2008（3）．

［46］江光荣．心理咨询的理论与实务［M］．北京：高等教育出版社，2005.

［47］哈特．谁在左右你的情绪与食欲［M］．8版．屈宗利，吴志红，译．北京：科学出版社，2009.

［48］伯恩．心理医生为什么没有告诉我［M］．邹枝玲，程黎，等译．重庆：重庆大学出版社，2009.

［49］尼克尔斯，戴维斯．家庭治疗概念与方法［M］．11版．方晓义婚姻家庭治疗课题组，译．北京：
北京师范大学出版社，2017.

［50］叶浩生．镜像神经元的意义［J］．心理学报，2016，48（4）．

［51］江光荣．大学生心理健康［M］．武汉：华中师范大学出版社，2018.

［52］蔡华俭，黄梓航，林莉，等．半个多世纪来中国人的心理与行为变化——心理学视野下的研究［J］．
心理科学进展，2020，28（10）．

［53］王鑫强，谢倩，张大均，等．心理健康双因素模型在大学生及其心理素质中的有效性研究［J］．心
理科学，2016，39（6）．

［54］辛自强，张梅，何琳．大学生心理健康变迁的横断历史研究［J］．心理学报，2012，44（5）．

［55］杨海波．近10年中国大学新生SCL-90调查结果元分析及其常模确定［J］．中国学校卫生，2010，
31（1）．

［56］阿尔查拉比，特纳，德拉蒙特．人人都该懂的脑科学［M］．李岩松，莫媛，扬舒程，译．天津：
天津科学技术出版社，2020.

［57］石伟，黄希庭．自我设限及其研究范型和影响因素［J］．心理科学进展，2004，12（1）．

［58］訾非．消极完美主义问卷的编制［J］．中国健康心理学杂志，2007，15（4）．

［59］聂衍刚，曾雨玲，李婉瑶．青少年自我意识的发展特点研究［J］．教育导刊（上半月），2014（2）．

［60］BECK A, DAVIS D D, FREEMAN A．人格障碍的认知行为疗法［M］．3版．王建平，辛挺翔，朱雅雯，
译．北京：人民邮电出版社，2018.

［61］严虎，杨怡，伍海姗，等．房树人测验在中学生自杀调查中的应用［J］．中国心理卫生杂志，
2013，27（9）：650-654.

［62］张燕．房树人投射测验在新生心理普查中的应用价值［J］．思想理论教育（上半月综合版），2010
（3）：70-73.

［63］徐华春. 青少年抑郁易感人格研究［M］. 北京：科学出版社，2020.

［64］姚若松，梁乐瑶. 大五人格量表简化版（NEO-FFI）在大学生人群的应用分析［J］. 中国临床心理学杂志，2010，18（4）：457-459.

［65］李金德. 中国版10项目大五人格量表（TIPI-C）的信效度检验［J］. 中国健康心理学杂志，2013，21（11）：1688-1692.

［66］李葆萍，张贤茹，陈秋雨，等. 碎片化学习真的会影响学习效果吗？——基于在线学习的分散学习效应研究［J］. 现代远程教育研究，2020，32（6）：104-111.

［67］李亭松，张洪泰，吕林海. 新时代新学习方式的利与弊——互联网时代大学生碎片化学习现状、问题与对策［J］. 教学研究，2020，43（2）：1-5.

［68］陈丽，逯行，郑勤华. "互联网+教育"的知识观：知识回归与知识进化［J］. 中国远程教育，2019，（7）.

［69］DECI E，FLASTE R. 内在动机：自主掌控人生的力量［M］. 王正林，译. 北京：机械工业出版社，2020.

［70］DUCKWORTH A. 坚毅：释放激情与坚持的力量［M］. 安妮，译. 北京：中信出版社，2017.

［71］尚航. 高等学校本科生学业指导体系研究［D］. 大连：大连理工大学，2019.

［72］郑思明，程利国，雷雳. 高中生与大学生的社会网络及其人际关系效应［J］. 福建师范大学学报（哲学社会科学版），2006（1）.

［73］朱芳毅. 同伴心理辅导及互助的理论和实践尝试［J］. 科学大众（科学教育），2017（2）.

［74］洪伟，刘儒德，郭明佳，等. 自我感知的外表吸引力与自拍发布行为的关系：一个有调节的中介模型［J］. 心理科学，2019，42（1）.

［75］朱海燕，李光裕，宋星. 影响大学生网络人际吸引的因素［J］. 中国临床心理学杂志，2011，19（5）.

［76］契克森米哈赖. 心流：最优体验心理学［M］. 张定绮，译. 北京：中信出版社，2017.

［77］付阳，周媛，梁竹苑，等. 爱情的神经生理机制［J］. 科学通报，2012（35）.

［78］李娇，苏曼，孙璐. 大学生恋爱关系困扰的干预及效果［J］. 中国健康心理学杂志，2013，21（4）.

［79］颜笑，贾晓明. 大学生失恋哀伤过程的定性研究［J］. 中国心理卫生杂志，2018，32（3）.

［80］王禧. 大学生建立亲密关系的过程研究［J］. 中国青年研究，2014（4）.

［81］徐加伟，罗梦云，董媛媛，等. 上海市大学生性与生殖健康相关知识、态度和行为及影响因素分析［J］. 中国性科学，2020，29（7）.

［82］黄梅香，肖瑶，王舒梵. 互联网背景下广州市6所高校大学生性观念和性行为现状调查［J］. 中国性科学，2020，29（10）.

［83］王兵. 某综合大学在校学生自慰认知和行为分析［J］. 中国学校卫生，2013（1）.

［84］赵冶好，索乾凯，陈雨欣，等. 当代大学生压力源量表的编制［J］. 心理学进展，2019，9（6）.

［85］史托兹. 逆商：我们该如何应对坏事件［M］. 石盼盼，译. 北京：中国人民大学出版社，2019.

［86］蒋长好，陈婷婷. 身体活动对情绪的影响及其脑机制［J］. 心理科学进展，2014（12）.

［87］陈昱文，吴东梅，赵钰蔚，等. 大学生对心理咨询的认知态度调查［J］. 医学与社会，2010，23（2）.

［88］朱旭，江光荣. 工作同盟的概念［J］. 中国临床心理学杂志，2011，19（2）.

［89］徐冬梅，田常青. 出院精神障碍患者服药依从性及复发率调查研究［J］. 内蒙古医学杂志，2015，47（11）.

［90］郑铮. 大学生精神障碍患者的康复治疗现状［J］. 中国学校卫生，2015，36（2）.

［91］李凤兰，高旭. 大学生心理卫生素养研究综述［J］. 中国学校卫生，2018，39（1）.

［92］杨振斌，李焰. 大学生自杀风险因素的个案研究［J］. 思想教育研究，2013（8）.

［93］吴才智，于丽霞，孙启武，等.自杀大学生中的应激事件［J］.中国临床心理学杂志，2018，26（3）.

［94］程明明，樊富珉.生命意义心理学理论取向与测量［J］.心理发展与教育，2010，26（4）.

［95］张姝玥，许燕，杨浩铿.生命意义的内涵、测量及功能［J］.心理科学进展，2010（11）.

［96］程明明，樊富珉，彭凯平.生命意义源的结构与测量［J］.中国临床心理学杂志，2011，19（5）.

［97］王鑫强，游雅媛，张大均.生命意义感量表中文修订版在大学生中的信效度及与心理素质的关系［J］.西南大学学报（自然科学版），2016，38（10）.

［98］王求是，刘建新，申荷永.国外自杀心理学研究与理论评介［J］.心理科学进展，2006（1）.

［99］孙向红，蒋毅.心理健康蓝皮书：中国国民心理健康发展报告（2023—2024）［M］.北京：社会科学文献出版社，2025.

［100］潘颖秋.大学生专业兴趣的形成机制：专业选择、社会支持和学业投入的长期影响[J].心理学报，2017，49（12）：1513-1523.

［101］夏沁.婚姻家庭本质与民法体系中的婚姻家庭法[J].四川理工学院学报（社会科学版），2018，33（1）：48-65.

［102］王曼，贾凤芹.人工智能在心理咨询与治疗中的应用与发展[J].心理月刊，2023，18（11）：227-230.

［103］李敬荣，赵然，张玉.人工智能心理咨询的发展与应用[J].心理技术与应用，2022，10（5）：296-306.

［104］陶思路，毛国菊，熊怡，等.中国大学生非自杀性自伤行为发生率和影响因素的Meta分析[J].医学新知，2025，35（1）：83-91.

［105］彭帆，韩立敏.心理危机的保护性因素研究进展（综述）[J].中国健康心理学杂志，2023，31（3）：326-330.

［106］张平，张兰鸽，涂翠平.大学生自杀行为的保护性因素分析[J].中国学校卫生，2020，41（6）：939-942.

［107］岳晓东.心理咨询基本功技术[M].北京：清华大学出版社，2015.

［108］丁兆叶.大学生恋爱心理的现状调查与对策研究[J].山东广播电视大学学报，2020（2）.

［109］陈妤.大学生婚恋观的家庭影响研究[D].济南：山东大学，2016.

［110］王树青，张文新，张玲玲.大学生自我同一性状态与同一性风格、亲子沟通的关系[J].心理发展与教育，2007（1）：59-65.

［111］李秀娟，辛明.心理治疗在精神疾病临床治疗中的应用效果[J].中国医药指南，2024，22（8）：81-83.

［112］瞿伟，谷珊珊.抑郁症治疗研究新进展[J].第三军医大学学报，2014，36（11）：1113-1117.

［113］梁丽婵，李欢欢.大学生应激性生活事件与自杀意念的关系:归因方式和心理求助的调节效应?[J].中国临床心理学杂志，2011，19（5）：625-627.